唐伯志
刘新燕◎著

魔山理论

股市稳定获利原理

第2版

经济管理出版社
ECONOMY & MANAGEMENT PUBLISHING HOUSE

U0678979

图书在版编目（CIP）数据

魔山理论：股市稳定获利原理/唐伯志、刘新燕著. —2 版. —北京：经济管理出版社，
2015.11

ISBN 978-7-5096-3985-6

Ⅰ. ①魔… Ⅱ. ①唐… ②刘… Ⅲ. ①股票投资—基本知识 Ⅳ. ①F830.91

中国版本图书馆 CIP 数据核字（2015）第 232694 号

组稿编辑：陈　力
责任编辑：杨国强　张瑞军
责任印制：司东翔
责任校对：赵天宇

出版发行：经济管理出版社
　　　　　（北京市海淀区北蜂窝 8 号中雅大厦 A 座 11 层　100038）
网　　址：www. E-mp. com. cn
电　　话：(010) 51915602
印　　刷：三河市延风印装有限公司
经　　销：新华书店
开　　本：720mm×1000mm/16
印　　张：15
字　　数：235 千字
版　　次：2016 年 1 月第 1 版　2016 年 1 月第 1 次印刷
书　　号：ISBN 978-7-5096-3985-6
定　　价：58.00 元

目　录

绪　论

在过去的 100 多年里，一些优秀的具有交易技术的思想家和实践者，在各种交易媒体中广泛地应用了一种被称为"技术分析"的交易技术，并通过它建立了广泛的信用和荣誉。这些交易媒体包括股票交易、商品期货交易、选择权交易、外汇即期汇率按金交易和其他金融衍生品交易，使用者大多数具有"市场行为包容消化一切"、"历史会重演"、"价格是以趋势的方式演进"的理念。在这样的一群人中，交易的重心从对烦琐的基础信息的研究转移到以图表为中心的"市场行为的研究"。

图 0-1　上证指数月 K 线：2007 年之前的走势，成交量随着价格的攀升而逐渐放大

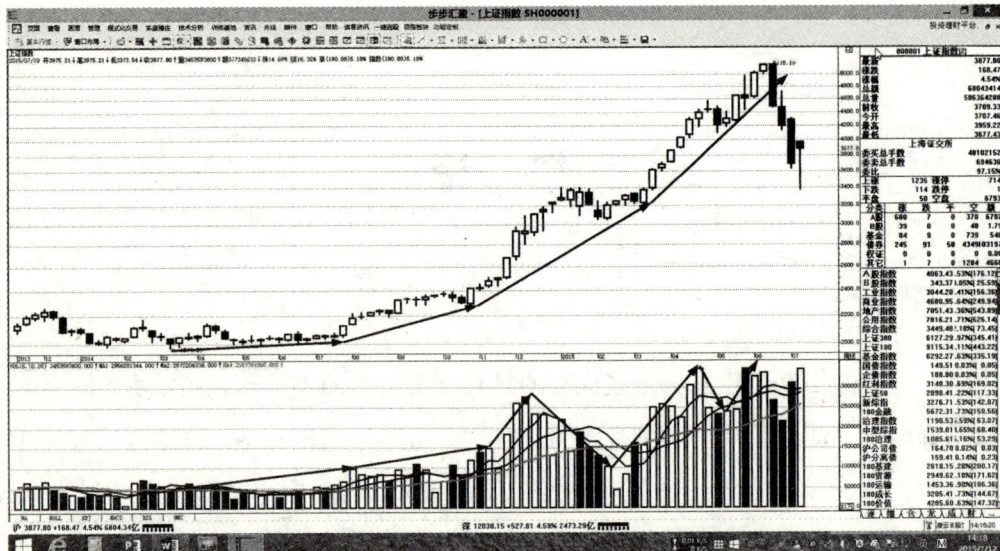

图 0-2 上证指数月 K 线：2014 年之后的走势，成交量随着价格的攀升依然逐渐放大

基础分析强调的是：对交易对象的全部的、过去的、现在的、即时的信息进行即时处理，最终厘定交易对象的真实价值，并与现在公众认可的价值进行比较。如果公众高估了该交易对象的价值，他们就抛出；如果公众低估了该交易对象的价值，他们则买进。

这种方法或许是科学的，但是对于 99% 以上的交易者而言，是难以运用得当的。原因如下：

首先，我们无法掌握任何一个交易对象的现在的、即时的相关信息。即便是有了互联网络的今天，在 1000 多只中国 A 股中，跟踪 1000 只股票的即时信息显然是不可能做到的。

其次，我们无法处理这些想象中的、可能得到的全面信息。难道我们每一个交易人都是经济学专家吗？当假想的全面信息摆在那些所谓的专家面前，他们真的知道这只股票的真实价值吗？假设我们侥幸知道了这只股票的真实价值，股票的价格就一定要回落到专家们厘定的所谓的价值线之下吗？况且谁又能保证这些信息是真实的呢？在这么庞大的工程中，只要有一些信息是虚假的，这个系统工程研究、导出的结论还会有价值吗？这些问题显然是无法回答的。

如果这些问题无法回答，也就意味着我们的交易决策是建立在一系列不能证明为真的、不确定的因素的基础上的，那么这种决策还是科学的决策吗？如果我们的推论没有错误，结论便很清楚了，至少对一般交易者而言，这种方法是缺乏效率并难以把握的。

技术分析在这方面具有天然的优越性，它所甄别的不是所谓的投资价值，而是寻找某只股票在某段时间内形成的低位价格和高位价格，并保证自己在低位买入和高位卖出的技术或者技巧，它从本质上讲是直接服务于投机的。

在魔山理论诞生之前，技术分析关注的是市场行为：价格和成交量。技术分析者相信一切的信息（包括内幕信息）最终体现在价格上，价格和成交量是一个信息终端的"显示器"。在这个"显示器"中，技术分析者通过技术分析手段可以寻找到满足于投机交易的全部信息，这些信息不会因为有人操纵市场或者某某领导人发表了刺激股票市场的讲话而受影响，它只传达三种信息：买入信息、观望信息、卖出信息。

"价格已经上涨了，在上涨的初期我买入了。""价格反正已经下降了，我在下降的初期已经卖出，我管它是什么原因呢？"这些话是一些技术分析者的口头禅。

请看图 0-3。

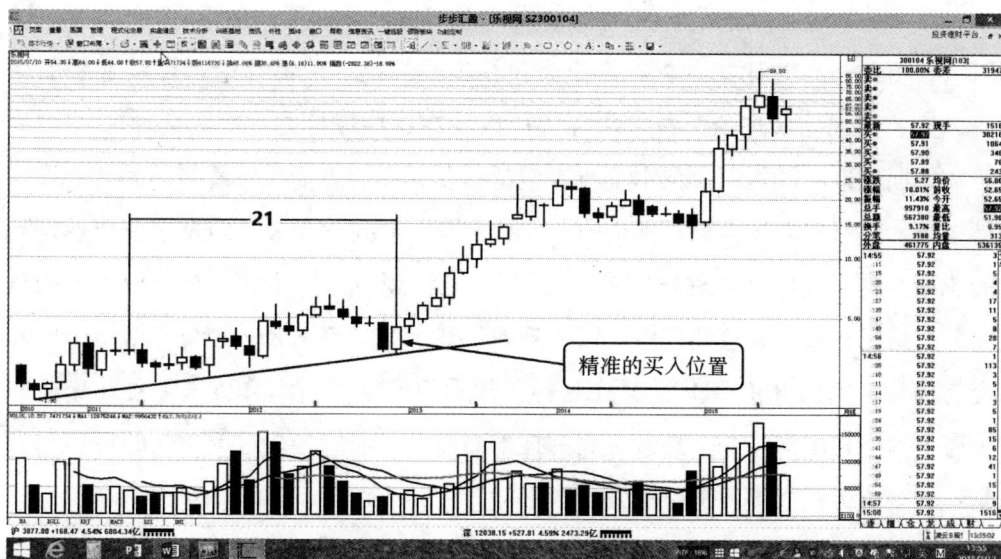

图 0-3　乐视网（300104）：21 个月拐点出现后，不问理由地买入，之后价格大涨 20 倍

的确，技术分析者在过去和现在的操作中，大多数情况下并不需要知道价格变化之后隐藏的秘密，只需根据价格的波动来处理自己的头寸，并在处理中获利。因为他们知道自己不是赢利原因深层结构的探索者，而是交易人，他们关心的只是自己的技术在市场应用中能否获利。这种定位，遭到了技术分析反对派的攻击，他们认为技术分析者只是一些只问结果不问原因的肤浅之辈，似乎交易人在交易中的主要任务不是为了赢利而是为了揭开或者解释价格向上的幕后事实。一句话，交易人不仅要成为投机家还要成为"特工"、"间谍"、"政策评论家"，甚至要成为"巫婆"、"神汉"。这种给交易人附加的负担如此沉重，如此的天经地义，以至于很多的人深陷其中而不能自拔，忘记了他们进入交易所场应该做的事情。或许正是这种心理架构的作用，使得很多人远离了交易的根本，并在传播流言和挖掘事件原因中大败和亏损。

技术分析者确实如反对者所言，他们不讨论引起价格变化的原因。就像每个电脑使用者不必知道为什么图像会出现在屏幕上，也不必知道 CPU 的工作方式和结构，更不必知道美国人怎么通过电话线、通过网络和中国人交谈一样。但是，这一切不能成为反对者攻击技术分析者的理由，因为交易赢利和事件产生的原因不存在必然的因果关联。

技术分析具备动态的、开放的结构，由于这种开放性，使得它在查尔斯·道以后，流派丛生。比较有影响的流派包括道氏理论、波浪理论、格兰威尔的均线理论、市场轮廓理论、技术指标理论以及在这些理论之后的周期理论。

周期理论已经逐渐被技术分析者广泛接受，在这方面比较著名的是江恩和 J.赫司特。在所有的技术分析理论中，使技术分析遭到责难最多的是所谓捷径判断的流派，这个流派现在称作"量化交易"，它试图将价格运动数学模型化，构造出各类指标，并认为这些指标可以准确地反映市场的整体变化趋势并给出明确的交易信号。例如 RSI、KDJ、MACD 等。但是有经验的技术分析人士对此更多的是谨慎为之，因为这些交易者不是为技术而技术。他们轻视这类东西的根本原因是：这些东西在大多数情况下并不能真的对交易有帮助，如图 0-4 所示。

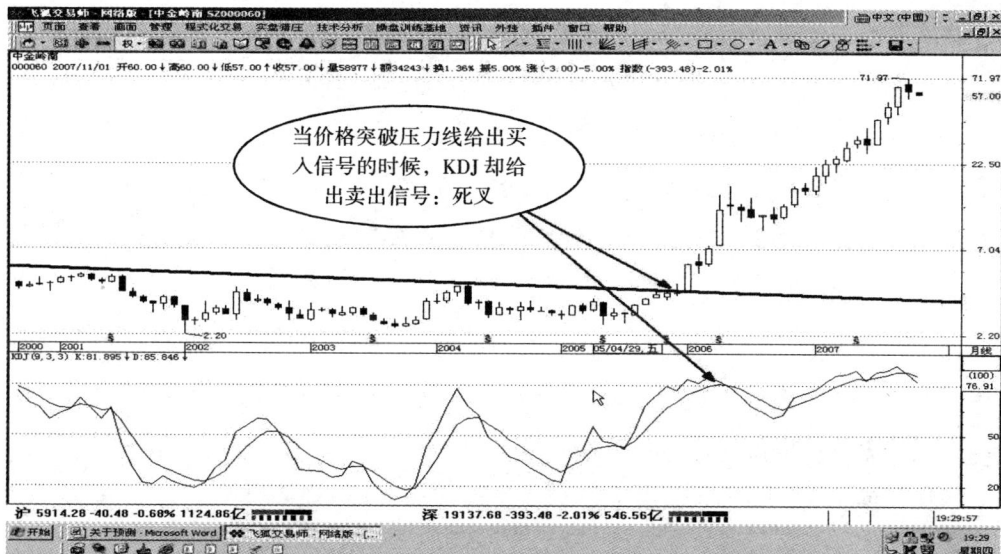

图 0-4 KDJ 表现欠佳，当价格突破压力线一路飙升之际，KDJ 却发出死叉给出了卖出信号

必须指出的是：上述指标并不是技术分析的全部，而只是技术分析流派中一个小小的分支。从这个角度看，技术分析者是非常理性的，他们不会因为这些指标的著名性而盲目地信奉，然而这些技术指标却在中国的交易领域里成了技术分析的代名词。这种现象的出现，其责任应该由那些信口雌黄的股评家和分析软件的推广者们承担，他们中的大多数人对技术分析的常识都了解甚少。

虽然如此说，但经过 20 多年的交易实战，如果完全否定这个流派在交易中的作用，显然也是偏颇的。技术指标的作用不在于这个指标多么精确，而在于错了之后怎么办，对了之后怎么办。如果你遇到了一个向你推销它的技术指标多么精准的人时，你不妨对他说：为什么你不用这个东西来赚钱呢？相反，如果一个人告诉你，它的技术指标不只是一个指标而包括资金管理、风险管理、情绪管理内容的时候，你一定要重视，因为，你遇到了一个真正的技术分析者，他向你兜售的是一套工具和方法。

在后互联网时代，人们分析股票获得资讯的方法已经空前地方便，现在已经不是过去的匮乏时代，多数情况下面临的是选择的困惑。我经常被人询问用什么软件？这种询问有 20 年之久，不胜其烦，在这里我告诉大家，我从 2001 年开始，就一直使用飞狐交易师，后来它被人收购了，现在叫"步步汇盈"。这个软件没什么神奇的，只是比我们当下从证券公司获得免费软件要好用得多。

步步汇盈的第 1 个特点体现在绘图工具上，它不是从 DOS 改过来的那种，而是完全基于 Windows 的。DOS 改过来的那种还留有 DOS 浓重的味道，例如你画个时间周期线，本来时间周期是为了预测未来的，当你画出已知 AB 点，则 C 点自动投向未来的某一天，而 DOS 版却把 C 点限制到了今天，无论如何你都找不到未来的那个时间点。

步步汇盈的第 2 个特点是它几乎囊括了所有当下的绘图工具，包括各种周期线、各种直线、各种江恩工具，它还能自定义开发各类指标，不需要你懂得编程，你只需要选择调用你需要的函数就可以了。

步步汇盈的第 3 个特点是它还提供了各类的复权、坐标系统、算术坐标、半对数坐标、自然日坐标，等等。

这些工具对一个纯粹的技术分析者而言是必不可少的。

那么魔山理论究竟是什么呢？它也是一系列的指标集合吗？在这里我可以正式告诉大家：它不是！

魔山理论是技术分析中的一个流派，它的基本架构是通过时间与价格的研究，以确定交易的时机和价位。最重要的一点，也是经常被人忽略的一点是：它特别强调一旦判断错误后的行动，错了必须止损——无论是牛市还是熊市。

魔山理论对趋势给予了重新的定义，就像它对传统的形态给予重新定义一样，它认为经典的技术分析指明了前进的方向，但是在交易的时候缺乏效率，而这种效率的缺乏缘于经典技术分析本身对市场理解过于粗放。例如，查尔斯·道认为只有基本趋势具有交易价值，因此交易者必须在确定基本趋势发生之后跟随趋势交易。而这种趋势发生并被确认的时候，通常趋势已经运行了整个上升幅度的 1/3，它的严重滞后性使我们错过了交易的真正安全期，并令我们丧失了太多的利润。同样，我们也不能接受艾略特的理论，它在勾勒市场轮廓方面令我们赞叹，但是它的弱点同样非常明显，所有的浪都可以是失败浪，所有的浪又都可以被无限延长，请看广州发展的月 K 线半对数坐标复权图，这是被艾略特波浪理论粉丝团们竭力鼓吹的经典案例。

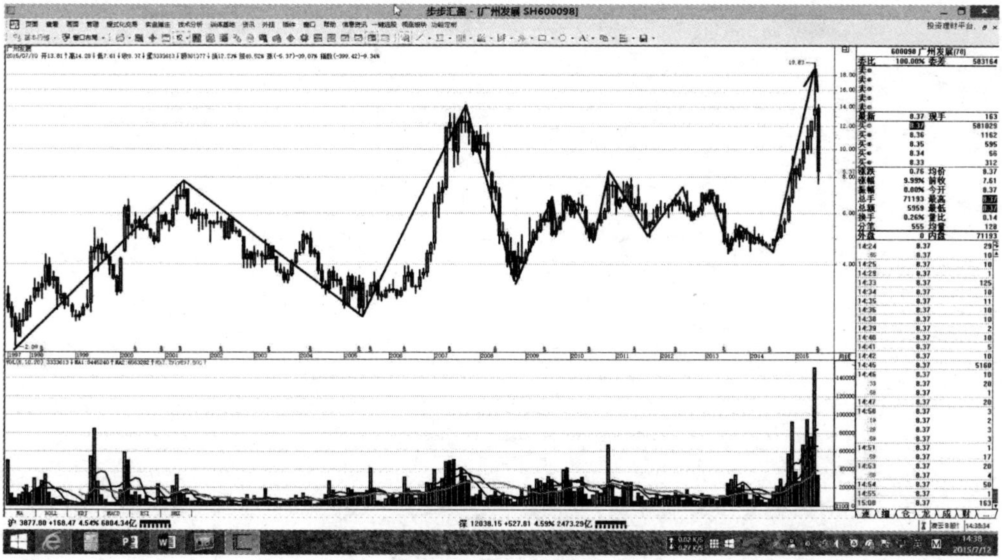

图 0-5 广州发展

猛然看去，5 浪清晰可辨，但是仔细研究就会发现这与波浪理论关于 5 浪论述是南辕北辙的。首先，在波浪理论的教条中，4 浪底部和 1 浪的顶部无论如何不可以重合的，但是在图中我们看到 4 浪的底部不仅已经和 1 浪的顶部重合甚至已经逼近了 2 浪的底部 。其次，波浪理论认为 2 浪如果是复杂浪，4 浪就是简单浪，反之亦然，然而，在这张图中我们谁能看出 2 浪和 4 浪在复杂程度上有什么本质区别？

波浪理论就是这样沦为事后解释行情的"理论"，迷信波浪理论的大多数交易者忘记了交易技术是在行情走出之前来规划交易的方法，而不是行情走出之后归纳总结行情特征的工具。

赫司特的周期理论对趋势的解释是伟大的，但它构建的所谓赫司特通道过于复杂，我们不知道哪里才是真正通道的边界，移动平均线取中方式并没有从根本上提高交易的效率，只是从侧面诠释了通道的理论。江恩，一个传奇的人物，但是我们谁能真正知道他的理论呢？他或许已经抵达了本质，揭开了市场最终的谜团。但他的角度线和轮中之轮、六角形以及江恩矩阵同样不能让我们充分理解，它们过于零碎，对其解读的过程就像西西弗斯永恒地推动石头的过程，劳作是无穷的，结果永远没有，如图 0-6 所示。

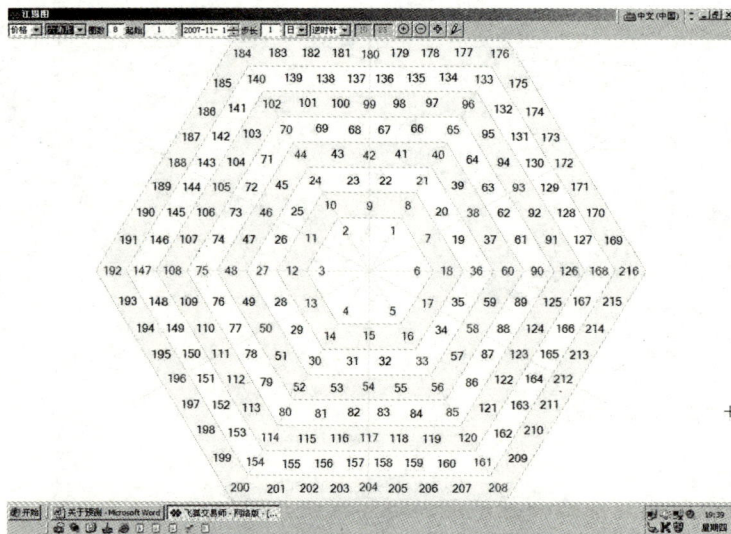

图0-6 中金岭南：江恩六角图

因此，我们需要一套有效率的、相对简单的、全面的交易决策系统。这个系统应该是能被大多数人所理解，并可以令那些试图掌握交易技术的人，通过一定时间的学习可以掌握的系统。魔山理论正是这样的系统。

魔山理论是传统的，因为它是全部经典技术的集合，但这种集合并不是简单地堆砌；魔山理论又是前卫的，因为它重新定义了经典技术的基本概念，并在这个基础上，建构了价格与时间契合的交易决策系统，从而使它的理论更具有效率。同时，必须指出的是，魔山理论是开放的、动态的自稳系统，它顺应造化的指向，不断吸纳人文的营养，以求保持它前卫和效率的地位。

在本书中，我们有意回避了一些纯粹的理论说教，而把重点放在实战上。

第一章介绍了进入交易前应该做好什么样的准备，这种准备是围绕着"人是否可以预测市场"展开的。涉及我们应该以什么样的心态介入交易、在理解交易过程中所必然涉及的预测和心态等话题。

第二章进一步指出什么是交易，强调交易的残酷性和难以驾驭性。

第三章全面地解释了图表和读懂图表的重要性。对交易人而言，正确地理解图表是非常重要的，在这一章里我们广泛地介绍了图表类型和涉及图表的一些往往被忽视的要素。

　　第四章讲解了趋势和交易、趋势和时间的关系，告诉大家不仅要懂得顺势交易还要知道如何顺势交易。

　　第五章全面介绍了时间周期，重点讲解了菲薄那其周期和 2 波周期在交易中的作用。

　　第六章对一般的交易信号进行了归纳和讲解。

　　第七章讨论了交易技术中的一个重要课题——通常而言，人们习惯于把止损和盈亏比独立于交易技术之外，而在我看来它也应该是交易技术必然的组成部分。

　　第八章我们讲解了如何根据股票习性进行选股。

　　第九章讨论的是风险。我认为风险集中在三点之上：人、市场和技术，而这一切最终归结于怎么想和怎么做。

　　本书不是完整地对魔山理论的讲解，而是魔山理论的一个基于实战的读本。写本书的最初冲动来源于一个朋友的邀约，那是 2001 年，我离开某大型投资机构的第二年。后来因为种种原因，此书一度搁浅。2006 年受吕军先生的鼓励最终还是把它完成了。

　　现在大家看到的是经过修订的第二版，推动第二版出版的依然是吕军先生，陈力老师是本书的出版人。这个夏天刚来的时候，很久没有联络的吕军先生给我打电话，把陈老师的电话给了我，我们约在几周后的一个中午，我和我的助手在簋街 NAGA 一个会所里等待着，那里可以看到街道上的各路行人。那天出奇的热，阳光就像一束一束的飞刀，不知道哪个顽皮的孩子在天上淘气，每个行人都被阳光准确地击中。那天，我们聚齐后，一起逃离大街和拥挤的人群，躲在一个小餐馆三楼的天台上，躲在一个巨大的太阳伞下面，一边吸烟一边喝酒，天是蓝的，陈力老师还有吕军先生是透明的，通过他们可以看到泛着泡沫的啤酒和大把大把的白云在远山上飘，这种景色一直保持到黄昏煽着它巨大的、带有寒意的翅膀降临。

　　那天，我们没有醉意，那天，我和陈老师就像久别重逢后的老友，那天我们都变成了孩子，而思维则是破败夏天中的无尽的绿地。

　　抒情完毕，在阅读本书时，大家需要注意的是：本书大部分图表都是采用半对数坐标，图表价格运动的讲解完全基于 2015 年 7 月 10 日前的复权图。在绪论中添加了一些内容，在正文中也有相应地进行了细微的修改和增添，但是，总体的架构没有改变，如果时间允许，我会在未来的某个时间，大规模地扩充本书，更细致地讲解时间周期的应用。

第一章　交易的准备

要想在股票中获利，你必须先获取知识；你必须在损失之前就开始学习……你必须清楚的是，你进行的交易有可能是错的；所以你必须知道怎样纠正错误。

——伟大的周期交易先驱 江恩《华尔街 45 年》

第一节　预测与交易

预测就是你比别人看得更远。在股票交易中，有很多办法使你看得更远，你必须有勇气、有诚意，甘愿支付成本去接纳它，否则你还是有可能一事无成。

预测就是事前预言事物未来发展的状态和规模。这个状态通常包含两个重要参数：时间和事物的物理（化学）变化形态（程度）。

根据经验，我们可以很准确地预言明天太阳落山的时间和我们下次吃午饭的时间，这种预测经常被人们所忽略。当人们谈到预测时，不约而同地会把这类事件排除在外，似乎他们和真实的预测无关。人们更多地把预测理解为对一些未来不确定的神秘事件的预告方法，例如股票市场中的未来价格走势。

当代印度的一位智者讲过这样一个故事：甲乙两个人在同一地点等一个人，一个在树上等，一个在树下等。树上的甲看到某人已经走过来了，而树下的乙还看不到。甲告诉乙，某人将会在 10 分钟后到达。树下的乙毫不惊讶，因为他知道甲在树上已经看到了某人。对乙而言，甲是在预测；但对于甲而言，他所看到的是已经发生的事。股票的预测和这个故事非常类似。

可以预测股票未来可能的走势的人，并不是在和虚无中的神灵对话，也不是靠批八字进行判断，更不是什么邪灵附体，他只是站在了更高处，只是比你看得更远而已。如图1-1所示，当价格抵达下边的时候买入，冲击上边的时候卖出，一个交易的预测就完成了。如果我们执行这个预测，是不是就可以从中渔利呢？

图1-1 中核科技

如何站到更高处？爬树是一种方法，爬山也是一种方法，建一所大厦站在其最高一层也是一种方法……你可以在几种方法中选择一种适合你的方法。但是要注意，你不能也没有必要去创造一种适合你的方法——因为开创一种方法对于大多数人而言是危险的，需要付出大量的成本，而这些成本则是一般人难以承受的。所以说，寻找一种适合自己的方法必须有个前提——在有限的、既有的方法中去选择，而不是贸然去开创。

在股票交易中有很多办法使你看得更远，这些方法在典籍中和现实中向你微笑，你必须有勇气、有诚意、甘愿支付成本去接纳它，否则你还是有可能一事无成。

很多人在股票交易中亏损，甚至伤痕累累，原因何在？难道股票真的也有人性？难道股票真的只跟一般的散户交易者过意不去？答案显然是否定的，亏损并不是只光顾穷人。统计数字表明，即便在2000年的大牛市中依然有85%以上的交易者亏损，这个85%中包括百万富翁，包括坐庄者——那些融资数十亿的超级大亨。所以，对于广大的中小投资者而言，不能也没有必要认为自己是必然的倒霉蛋。

那么，为什么大家会普遍认为自己是最倒霉的呢？其实原因很简单：穷人比富人要多。通常而言，在有1000个穷人的地方只有1个富人，所以当我们受伤之后，我们很容易找到更多的、贫穷的受伤者。富人是少数，富人因其富有而更孤独，孤独者的倾诉对象少，传播的渠道就少，所以通常富人的痛苦是不为人所知的。这样，就形成了一个怪圈。这也是在一次暴跌之后，让人感觉太多的穷人遭遇不幸的原因。

证券市场其实非常公平。让市场变得不公平的不是别人，更多的时候是交易者自己。交易者由于对市场本身残酷性的认识不足，导致了在交易盈利时大喜过望，在交易亏损时备感挫折。他们根本不清楚，股票交易的残酷和他们现实生活中的大多数经验都是格格不入的。在现实生活中，我们犯了错误，一句"对不起"就过去了，除非是触犯了刑律。然而在市场中，如果你犯了错误，则必须立刻兑现你的责任。金钱在你还没有从阵痛中清醒的时候，就从你的账户上被划走了。而且，市场从来不在乎你的感受，没有男人的臂膀让你倚靠，没有佳人为你抹去伤痕。市场也不会因为你今天出现了亏损，明天就用盈利来安慰你，它会让你失败后接着失败，痛不欲生后更加痛不欲生。你能做的是：继续走下去或者离开。

太多的人是以"小资"的心态进入市场的。追求浪漫是所有人的权利，也是太多的人的愿望。然而市场中的浪漫背后是杀机四伏的战场，它甚至比战场更残酷，因为在现代社会没有一个将军会驱使一批从未受过军事训练、赤手空拳的无辜民众走向战场的。

图1-2是1990年以来的一张大盘走势图。从中我们可以看到明显的价格高峰，也可以看到非常清楚的价格低谷。如果我们在A、B、C、D、E位置买入，然后在K、L处卖出，显然我们都是获利的。

是什么原因导致我们不敢或者不肯在A、B、C、D、E位置买入呢？或者说，是什么原因导致我们不肯或者不敢在K、L点卖出呢？

图 1-2   上证指数日 K 线，算术图表

针对这个问题，我曾在网络上向 100 名来自不同城市的交易者询问。他们的回答令人吃惊的一致，那就是恐惧。

第二节   恐惧

——阻挡我们看得更远的障碍

交易不是简单的预测，交易是对预测的管理。预测管理包括三个层面：预测与执行预测结果、风险管理、事后总结。恐惧是阻挡我们获取利润的障碍，可是很多人都不能在最恐惧的时候坚持一下。

如图 1-3 所示，2007 年 5 月 30 日大盘暴跌，到 6 月 5 日跌去了 1000 余点，但是 6 月 5 日却同时给出了一个买入点，当天的 600028 从跌停到上涨 6%，一天收益 16%。如果投资者能够看准时机，大胆买入，那么无疑将会带来很大的盈利。

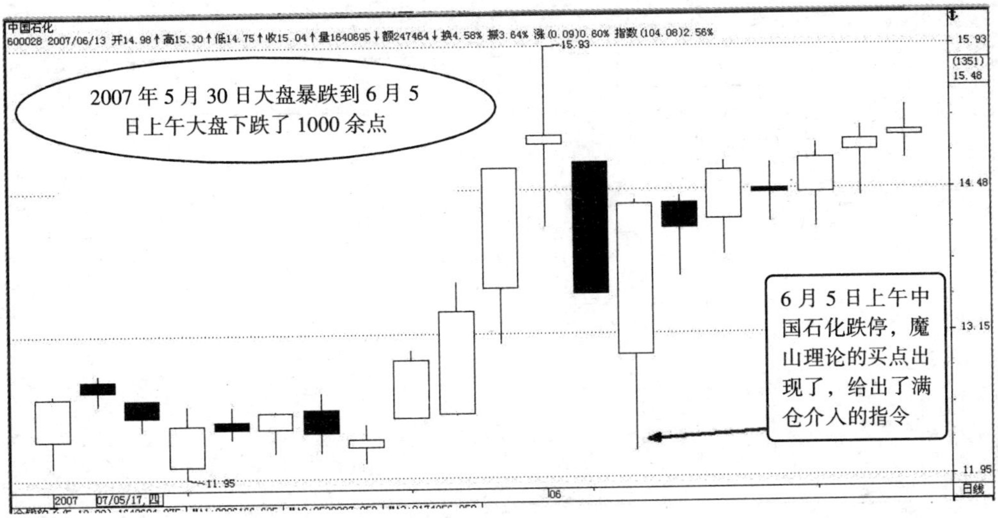
中国石化
600028 2007/06/13 开14.98↑高15.30↑低14.75↑收15.04↑量1640695↓额247464↓换4.58% 振3.64% 涨(0.09)0.60% 指数(104.08)2.56%
15.93
11.95
2007年5月30日大盘暴跌到6月5日上午大盘下跌了1000余点
6月5日上午中国石化跌停，魔山理论的买点出现了，给出了满仓介入的指令
2007
07/05/17,四
06
15.93
15.48
14.48
13.15
11.95
日线

图 1–3　中国石化（600028）

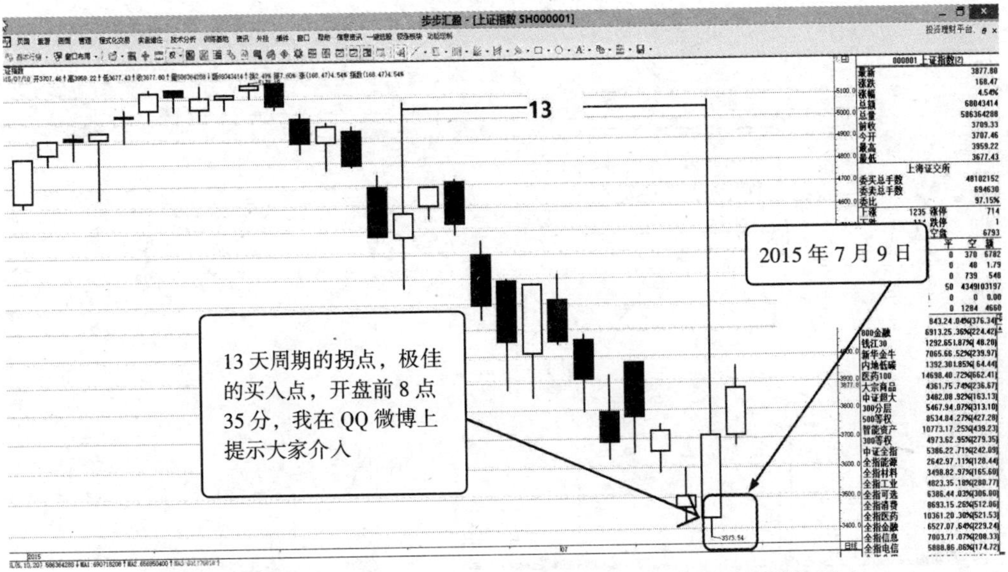
步步汇盈 - [上证指数 SH000001]
13
2015年7月9日
13天周期的拐点，极佳的买入点，开盘前8点35分，我在QQ微博上提示大家介入
3373.54

图 1–4　2015 年 7 月 9 日大盘在连续暴跌 1800 余点后出现转折

注意，之前连续 19 天下跌，周 K 线进入了时间之窗，日 K 线也进入了时间周期的拐点——这是在政府大规模救市之后的第 3 天下跌。这一天，我看好的股票是：二六三、乐视网。

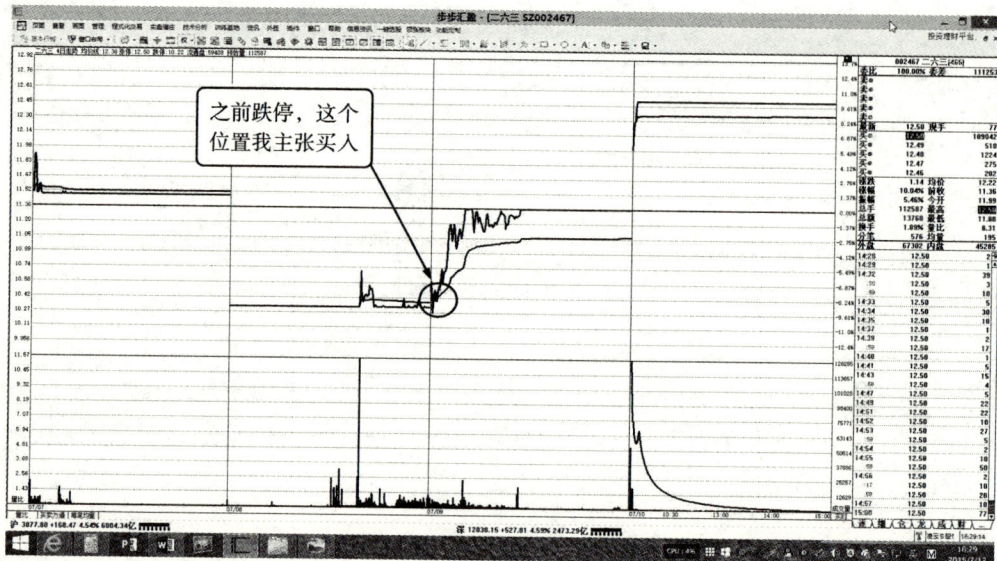

图1-5　乐视网（一）

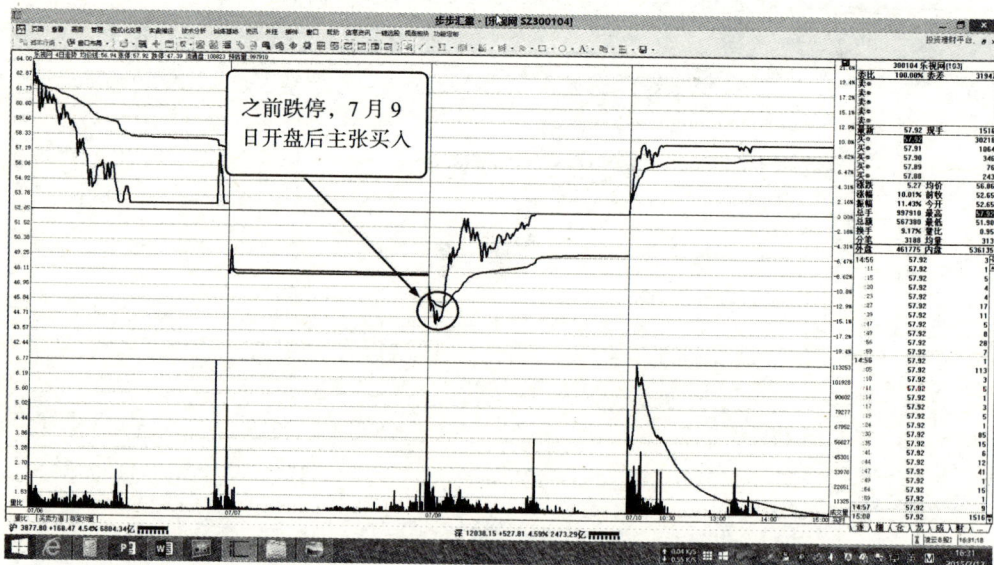

图1-6　乐视网（二）

我几乎每天都会在不同的时间，听到充满遗憾的抱怨：

● "我在某个位置买入后，我知道价格至少要走20%，可是3%的时候我就跑了。"

● "庄家太狡猾，计划好持有五天的，两天就被震出去了，刚走，价格就暴涨。"

● "太倒霉了，一慌就跑了，其实我知道这是震仓洗盘。"

……

既然大家都知道恐惧是阻挡我们获取利润的障碍，那么为什么不在最恐惧的时候继续坚持一下呢？

下面的故事或许可以给出我们需要的答案：

某天，一个蝎子要过河，就对身边不远的青蛙说："你过来，我有事跟你商量。"

青蛙回答说："请说，我听得清。"

"我想到河对岸去，但我不会游泳，你背我过去吧。"

"背你过去不是问题，可我不会背你！"

"人们都说青蛙很仗义啊，怎么事到临头你却退缩了呢？"蝎子很是不解地问道。

"不是这样，背别的小动物可以，只要我可以胜任，但是背你不成。"

"为什么？"蝎子接着问。

"因为你有个毒钩子，如果我背你到河心，你蜇了我，我就要死翘翘了。"

听了青蛙的话，蝎子哈哈大笑："你弱智啊，你背我到河中间时我蜇你，你死了我还能活吗？"

青蛙一想也是，就背起了蝎子。当他们游到河心的时候，青蛙突然感觉背上一阵疼痛，撕心裂肺，接着便四肢发麻。

青蛙用最后的力气问道："你想自杀？"

蝎子答道："孙子才想自杀呢！我蜇你完全是出于下意识。"说完，两个小家伙就都沉入了河底。

在这个故事里，青蛙开始是对蝎子保持警惕的，换言之它对蝎子的行为是有预见性的，它预测到了蝎子的行为将会导致的后果。但是，我们看到的故事的结果是：它依然难逃厄运。

交易不是简单的预测，交易是对预测的管理。

预测管理是什么？预测管理包括三个层面：预测与执行预测结果、风险管理、事后总结。

青蛙预测到了蝎子的行为会造成的后果，但是它没有坚持预测的结果，而是很容易地放弃了。放弃的理由很充分：任何动物都会珍惜自己的生命，蝎子是动物，蝎子也会珍惜自己的生命；蝎子如果蜇我，它就会丧失生命，所以它出于珍爱自己的生命是不会蜇我的，因此我可以背它。

青蛙的这一推理在逻辑上没有任何错误，但是它忘记了：逻辑是理性的表征，它只对理性负责。当蝎子的潜意识战胜了理性的时候，逻辑就失去了对行为的制约力。

在市场中，亏损者几乎 100%没有接受过系统的交易训练，交易对他们来说非常陌生，这一点很像青蛙。青蛙明知道蝎子可以要它的命，却被蝎子的理由轻易地说服；亏损者同样知道在一个陌生的市场中盲目操作的后果。但是，二者最终都放弃了正确的判断。只不过亏损者比青蛙更可悲，因为青蛙毕竟还是有一个看上去冠冕堂皇的理由，而亏损者几乎没有任何理由地相信自己可以在市场中的一个自己根本不知道深浅的地方下注，并断言自己可以获利。

"我很熟悉市场啊！"有人会理直气壮地告诉我。

"我懂得波浪理论，也知道道氏理论，对江恩理论和魔山理论也有充分的研究。"这是我经常听到的声音。

但是他们忘记了所谓精通和充分研究的结论不是自己下的，而是市场。如果你不能在市场中稳定获利，你所有的"懂"和"研究"都没有意义。因为市场在大多数情况下，不会给你第二次机会。这绝不是耸人听闻，下面我将告诉你我一些切实的经验。

第三节 信心
——市场中最珍贵的资源

当一个交易人丧失了自信，他的举动就会和他的智慧分裂。永远保持冷静，恪守规则是通往成功的充分必要条件。

没有什么比丧失信心更可怕的事情了。这是我在证券市场中漂泊20余年后得出的结论。

一般人面对市场，首先想到的可能是金钱。是的，如果没有钱，你是无法开始交易之旅的。但是，在证券市场中，钱不重要。只要是交易，你的钱可以是别人的，别人的钱也可以是你的。资本趋利和职业经理化早已经成为这个行业的公开秘密。

然而，当你丧失了信心，被一次一次的失败打击的无法抬头，同时你相信再也无法在市场中站立起来的时候，在事实的层面上你已经结束了交易生涯。虽然你可能还在市场中漂泊，但盈利或者成功已经与你无关了。

我遇到过一个可以称之为大师级的交易者。在20年前他曾经在外汇按金市场中叱咤风云，之后遭遇惨败，8年后卷土重来。他的水平很高，经历也非常丰富。但是据说在2006年又人间"蒸发"了。他复出的那段时间，我们有过一段短暂的交往。那时我发现他和10年前相比已经完全变了，变得没有斗志。在市场中，没有斗志也就意味着你丧失了原则。丧失原则表现为两点：急于求成和好勇斗狠。据说这次他的失败是因为在2005年3月全仓空铜。

全仓，在期货中交易，这个风险太大了，意味着如果你做错了方向亏损了20%，你的本金就完全蒸发了；如果出现连续跌停，就会出现穿仓的风险。交易中没有谁可以100%的准确预测行情，这位朋友不是不知道这点。但是，他却全仓交易了。他的失败遭到很多人的嘲笑。其中一个观点是批评他过于依赖预测，认为预测是导致他人间蒸发的罪魁祸首。

冷静下来分析这位朋友后，我们发现并非是预测使他失败。他失败的直接原因在于缺乏必要的资金管理策略。为什么一个"老战士"会忽略资金管理呢？深层的原因是他早已经丧失了自信，他认为什么都是假的，包括他赖以为生的交易技术手段。

我做股票而不做期货是不是就可以免于穿仓、爆仓的风险？有人这样问。另外一个发生在我身边的事儿可以给出答案。我的一个朋友，他比我小 20 岁，他在 2015 年 6 月 18 日爆仓，什么原因导致他爆仓？1：9 配资，1：9 的概念是，他出 100 万元，配资方出 900 万元，总共 1000 万元资金做股票，赔了算他的，赚了也是他的，他只需要支付约定的利息给配资方就可以了。这意味着价格下跌到 7% 就到了警戒线，跌破警戒线就要强制平仓。很幸运跌破警戒线的时候，他被强平出去了，否则就会穿仓。穿仓意味着他的本钱已经亏干净了，他还要补钱给融资人。这个朋友本应该吸取教训了，但是，非常遗憾的是，他在 7 月 6 日把质押房子换来的现金再次配资杀入。

当一个交易人丧失了自信，他的举动就会和他的智慧分裂。所以，永远保持冷静，恪守规则是通往成功的充分必要条件。

因此，对行情的预测，不能在盘中决定。你必须在收盘之后，在你的情绪平静之后，无论是胜利导致的狂喜还是挫折导致的沮丧，你需要在你心灵安静以后再去研究市场，然后坚决执行你的判断。当然，这一切的基础都建立在你拥有一套胜率足够高的预测系统和亏损管理系统之上。

第四节　全面提升交易素质

全面提升交易素质是通往成功的自由之路。在大多数情况下，交易人失败基本上都是反技术的。

对于大多数人而言，交易是一件熟悉而陌生的事情。说熟悉是因为每个开户的人都在不断地交易，或者都曾经不断地交易过。对于他们而言，亏损是永恒的噩梦，而盈利是鲜见的事情。他们以为，经历了这一切，自己已经饱经沧桑。然而当亏损再次降临的时候，他们依然感觉到慌乱、不知所措。

于是，大家纷纷拥挤到各类关于如何解放心灵、如何平静心灵、如何调整心态的书堆里。悲哀的是，当大家读完这些书后重返市场，再遇亏损，依然惊慌、不知所措。难道这些知识没有用吗？难道这些知识无法应用吗？难道这些知识也是一群骗子的欺世盗名之作吗？

答案显然是否定的。那么问题在哪里？

《伊索寓言》里的盲人摸象的故事可以用来解释这些行为。我们在互联网的BBS上，经常会看到一些貌似理直气壮的言论。这些言论大多数属于钻牛角尖的固执言辞，他们对问题思考的简单程度令我惊讶。

例如，有些人断言：交易不可预测。理由是某大师曾经说过预测不行云云。他割裂了大师说话的前提，或者根本没有看懂，便以为得到了真谛，其实，只要稍加思索就知道这些话是断章取义的。设想一下，不管他有多么高的成就，如果完全不预测，他怎么交易呢？有人会说他是靠分析公司的数据。这同样站不住脚。分析数据的目的是什么？分析数据的目的同样是为了寻找、发现某个具有上升潜能的股票买入，等待它上升，这个寻找过程难道不是预测的过程吗？有人说这是分析，难道分析不是预测流程中的一个步骤吗？荒诞的理念就这样阻挡了人们走向成功的步伐。

将心态、技术简单地进行二元对立，是流行论坛的另外一种错误言论。这个观点的基础是心态决定技术。在进入正题之前我们先谈谈什么是心态。

心态是单位时间内的心理状态。虽然如此说，但一个数学家和一个竞技运动员在面对不同研究对象的时候，他们的心理状态是不一样的。所以心理状态会随研究或者参与对象的不同而不同。

例如，一个数学家面对一个方程式，他的心理状态无疑是平静的，原因何在？因为他对数学问题充满自信。如果我们让一个竞技运动员去解一道数学题，参与一个数学竞赛，结果会是怎么样？可能就不会那样坦然自若了。可见，专业人士只有在专业领域中才会拥有良好的心态。为什么会如此呢？中国有句俗话——艺高人胆大。换言之，是技艺决定了你的心态。在股票中也是如此，你必须拥有技术。只有当你拥有技术了，才可以讨论心态。那么技术是什么呢？技术从本质而言是一套规范你行为——心理行为、肢体行为的方法。

在大多数情况下交易人失败基本上是反技术的。请看图1-7。

图1-7　宁波富邦

这是我朋友的实战案例。

当买入时，他所依据的是魔山理论的交易技术。拐点出现，价格和BBI有较大的背离以及其他一些要素。止损设为该日最低价格，当日买入后价格开始上涨，次日有薄利，第三天价格跌破止损，在收盘5分钟之前没有回到止损水平之上，按照计划应该砍仓离场。但非常遗憾的是，我这个朋友临时改变了主意。

他的借口是：今天虽然跌破了止损，但依然处于周期的上升阶段，而且该股要股改，股改方案不错，所以决定继续持有。其结果是，该股股改失败，没有获得通过，如此，应该止损了。然而他的新理由又出来了，他认为无论如何它会有个反弹，会利用反弹离场。结果是一直等到2006年8月1日，价格跌破长期趋势线，才不得不割肉走人。如此一来，很小的损失便被人为扩大了。

　　我这个朋友是一个很有天分的人，我们交往了 9 年多。我说他有天分，是指他在进入股票市场之前曾经是公司的高管。他在 23~32 岁期间，最低职务是上市公司的技术总监，在 10 年间跳槽约有 8 次之多。2005 年 11 月他突然很正式地对我说要做股票。我像过去一样，又一次拒绝了他的请求。他坚持说这次是非常认真的。即便如此，我还是拒绝了他。职业炒手们的习惯是不让亲朋进入这个圈子。但是，他这次并不顾我的阻拦，而是立刻开了户。

　　"我一切都按照你说的做。"他非常郑重地对我说。

　　"我想你做不到。我这么说不是为了推托，经验告诉我大多数人是做不到的。"

　　"相信我，我可以做到。我们明天就可以试试。你说买我就买，你说卖我就卖，你说止损我就止损。"

　　"你真的做不到。"我笑着回答，不想太刺激他。因为我确实经历了很多抱着这样思路的人的请求，也曾经试着实践过，结果都很糟糕。

　　"我们就试验一下吧。"

　　"你知道交易的风险吗？"

　　"知道。"

　　"那你说说看。"

　　"交易会赔钱。"

　　"还有呢？"

　　"还能有什么呢？最多赔光我这点积蓄。"

　　"你考虑赔光了会是什么结果吗？"

　　"赔光了重新来过就是了。"

　　"你最好再考虑一下，我也有做错的时候，我也有割肉砍仓的时候。"

　　"好吧，我再考虑一下。给我三天的时间。"

　　"好，三天。"

　　三天之后，他对我说："我决定了。"

　　"真的决定了，你确信？"

　　"是的，我确信，我想我可以做到，因为我相信你。"他就这样进入了交易。

　　我例行公事地对他说："你要知道，你进入的行业是一个最没有保障的行业，而且是一个充满压力和挑战的行业，这个行业绝对不浪漫。你的成功不是一次或者两次盈利，而是要长期的盈利。在股票市场上长期盈利的概率比摸500万元彩票的概率或许大一些，但是不会大很多。"

"这个我已经了解了，我已经把你课程的录音听了一遍。你现在告诉我你的选股公式吧。我想了，我每天的工作是利用你的选股公式来海选，选出的股票由你来确认，你认为可以买的我就买。"

最初的交易很顺利，我们事先制定好流程，并按照流程规范严格地操作，到2006年，他的账户获利约有1.2倍或者更多。这段时间让他志得意满。他著名的话是："这双手哪里是手，而是搂钱的耙子。"接下来，他扩大了投资本金的规模，同时自己开始悄悄地操作了。在这个时间内他认为他已经成熟了，已经可以独立操作了。

在扩大本金后的3个月内，他有三笔较大的失误，前面的例子就是其中一个。

在这个案子里，能够使他获得利润的主观要素有两个：

（1）他对我的信任和自己的彻底不懂。由于他信任我所以他可以果断地下单，由于不懂而不能掺杂进自己的判断。

（2）他自己是做高管出身，执行力本身非常强，对流程的监督与执行已经浸入骨子里了，所以，无论买入还是止损他都敢于实践。

除此之外，当时的大盘环境正是处在转折向上阶段，这也是他获得利润非常重要的客观原因。

第五节　情绪管理
——通往交易的窄门

在交易中，我们无法永远正确，发生错误遭受损失是每个人必须承受的劫难。我们要知道愤怒、沮丧、焦虑的源泉，并根据它发生的机理从开始就加以约束。

几乎所有的失败都伴随着对自己情绪的放纵——与其说是人性在阻挡我们走向成功，不如说是不良情绪在令我们毁灭。伟大的耶稣说过："你们要走窄门。"他告诫我们："因为引到灭亡，那门是宽的，路是大的，去的人也多。引到永生，那门是窄的，路是小的，找着的人也少。"

系统地管理自己的情绪，是在你学习并掌握了交易技术后所必修的功课。这里几乎可以称为交易成败的分野。我经常对自己和其他交易员以及我的学生们强调这一点。别让自己陷入沮丧！永远不要让自己陷入沮丧！！沮丧是比我们丧失金钱更可怕的事。过去有句古话"三军可以夺帅，匹夫不可夺志。"沮丧是打击自我士气最有力的武器。如果我们长期陷入沮丧之中，我们通过交易走向成功的意志就会被动摇甚至被彻底消弭。

在交易中，我们无法永远正确，发生错误遭受损失是每个人必须承受的劫难。我把它称为交易人的原罪，它的含义是：只要我们渴望利润，就必然遭受损失。虽然我们是那么不希望损失的到来。世界就是这样奇妙，做生意需要投入，然后产出，人们把投入叫作成本。在股票投机交易中，我们的成本不只是投入的本金，还有在使用本金的时候遭受的亏损。管理情绪，必须从这里入手。如果你试图永无错误，那么当错误来临时你心中就会充斥着沮丧、愤怒和焦虑，而这些情绪对你的利润将毫无帮助。所以，我们要知道我们的愤怒、沮丧、焦虑的源泉，并根据它发生的机理从开始就加以约束。这个约束是不自然的，但却是必要的。

就人性而言，多疑会导致人立场的变换，脆弱会导致人对正确的意见不能坚持。我们应检查自己在日常行为中是否存在着这两种品质。值得注意的是，我这里说的不是交易行为而是一般的日常行为。通常而言，办事拖沓、遇事犹豫不决的人不适合交易。在交易中更多需要的是果断。

多疑、警惕与敏感经常被人有意或者无意地混淆。有一个网友非常苦恼地问我怎么才可以盈利。我告诉她："学习"。她对我说她一直在学习，而且学习的效果很好。我说："既然很好，你为什么还要问我怎么盈利呢？"她说她事前总是看的很对，但是一到买的时候就会发现新问题，新问题会让她改变对行情的看法。最终的结果是放弃掉了很多本可以盈利的股票，侥幸买了的股票刚涨一些也会因为这个原因而提前平仓。我问她这种情况持续了多久，她告诉我已经有两年了。在这两年中，她非但没有盈利还有小额亏损。

聊到这里我就把话题岔开了，谈到如何交朋友、如何处理和同事的关系。她对我说，她的朋友很多但是知心的很少。我问她："为什么会这样呢?"她告诉我，她们大多数人不值得信任或者说是辜负了她的信任。总之，在和朋友们相处的时间里，她得到的大多数是伤害。我问她这种事情有多久了? 她说从上高中开始就是这样。突然，她非常敏感地反问："你问这个干什么?"

我笑了，告诉她："我知道了你的问题出在哪里。"

"出在哪里呢?"

"你不相信任何人，甚至包括你自己。"

"为什么这么说?"

我说："如果你刚才对我说的是实话，那么你就是个多疑的人。多疑的人绝对不会只在生活中多疑，而在股票交易中就变得不多疑，这是不可能的。你必须彻底解决多疑的毛病，如果解决了，那么你的盈利就会上升。"

她沉默了三个月，最近又突然出现了，她说她要谢谢我，因为问题的确如我所说。

多疑在交易中的表现是：买入后立刻觉得自己的判断出了问题，所以会立刻平仓，而一旦平仓又觉得自己卖早了，因此要立刻买回。这种被动的快速操作很容易让人们想到短线炒单。其实，两者有非常大的区别。炒单是一种既定的主动行为，买入卖出是事前规划好、事后坚决执行的结果；而多疑性操作则是一切都凭借自己当时的情绪而决定，是一种带有强迫症性质的被动操作。

如何改变自己的多疑的性格呢? 下面一些简单的方法，再借助时间的力量就可以完成。当然，这个过程不是轻松的，同样也充满了挑战。

建立 23 点 30 分开始睡眠的习惯。

如果你现在的作息时间很有规律，请跳过此节。

假如你平时总是凌晨 2 点休息，那么你不妨从今天开始尝试凌晨 1 点休息，三天后改成零点休息，第五天改到 23 点 30 分，然后一直坚持这个习惯。

在 22 点 30 分到 23 点这段时间，总结本日计划的完成情况，书写次日计划。

注意：不只是交易计划，而是你次日的时间规划。

在两个月后检查前两项的执行情况。

如果这些简单动作的完成率是 90% 以下，那么你还需要重新来过；如果你的执行率在 90% 以上，则可以尝试着用很小的资金进行操作。

为什么这样一个小小的举动可以成为我们交易的前提呢？这是因为一般拥有专业知识和技能的交易人，并没有真的成为专业知识的拥有者。例如魔山理论认为在拐点处买入，而一个魔山理论技术的学习者未必敢于在拐点买入。这个"不敢"有很多理由作为支撑，他可以说"大盘不好"，也可以说"我今天起晚了"，还可以说"昨天我看好了四只股票，只顾看另外两只了，忽略了这两只，当我关注这两只的时候，价格已经远离了事前确定的买入位置"等等。这些理由都是那么充分，充分得让你甚至觉得他们真的很无辜且充满委屈。然而事实真是如此吗？

美国法学教授詹姆士·博伊尔（James Boyle）针对类似的情况给出了结论，他说："面对损失，我们会排斥风险——我们倾向于高估损失概率，而低估盈利概率。对待问题，我们依赖试探法（Heuristics），但即便与事实矛盾，我们仍会固执己见。"在 99% 的交易者中，基本都遵循这位教授的语录中所描述的样子。现在大家可以闭上眼睛问问自己，他说的是不是正确的？他描述的行为是不是存在于自己的交易行为中？如果你连这个勇气都没有，那你怎么能奢望在交易中获利呢？

小　结

一个试图在交易中取得成功的人，必须具备如下素质：

（1）相信预测技术是决策过程中不可或缺的组成部分，寻找可以信赖的交易决策技术系统。

交易技术决策系统包括观察、分析等要素，但该系统必须能够导出结论。

（2）执行决策的勇气。

没有勇气你将一事无成，但是一时之勇和拥有长期的斗志是两个完全的不同的概念。前者是情绪使然，是自我煽情后的冲动。长期的斗志是训练之后的职业品质，这点和职业军人的勇敢相同。

（3）学会保护自己的斗志，它和金钱一样重要。

第二章　何为交易

第一节　交易是人基于概率的有技巧的赌博

股票交易类似于围棋，它属于有"技巧赌博"的范畴。在股票交易中我们不仅需要关注收益，也需要关注胜率，更需要关注亏损。

别张大你的嘴巴，瞪圆你美丽诱人的眼睛，我没有说错。交易就是这样。"赌博"让人们听上去是那么刺耳，在一个渴望通过正当手段追求财富的族群中，我们用赌博来形容交易，似乎是很不合时宜。人们会疑惑：我们是体面的本分人，怎么突然变成了赌博的参与者呢？感情上的难以接受，成为客观审视交易的障碍。

那么，什么是赌博呢？赌博最重要的特征有两点：

（1）未来不确定。不管你是不是高手，只要你参与赌博，你就不能断言你哪一局必胜。

（2）胜负需要自己用金钱买单。

赌博有赌注，你赢了就收利，你亏了就需要把钱交给别人，这是所有赌博的基本规则。

这些特征股票交易全部具备。因此，当你踏入股票交易市场的时候，你必须清楚自己的角色：你已经介入是非、胜负之中了，更多的时候你已经介入了长期亏损的境遇中。虽然所有的人都不是为亏损而来，然而亏损无法避免，这就是交易的残酷性。

我们应该怎么办？管理亏损。对亏损进行充分干预，是取得成功的重要前提。

从广义上说，象棋、围棋和轮盘赌都是赌博，不同的是，象棋和围棋是有技巧的赌博，而轮盘赌则完全靠"运气"。有技巧的赌博和运气赌博的差别在于：前者通过训练可以达到很高的水平，而后者无论你怎么训练依然无法摆脱靠"运气"取胜的事实。例如：一个围棋九段对初段基本上要保持80%以上的胜率或者更高，而一个有过100局轮盘赌经验的人相对于第一次参加轮盘赌的人几乎没有任何优势。这就是有技巧赌博和运气赌博的根本不同。

股票交易类似于围棋，它属于有技巧赌博的范畴。请看图2-1，大家面对同一图表但是结论完全不同。

图2-1　2007年7月18日之前的江西铜业（600362）日K线复权图，半对数坐标

在这里，魔山理论发现了机会，但是大多数人却坚决反对，更多的人怀疑这是一个顶部形态。他们还有一个理由——大盘也处于弱势，如图2-2所示。

图 2-2 上证指数

的确，如果让我们凭借感觉来行动，我们的确会采取观望的态度。大盘已经穿越了 4000 点，并在这个位置开始回落，4000 点意味着市场整体获利已经超过 3 倍。超过 3 倍的获利难道还不该一走了之吗？

然而，市场就是市场，人们对财富的追求永无止境，请看图 2-3。

图 2-3 2007 年 7 月 18 日之后，江西铜业（600362）一路飙升

那么，魔山理论是根据什么断言这里是机会呢？

请看图2-4，一个简单的理由。

图2-4　江西铜业（600362）

从图2-4中可以看到，菲薄那其的时间拐点出现在7月17~18日附近，在这里，价格受到简单趋势线的支撑，时间和价格达到完美契合。

达到完美契合就一定会上涨吗？当然不是！价格和时间契合只是告诉我们这里胜算大。错了怎么办呢？止损等待下一次机会。

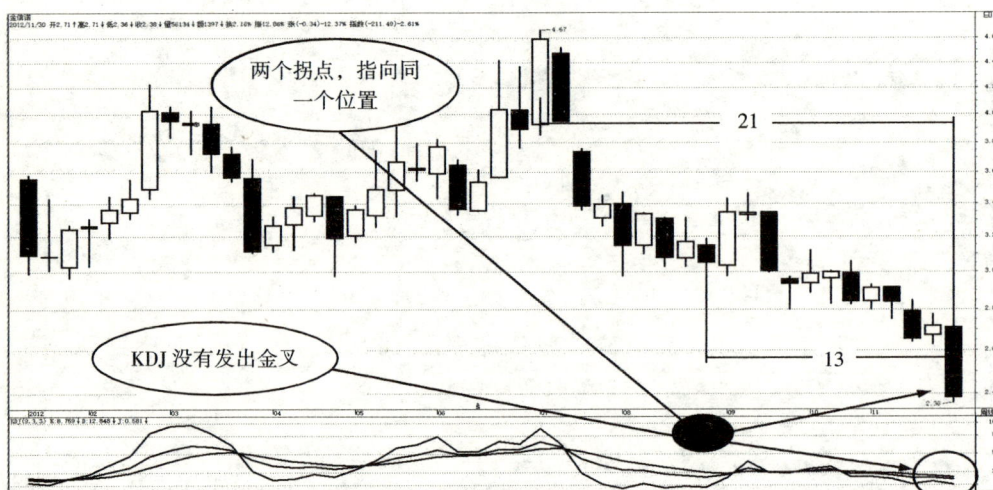

图2-5　金信诺（300252）（一）

图 2-5 是金信诺（300252）的一段走势、周线、半对数坐标。从这张图中，谁能断言它会上涨？技术角度来看也不充分，除了时间周期 21 周拐点和 13 周拐点外，KDJ 并没有发出金叉，成交量也很清淡，请看图 2-6。

图 2-6　金信诺（300252）（二）

外部环境也不好，大盘也相当糟糕，周线刚刚创下新低，请看图 2-7。

图 2-7　上证指数

但是，市场就是在这里开始崛起，这里成为金信诺的历史低点，第 2 周，行情创下新低后陡然启动，请看图 2-8。

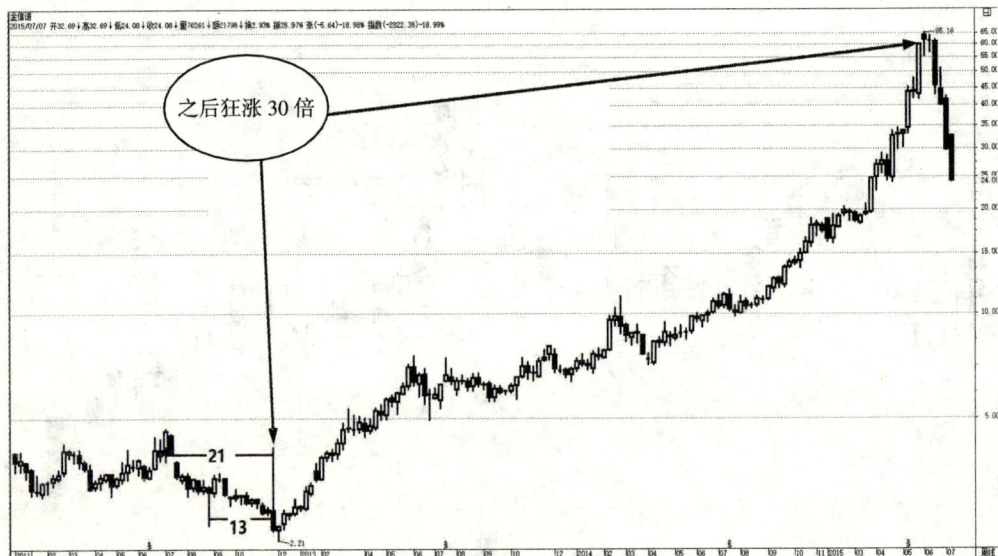

图 2-8　金信诺（300252）（三）

股票交易虽然和围棋类似，它们却有一些根本区别：

围棋是一种只注重胜率的游戏。在 12 盘升段比赛中，只要你胜率达到 70% 你就可以升段；在冠军赛的决赛中，5 局中胜 3 局你就可以成为冠军；赢四分之一子和赢一百个子没有任何区别。

股票交易则不然。股票交易追求的是最终的收益率。一年下来，你 100 万元的资金到底获利多少，这个成绩决定你是否是一个成功的交易员。如此说来，交易胜率就不重要了吗？绝非如此。设想一下，一个人如果 90 次交易都是失败的，那么他是否还有勇气交易下去？我认为连续 90 次的失败足以让一个人从市场中消失。

所以，交易收益率固然重要，胜率也绝对不是可以忽略的。在股票交易中，我们不只需要关注收益，也同样要关注胜率。整体地看待二者，才是一个成熟交易人需要做且必须做的事情。

第二节　容易被忽视的细节

我们卖出股票后无论获利与否，都要进行或者准备进行下次交易。这个过程是紧张的，而且是循环往复的。

小的时候看到过一本小人书，里面记载着中国军队和苏联军队在珍宝岛的冲突，书里有一句话记忆犹新："生命不息，冲锋不止"；少年时代还读过李太白的一阕词："何处是归程，长亭更短亭。"用这些词句来诠释交易人面对的交易困境，是再合适不过的了。

交易不是一次买入或者卖出就可以结束的游戏。我们卖出股票后无论获利与否，都要进行或者准备进行下次交易。这个过程是紧张的，而且是循环往复的。交易没有喘息和疗伤的时间，市场不会因为我们受了伤害，或者还未从伤害中摆脱出来而对我们施予关怀，我们必须正视这种现实。

图 2-9 是我 2007 年 10 月的一个交易案例，在这次交易中，判断出现了失误，造成了一定的损失。

背景：上证简单指数已经跌破了上升楔形下边，这意味着市场整体开始回调的概率较大。当时上证官方指数却还较为坚挺。

请大家比较两者的走势。

在这种背景下我判断：蓝筹股将是避险的方向。于是我针对所有的蓝筹股进行广泛的扫描，最终把镜头对准了钢铁、金融、房产、石化。其中，凌钢（600231）是我关注的钢铁股票样板，但是买入后，价格横盘了一段时间便开始下挫，到这个时候只有止损一条路了。

在我公开验证的股票中，中国人寿、中国银行同期则保持了上升态势。大家请看下面这个链接，这是我在 2007 年 10 月 19 日凌钢交易失利情况下的新的选择：http://club.cn.yahoo.com/bbs/threadview/100005093_15572__pn.html 事前公布

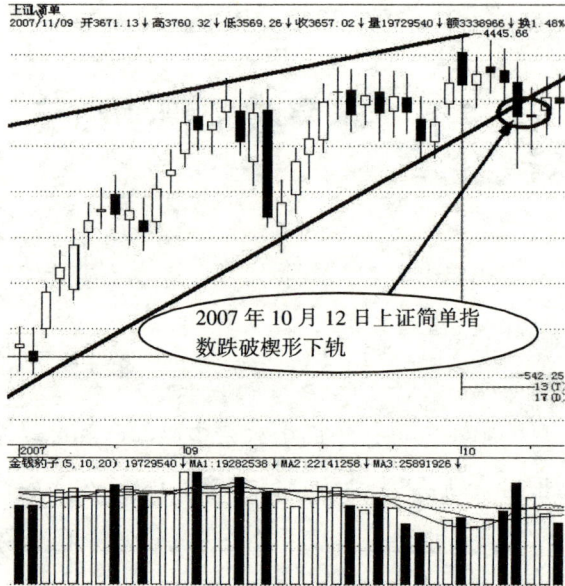

上证简单
2007/11/09 开3671.13 ↑高3760.32 ↓低3569.26 ↓收3657.02 ↓量19729540 ↓额3338966 ↓换1.48%

4445.66

2007 年 10 月 12 日上证简单指
数跌破楔形下轨

542.25
13(T)
17(D)

2007

金钱豹子 (5, 10, 20) 19729540 ↓MA1:19282538 ↓MA2:22141258 ↓MA3:25891926 ↓

图 2-9　2007 年 10 月 12 日上证简单指数跌破上升楔形下轨，宣告了调整开始

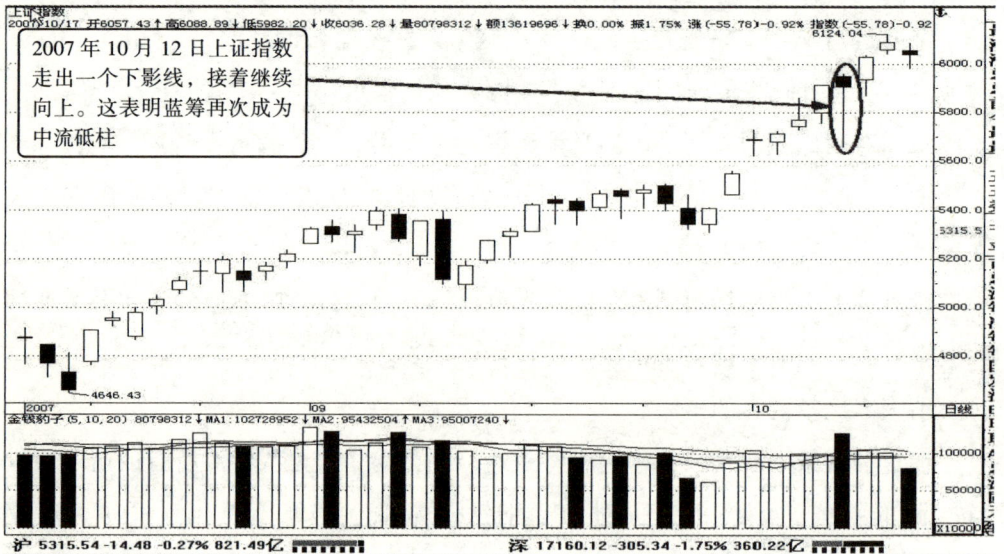

上证指数
2007/10/17 开6057.43 ↑高6088.89 ↓低5982.20 ↓收6036.28 ↓量80798312 ↓额13819696 ↓换0.00% 振1.75% 涨(-55.78)-0.92% 指数(-55.78)-0.92

6124.04

2007 年 10 月 12 日上证指数
走出一个下影线，接着继续
向上。这表明蓝筹再次成为
中流砥柱

6000.0

5800.0

5600.0

5400.0
5315.5

5200.0

5000.0

4800.0

4646.43

2007

金钱豹子 (5, 10, 20) 80798312 ↓MA1:102728952 ↓MA2:95432504 ↑MA3:95007240 ↓

100000

50000

X1000

沪 5315.54 -14.48 -0.27% 821.49亿　　　深 17160.12 -305.34 -1.75% 360.22亿

图 2-10　上证指数

在雅虎中国魔山理论群组。

选择中国人寿的理由在于：

● 10 月 19 日到 23 日我预期价格将抵达其长期趋势线上。

- 10 月 19 日到 23 日是一个重要的时间拐点区域。

- 如果时间价格在这里契合，价格在这里出现上升运动的概率极大。

图 2-11 中国人寿（601628）（一）

卖出时基于同样的道理，从前一个高点到 10 月 30 日正好是 13 天的菲薄那其循环高点的拐点。同时，这里也是一个重要压力位置，时间和价格已经契合，次日就理所当然地成为卖点了。

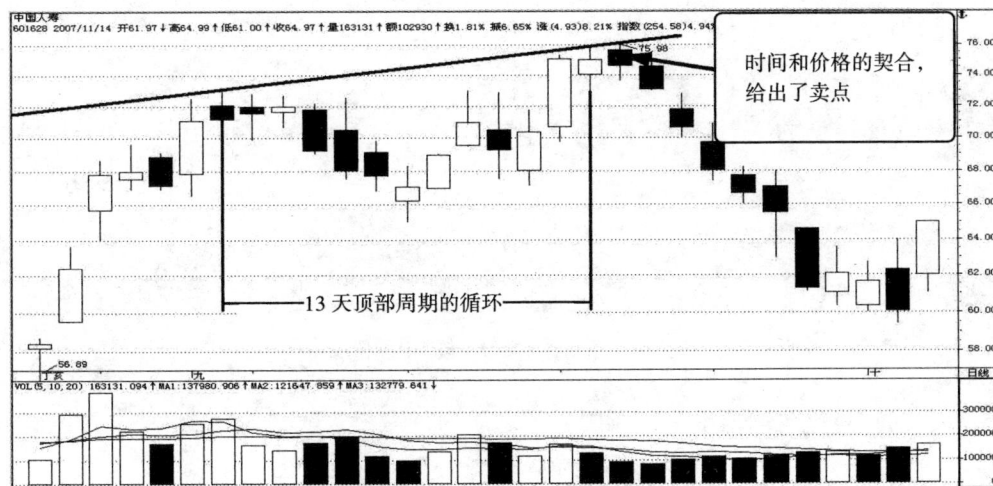

图 2-12 中国人寿（601628）（二）

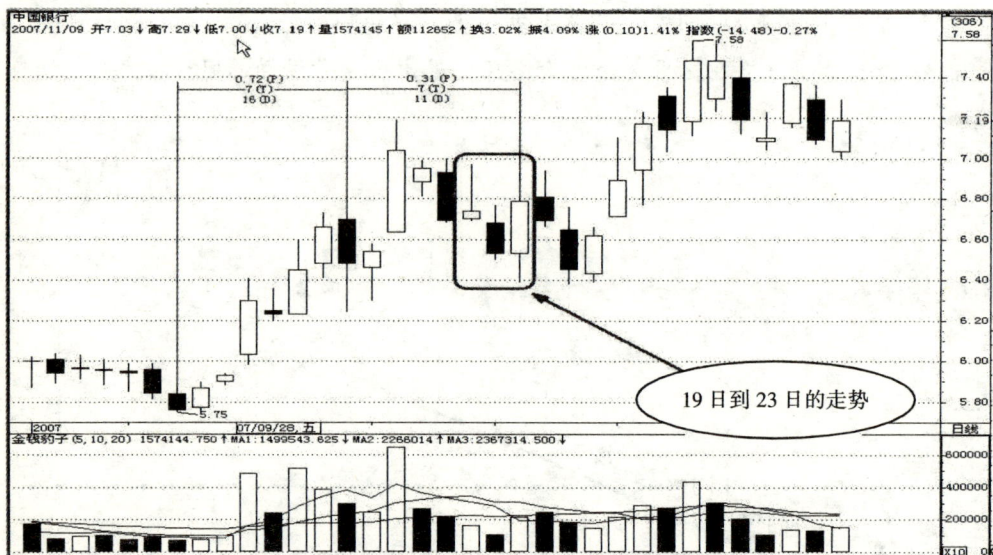

图 2-13　这是中国银行（601988）的走势图，价格在拐点位置震荡后开始走强

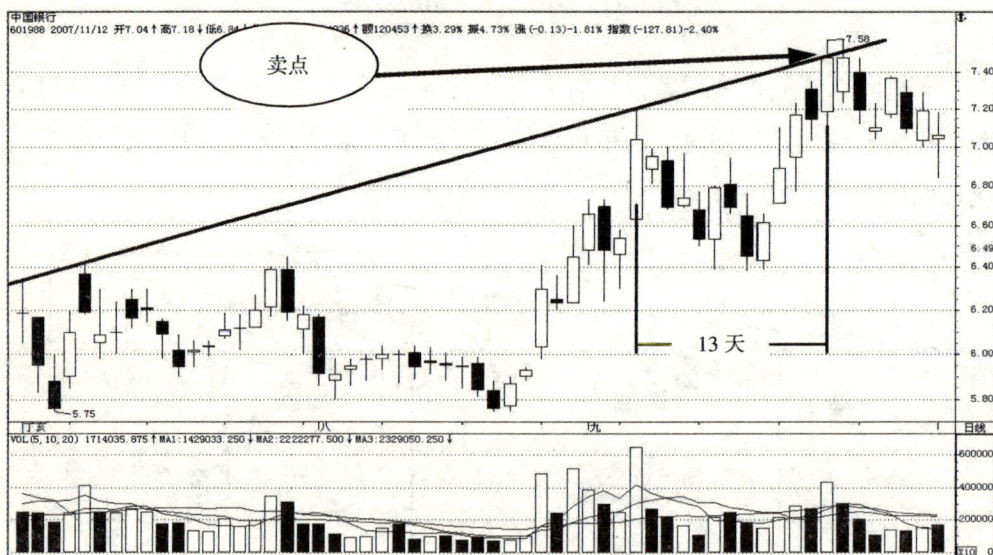

图 2-14　中国银行（601988）在 2007 年 10 月 30 日也出现了卖点——顶部循环

　　最近的一个案例，也是在判断错了之后的行为。

第三节　交易是一个充满谬误的游戏

交易是强者的游戏，我们需要考虑的不只是赚多少和赔多少，还要考虑我们是否真的知道在我们不断出现错误之后，是否还可以走下去。

看了前文，我想大家应该知道交易的残酷性了。只要我们进入交易场所，我们就处于错误之中，错误可以在任何时刻降临并快速地劫掠我们的金钱、打击我们的信心。我们在进入交易场所之前就应该知道交易是一个充满错误的游戏，所有的人都会遭遇这样或那样的难题，不能长期沉浸于沮丧和痛苦之中。如果我们想成为赢家，就必须适应这种"踩躏"，熟悉它踩躏我们的方式、力度，并做好不断遭受这种踩躏的准备。因此，交易是个强者的游戏，我们需要考虑的不只是赚多少和赔多少，还要考虑我们是否真的知道在我们不断出现错误之后，是否还可以走下去。

我们能走下去吗？我们能在逆境中重整旗鼓，反败为胜吗？如果你想通过交易获利并以此为生，你必须相信自己可以在屡次挫折后还会重整旗鼓，并通过管理亏损的方法，成为永恒的赢家。

小　结

交易不是一次浪漫的旅行。所有的交易者都在拿自己最珍贵的资源——金钱、信念、精力在这里拼搏。我们追求的成功绝不是一次、两次的胜利，而是持久的、连续的获利，是3年、5年、10年或者更久。在这个过程中，只要有少数几次亏损甚至一次亏损，就可以把我们之前的全部盈利、大部分本金亏蚀掉，而交易技术正是协助我们创造利润、捍卫利润，避开这种风险的工具，从这个角度看，交易的整个过程又是管理亏损、保护利润的游戏。

因此，我们在交易中永远不要乐观，要时刻保持警惕。让亏损在最小的时候停止，然后继续奋斗。

在本章我们需要深刻体会"交易是基于概率的有技巧的赌博"这个观点，当你真的明白了这句话的含义的时候，你就会发现，交易原来也很简单。

第三章 读懂图表

第一节 什么是图表

图表是价格运动历史走势的记录，按照不同的划分标准可以分为相应的类别。不同的交易模式需要使用不同的图表。

图表是价格运动历史走势的记录，魔山理论和一切技术分析都是通过对历史价格走势的分析来寻找未来价格运动的线索。所以，对于技术型交易人而言，你必须理解图表、熟悉图表、热爱图表，只有这样你才能真正地深入到交易市场的内部。

图表按照不同的时间单位，大体上可以分为年线图、月线图、周线图、日线图、日内线图。

图表按照记录价格变化的方式划分，大体可以分为三类：第一类被称为竹节图，又被称为美国线。第二类被称为蜡烛图或者阴阳柱，因为它的价格记录的图形和蜡烛相似，而且上升线和下降线的颜色不同，所以被称为阴阳线。其中，阳线代表上升，阴线代表下跌。第三类比较特别，它被称为点数图，由叉和圈构成，没有时间轴，现在已经很少有人用了。我们通常说的 K 线是指前面两种图形而言的。至于为什么叫 K 线，已无从考证，在西方没有这种称谓，只有中国的朋友们如此称谓。

在 K 线图上，会有各种各样的价格形态，这些形态随着时间单位的变化而变化。例如：很多人将周线的 W 底和连续分时图上的 W 底的含义完全混淆。从投资的角度上看，二者的区别是非常明显的。道理很简单，我们获利的一般计算规则是：上涨幅度大于买入成本加佣金费税。在有交易技术和资金管理原则支配的交易行为中，我们获利的概念又有所修正，这个修正的公式如下：

利润 = 预期上升目标价格 – (买入成本 + 佣金费税) 大于 (买入成本 + 佣金费税) Y%

式中，Y 是我们设定的最低计划利润幅度。

根据这个公式我们发现，日内分时图中的形态波动幅度很难满足这个条件。例如在周线上一个形态出现后在大多数情况下价格会有大于 6% 的幅度，而在日内分时图中这样的幅度则非常少见。所以，日内的线图的形态不可以作为我们买入或者卖出的理由。但是，这并不是说日内形态没有作用。日内的形态在日线或者周线的形态决定下，有它独特的作用。这个作用是"精确"买、卖价格。

谈到"精确"买、卖价格，人们自然想到 "精确"的价格应该是固定的价格，对大盘而言则是具体到多少点。例如我们经常听到这样的声音："明天大盘

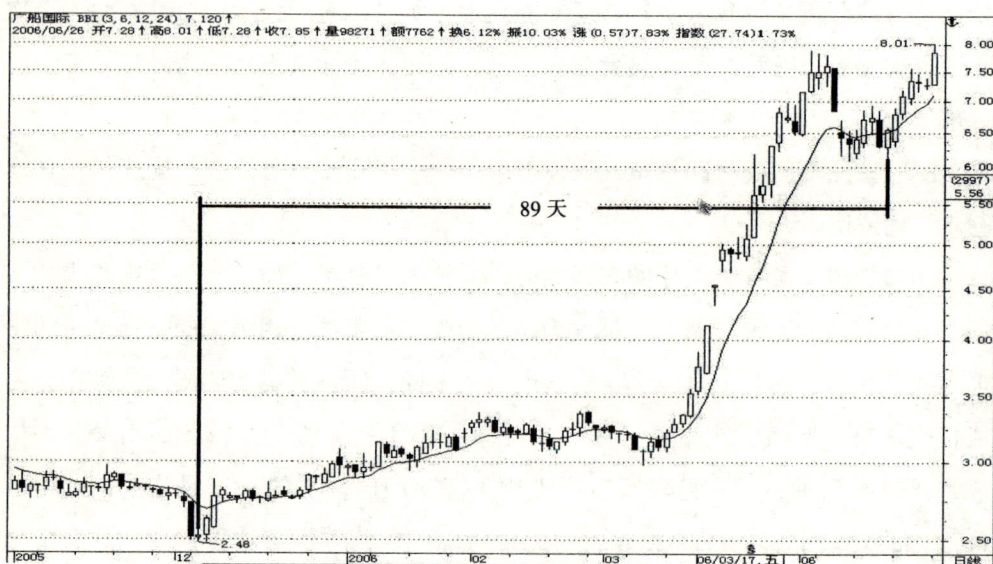

图 3-1 广船国际 (600685)

会跌到多少点？1700点？还是1712.53点？"或者"明天某只股票价格会涨到8.45元吗？"这些声音和本书讨论的"精确"无关。这里讨论的"精确"是指在某个计划买入区域内的靠近低点的地带，或者是指在某个计划卖出区域内的接近高点的区域。

案例一：2006年6月16日正好是上个低点以来的第89天，形态方面，这里如果是个循环低点，价格将会在这里形成一个W底。经典W底的最终被确认是以突破颈线为标志，因此，当时间到位的时候，如果按照经典的交易模式，我们必须等待形态的验证。但是，魔山理论在这里却可以抢先一步。

案例二：2015年6月15日大盘暴跌，到2015年7月9日最低价格，跌幅1800余点。在这个暴跌过程中市场真的没有出现端倪吗？请看图3-2。

6月8日之前，大盘已经形成了一个上升楔形形态，楔形的上边A点是2015年5月28日，B点是2015年6月8日。楔形的下边成立更早，5月29日和6月4日的最低点构成了楔形下边的C、D点。上升楔形是向下的，在这里预警已经很充分，虽然形态没有被跌破，但是无疑要引起警惕，这是一个技术型交易者必备的基本素质。

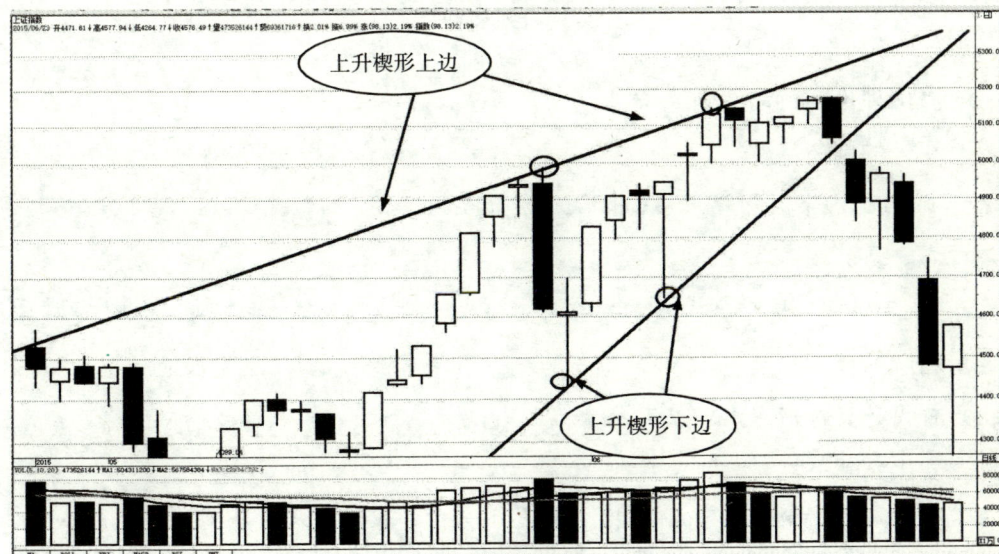

图3-2　上证指数（一）

时间周期方面，13 天周期的起点是 2015 年 5 月 28 日，向后数 13 天正好是
2015 年 6 月 15 日。那么 6 月 15 日到底是高位拐点还是低位拐点呢？这时还不
能看清。但是，16 日跌破楔形形态的时候，就立刻可以确立，价格以缺口的方
式跌破，这里无论如何已经不会是底部拐点了。

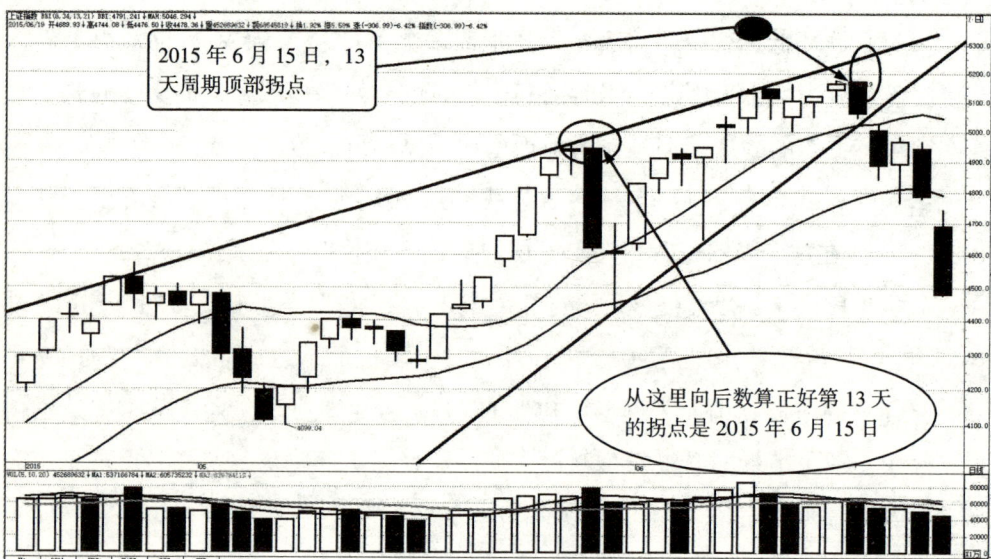

图 3-3　上证指数（二）

魔山理论的行动原则：

买入的判断：

● 假定一个时间拐点底部区域形成了买入形态，如果价格在这里跌破止损，
则宣布交易失败。

● 另外一种情形，当我们决定了这里是买入区域后，接下来的工作是确定
相对精确的买入位置。以 W 底形态为例：在可能形成的 W 底右底的位置，如果
出现日内的买入形态则可以买入。

卖出判断：

● 明确的顶部拐点出现，楔形形态或者其他见顶形态出现，卖出；

● 当不能确定是买入拐点还是卖出拐点的时候，价格在拐点之后跌破了形
态，卖出。

为了进一步说明这个问题，请让我们进入下一节。

第二节 日内图表与长期图表的关系

中国 A 股市场是一个慢速市场，它的交易规则决定了我们无法进行日内对冲交易，使大多数日内图表失去了决策意义。

日内图表是指小于日线的时间单位的图表。通常而言指 60 分钟图、5 分钟图和连续即时图。这方面的分析软件当首推飞狐分析师。飞狐分析师几乎为图表分析类型的交易员提供了其所需要的所有绘图功能和坐标框架，而且使用非常方便。

中国 A 股市场是一个慢速市场，它的交易规则决定了我们无法进行日内对冲交易。也就是说，你建立头寸后，无论价格是涨还是跌都需要在次日才可以递交卖出指令。这个规则使大多数日内图表失去了决策意义。要注意，我这里只是说失去了决策意义，而不是说日内图表在决策中没有意义。

当我们研究了日线图表后，决定开仓的时候或者决定平仓的时候，日内图表就派上了用场。请看图 3-4。

2007 年 11 月 20 日的高点到 11 月 22 日低点间隔正好是 34 个 15 分钟的时间单位。

而在日线上，10 月 8 日的高点和 11 月 22 日的低点的时间间隔正好是 34 天。如图 3-5 所示。

这意味着价格会在这里出现一个趋势低点。结合我们买入的位置及潜在的获利水平，我们必须对这个低点定性，即这里是不是一个相对较好的买入位置。

确定是否买入的原则在于：这里是否是当前趋势的反转；如果是当前趋势的转折，这里的空间是否足够大，也就是说趋势规模是否值得我们买入。

反转条件：反转的意思是当前趋势结束，新的趋势开始。如果过去的趋势是上升趋势，那么对它的反转就是一轮新的下跌趋势的开始。在下跌趋势开始的时

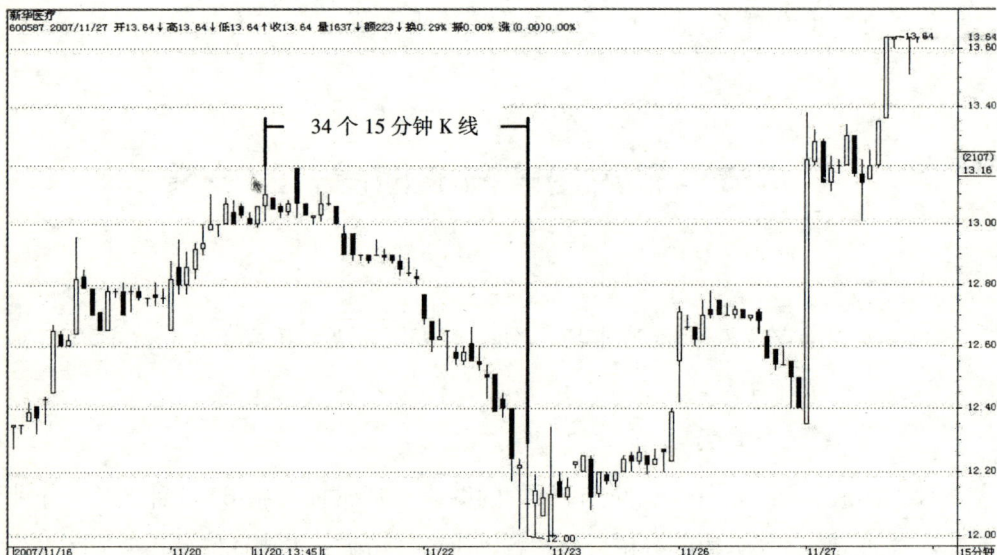

图 3-4 新华医疗（600587）2007 年 11 月 20 日到 27 日的 15 分钟图

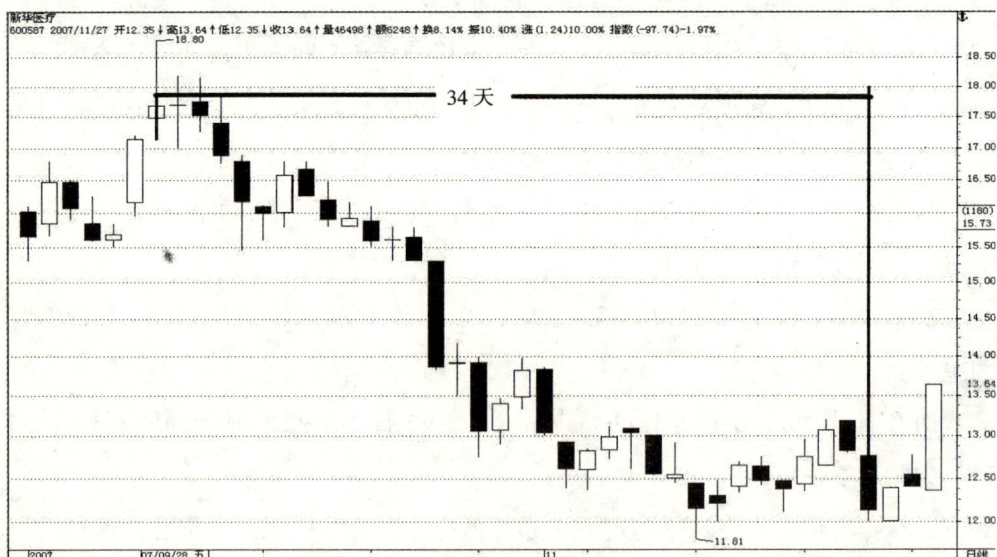

图 3-5 新华医疗（600587）

候总会出现明确的反转信号。例如头肩顶、M 头、上升楔形之类的价格形态。

纵观 2017 年 11 月 22 日的日线价格表现，我们没有找到这样明确的反转信号，因而断言这里是反转还没有充分的依据。因此，我们的焦点集中于第 2 点：

这里或许只是趋势的简单反弹。既然是趋势的反弹，就意味着当前的趋势还会延续。既然是反弹，我们就要仔细考虑它可能的反弹幅度了。

后面我们会考虑到交易的盈亏比。一般而言，每笔交易的盈亏比必须符合3：1的原则。在买入时，必须根据支撑阻挡以及平均波幅或者形态测量来确定潜在的盈利幅度。这个幅度如果和我们的止损恰好形成3：1的关系，那么这里就是一个买入点。在这只股票上，我们可以看到的潜在盈利接近20%。

请看图3-6。

图3-6　新华医疗（600587）日内60分钟图表

在一个显著的高点和低点之间，我们作黄金分割线——菲薄那其空间线。0.618位置锁定于14.14。22日的低点是11.82，如果从这里上升20%也就是要抵达14.18元，考虑到趋势的上升惯性，我们可以粗略地认为，价格有20%的潜在盈利。

注意：这里强调的是可能，而不是必然。

考察完可能的上涨空间后，我们来看看如果反弹失败怎么办？止损。

止损是我们常用的方法，关于如何止损，后面的章节将会有详细的说明。

那么，如何把长期图表和短期图表乃至日内图表紧密结合起来呢？长期图表长到什么程度？短期图表又短到什么程度呢？一般而言，我研究市场的时候是从年线图开始的，然后过渡到月线。周线和日线图表被称为中期图表，而短期图表则是指小时图以内的图表。

年线图有什么意义呢？看清历史市场的真实走向，以及重要趋势路线，请看图3-7。

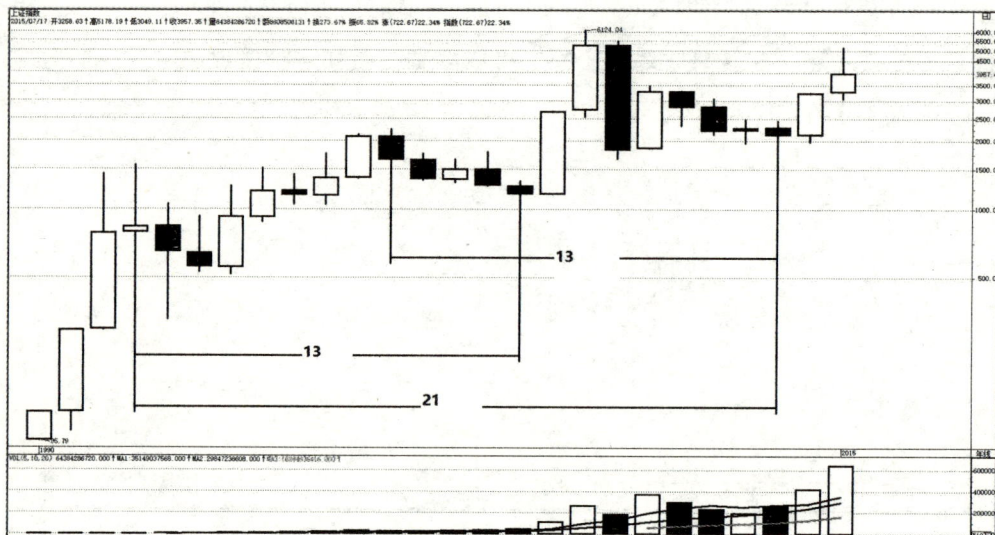

图3-7　上证指数

> 在这节里我们要明白一个道理：日内图表服从于日线图表。日内图表的功能在于日线上出现了买点后，我们需要在日内图表上确定潜在的上涨空间和未来的止损水平。一句话，日内图表服务于日线图表。

第三节　交易图表

日线图通常被称为交易图表，构成要素包括价格、时间、成交量，可以为我们提供活跃度、时间拐点、价格形态三种信息。

日线图被我们称为交易图表，其原因在于它是我们首选的分析图表。一个交易计划的开始，首先来自日线图的线索。哪一天是买入时机，哪个价格区域是介入的位置，都是我们研究日线图的目的。通常而言，一个趋势的诞生总是伴随着一些重要的价格形态和时间形态的信号。而周线来的有些过迟，日内线图则又有些过早，过迟会让我们延误交易的时机，过早会使错误的信号增加。所以，日线图就成为一个重要的枢纽式的图表。

日线图是我们每日必须研究的图表，很多价格波动的线索集中于此。

一、日线图提供了三种信息：活跃度、时间拐点、价格形态

这些信息使我们可以集中注意力于某几类股票，从而最终确定交易组合。

（一）活跃度

一只股票必须具有足够的活跃度，价格波动越强，股票的能量越大，交投也越活跃，买入机会就越多，短线交易者会热衷于这类股票；而一些喜欢细水长流的人，则会倾向于缓慢爬升的股票。日线可以为不同偏好的人提供不同的且较为容易发现的股票类型。

（二）时间拐点

时间周期的拐点不只分布在日线图上，从年线图到 1 分钟图比比皆是。然而，由于我们采取的是 T+1 制度，因此日线就显得格外重要。T+1 制度严格禁止日内买入的同时日内卖出某种股票相对应的头寸。因此，大量的日内周期被过滤掉了，我们只能发现并利用日线上的周期，在这里，交易的频率被减少了。日线图上的拐点在大多数情况下是清晰的，根据拐点进行交易，可以让我们轻松地捕捉到购买较为廉价筹码的机会。

（三）价格形态

价格形态的重要功能在于——发现与时间周期相对应的价格位置以及通过测量来确定盈亏比。日内的价格目标的确定，可以从根本上避免出现灾难性的损失。

二、交易图表的主要构成要素

(一) 价格

表示价格的刻度有两种，即简单算术图表、半对数图表。算术图表中价格到价格之间是等距的。例如：1元到2元的距离等于2元到3元的距离。半对数图表的价格刻度则是按照对数形式展开的，呈现一种比例关系。例如：如果1元到2元的距离是100%，那么2元到3元的距离则是50%。

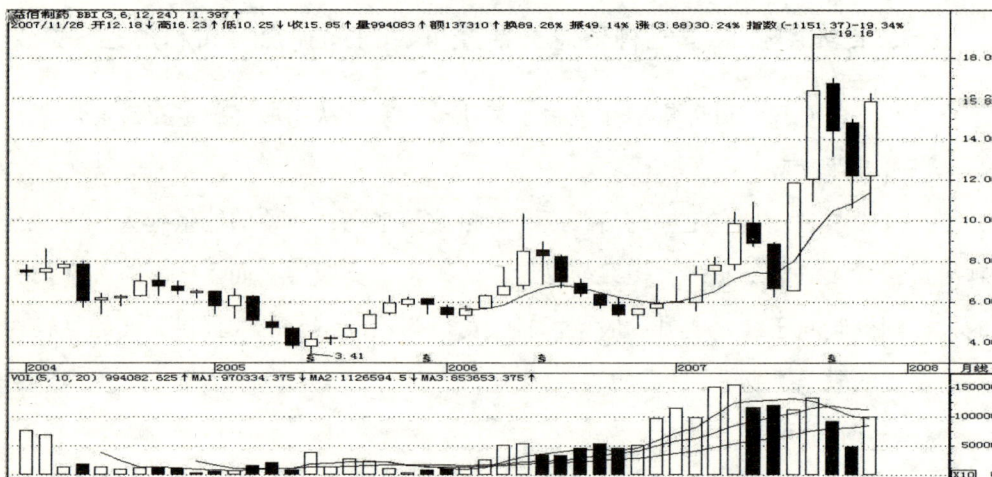

图3-8 算术图表：益佰制药（600594）月线图

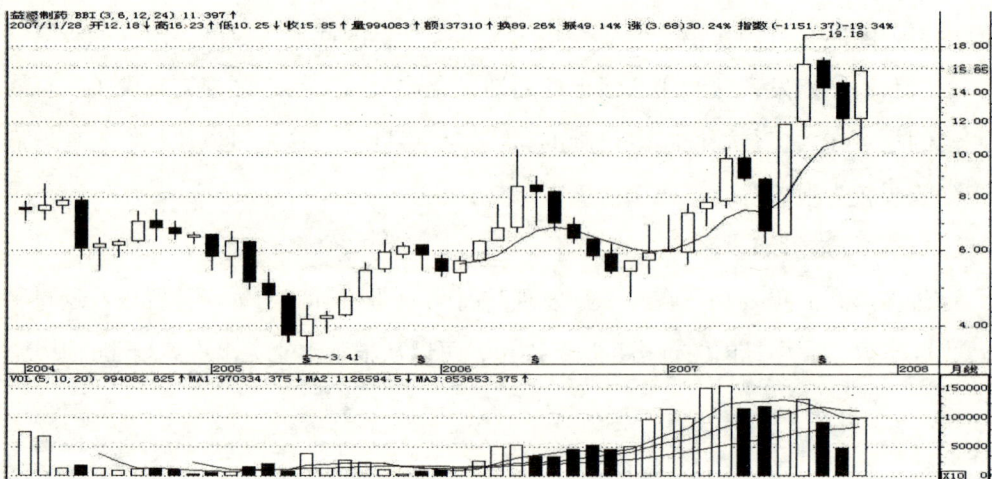

图3-9 对数图表：益佰制药（600594）月线图

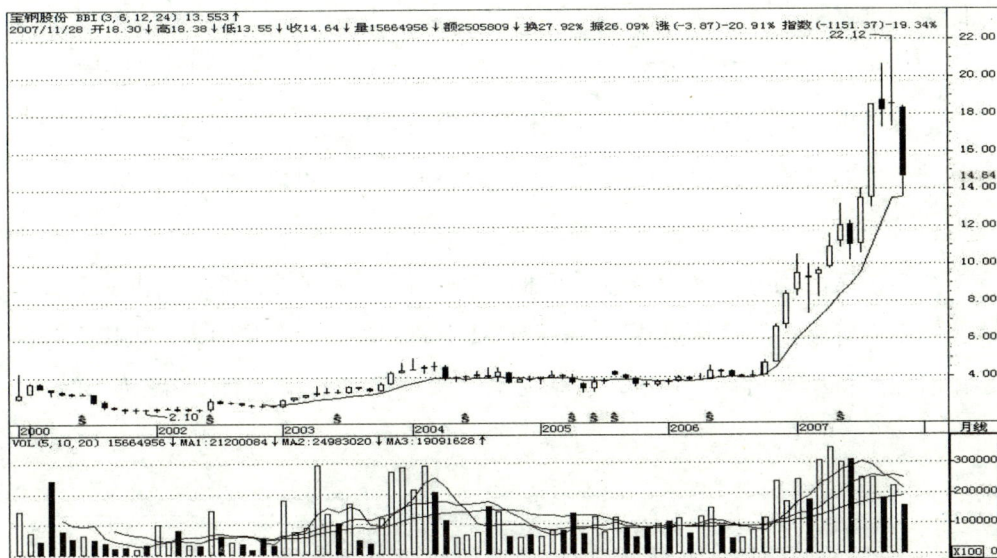

宝钢股份 BBI (3,6,12,24) 13.553↑
2007/11/28 开18.30↓高18.38↓低13.55↓收14.64↓量15664956↓额2505809↓换27.92%↓振26.09%↓涨 (-3.87)-20.91% 指数 (-1151.37)-19.34%

图 3-10 算术图表：宝钢股份（600019）月线

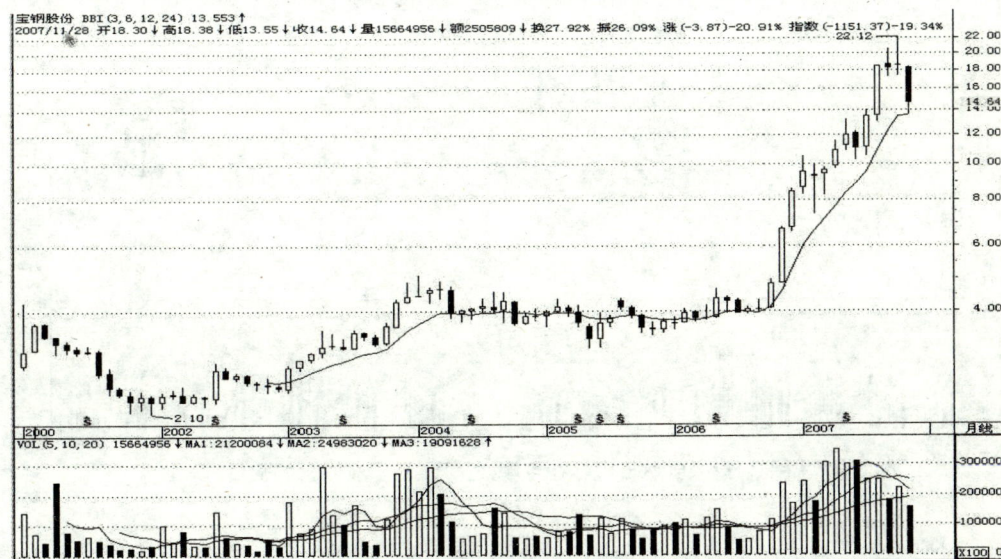

宝钢股份 BBI (3,6,12,24) 13.553↑
2007/11/28 开18.30↓高18.38↓低13.55↓收14.64↓量15664956↓额2505809↓换27.92%↓振26.09% 涨 (-3.87)-20.91% 指数 (-1151.37)-19.34%

图 3-11 对数图表：宝钢股份（600019）月线

　　算术图表和半对数图表没有本质的区别。之所以半对数图表在过去比较流行，其根本原因在于 20 世纪 80 年代以前电脑是一种非常昂贵的工具，大多数人记录价格变化需要手工绘图。对数图表在手工绘图上优势是非常大的。绘制同样的一只股票上升了 300% 的价格趋势，对数图表可以在一张纸上简单完成，而算术图表很难做到。

在分析方面，半对数图表和算术图表的确存在着一些差别。半对数图表可以清晰地反映出历史数据的波澜，而算术图表中历史数据则倾向于扁平。现在流行的软件，例如飞狐分析师，提供了这方面的强大功能，可以作为参考。

（二）时间

交易图表的另外一个要素就是时间。一般的图表分析软件只提供交易日图表，即图表所显示的只是交易日，节假日被全数剔除了。这种图表可以用来分析单位时间内价格的市场运动周期，但忽略了自然周期对市场的作用。如图 3-12 所示。

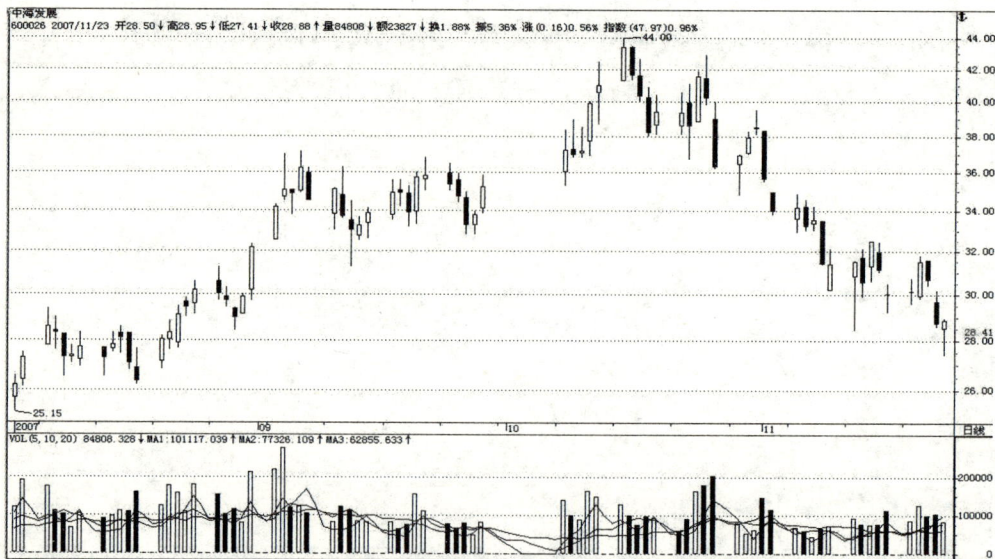

图 3-12 自然日坐标在 K 线之间留下了节假日的空白

所以，只看交易日图表而分析价格运动走势，对于以图表为主要决策依据的交易人而言是极不全面的。遗憾的是，很多人有意无意地忽略了这方面的研究。

（三）成交量

在经典交易理论中，成交量被视为价格研究以外的第二重要的市场行为因素，他们坚信市场的趋势会被成交量所验证。一个上升的趋势，会伴随着成交量的增长而增长；同样，一个下降的趋势，随着趋势的下降成交量也会持续递减。

他们还认为成交量代表市场中的"人气"，人气会随着价格不断攀升而变得活跃。

经典理论对成交量的描述基本正确。大家请看图3-13。

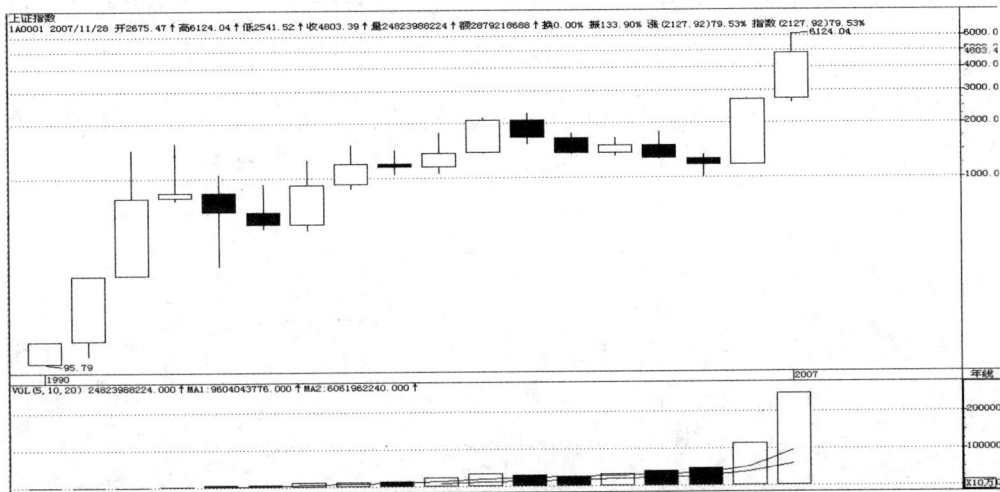

图3-13　上证指数年线图

成交量在长期上升趋势中的表现的确是这样。但是，在交易图表中它的表现也是这样吗？这是个有趣的问题。

"量在价先"，这是人们熟知的股市谚语。那么，这句话的真实含义是什么呢？我们来看图3-14。

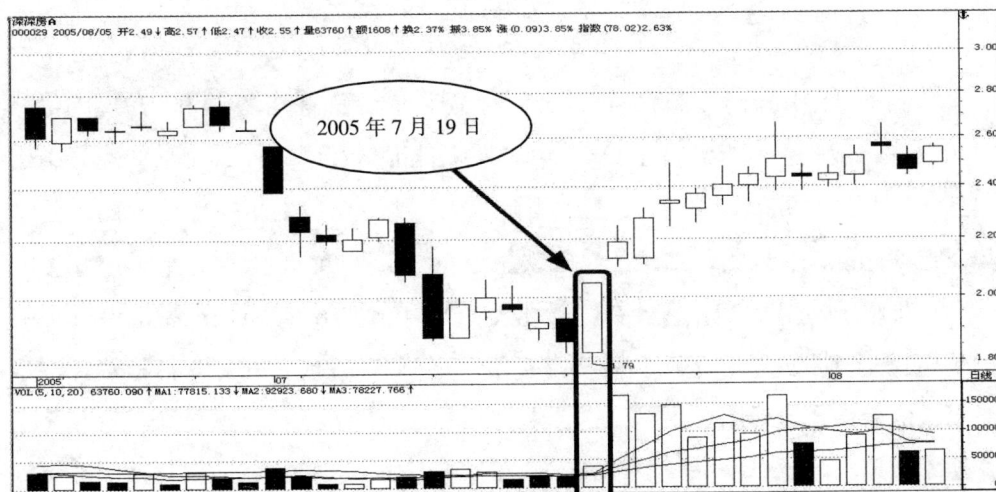

图3-14　深深房A（000029）的日线图

在这个图里，我们看到了量，也看到了随后的价格上升。2005年7月19日深深房A（000029）的价格经过长期下跌后出现反弹，7月20日出现了2004年5月31日以来的天量，换手率高达7.55%。随后价格便开始了它的上升趋势。成交量通常被解读为价格的先行指标，也就是说，一旦出现了某段时间的天量，价格就会在未来的时间里发生新的上升趋势。这样理解它似乎言之凿凿，然而非常遗憾的是，在同一只股票中我们还发现了下面的事实，请看图3-15。

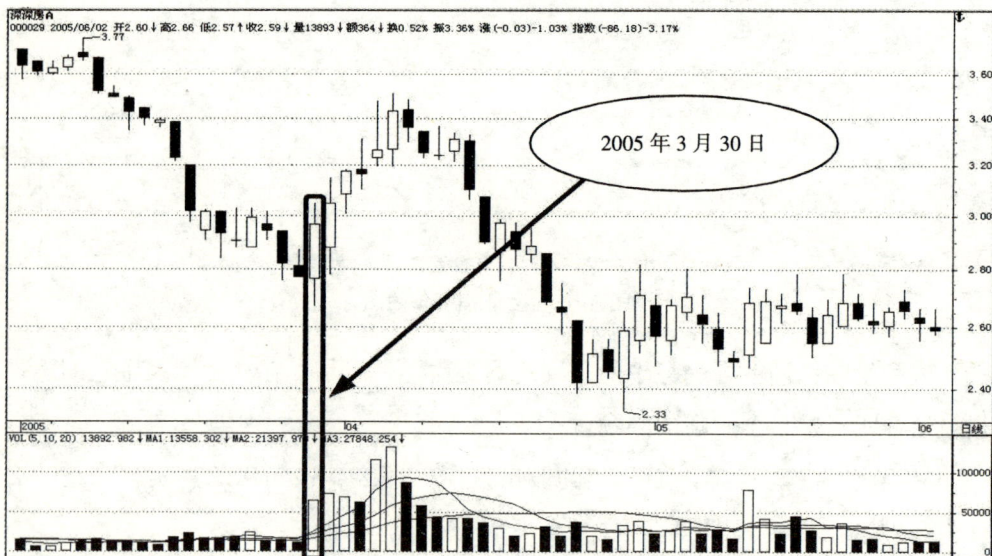

图3-15 深深房A（000029）

在图3-15中我们可以看到，2005年3月30日深深房A（000029）的价格出现反弹，成交量逐步放大，2005年4月7日价格在巨大的成交量的配合下创出新高。按照"量在价先"的原则判断，该股随后应该发生一轮较大的上升趋势。但遗憾的是，随后价格便一路狂跌。

这种情况不是个案，它具有普遍性。2005年6月6日，中集集团（000039）的价格也是携量向上，一切看来非常正常。但到了2005年6月9日依然无法摆脱下跌的命运。请看图3-16。

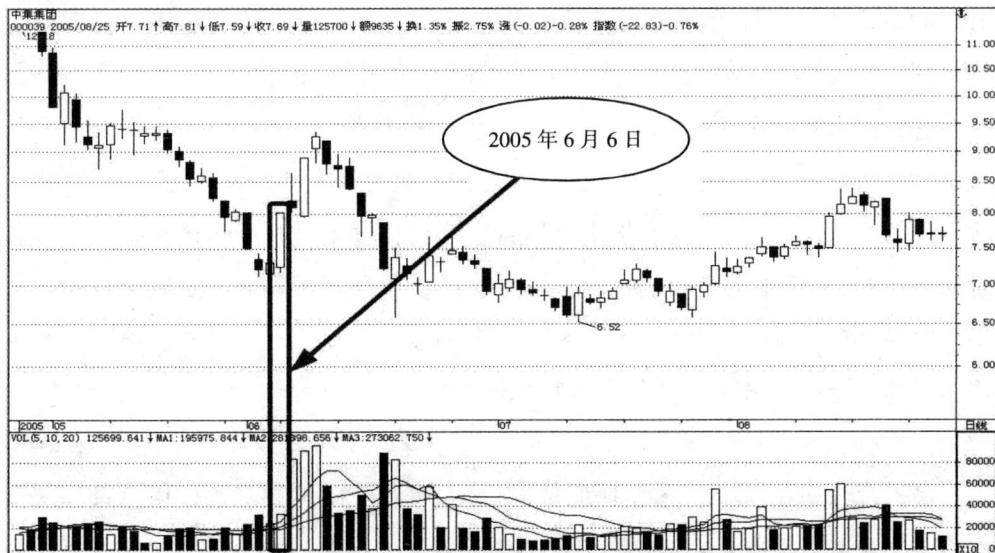

图 3-16 中集集团（000039）日线图

一些个性市场中的现象被毫无根据地夸大并以顺口溜的方式流传，是国内股票市场中的一个非常有趣的现象。很多人把"量在价先"的格言奉为圭臬，并津津乐道，然而却很少去仔细地探讨其内在的含义，也不愿意去验证这类格言的可信性。

请大家记住：量是价格的衍生物，没有价格不会有成交量。要正确理解成交量。

成交量作为验证指标有它独特的价值，但在价格趋势面前它永远是第二位的。我们不能仅根据成交量充分与否而断定市场趋势是否会继续发展下去。

成交量的重要功能之一是代表某只股票的活跃程度。在选择股票的时候，我们除了寻找其卖点外，还要关心其流动性。流动性的通俗说法就是我们可以很自由地买卖该股票，买的时候会有充分的供应，卖的时候会有充分的接盘，不会为了卖出 1000 股而在 10% 以下的位置寻找买盘。

换手率是衡量某只股票活跃度的重要指标。一个持续上涨的股票会吸引大多数交易人的注意力。这种注意力具体体现在：不断地快速买入和快速卖出。快速买入的原因在于人们唯恐赶不上这波上升行情，快速卖出者则因为唯恐价格过高而错失到手的利润。当快速卖出者发现他们卖出的股票还在上升，就会像当初迫切的快速买入一样重新投入交易中，这种行为在一轮强劲的趋势中表现得尤其激烈。

直到大家的态度发生根本改变，价格就将陷入震荡中，持续到价格开始下跌为止，而这种下跌则来自于多次买入者对他们快速买入和快速卖出策略的调整。他们认为："既然多次买入、卖出之后价格还会持续上升，那么这次我决定持有时间长一些。"于是买盘和卖盘的频率减少了，体现在图表上就是成交萎缩。但是，这并不意味着价格会因此而下跌。只要有新的事件出现，这种快速买入、快速卖出的行为还会出现在未来的行为循环中。

1. 底部拐点区域的成交量

虽然说成交量在行情分析中处于二等位置，但它依然有它的作用，只是这种作用恰好和谚语中流行的说法相反。通常而言，当底部拐点出现的时候成交量是萎靡和清淡的。请看图3-17。

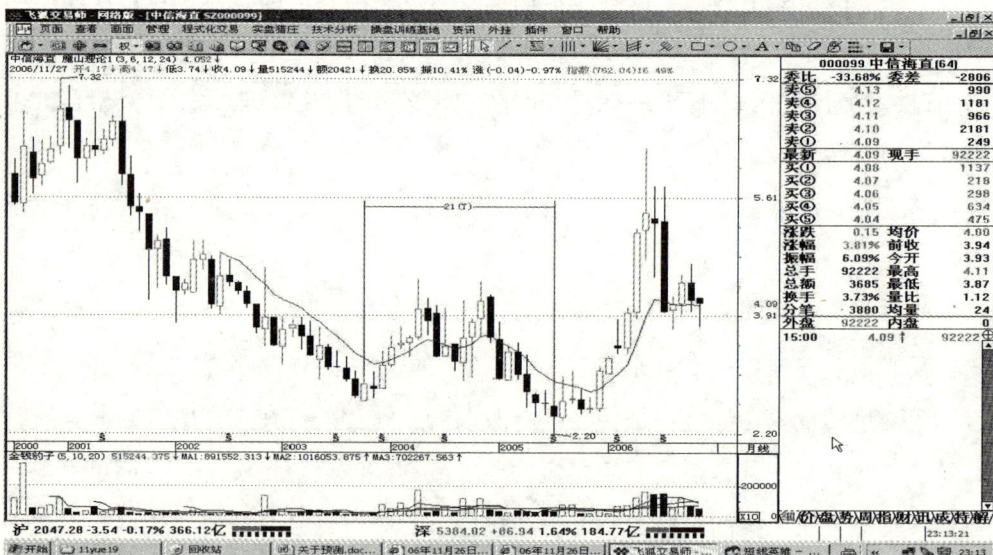

图3-17　中信海直（000099）

2005年7月是该股的重要转折点，也是21个月的时间拐点，大家可以在图3-17上清楚地看到，这里的成交量是非常清淡的。为什么这里如此清淡呢？说到这里，我们就不得不再次谈到交易者的人性。

在大多数情况下，交易者习惯于按照如下模式进行交易：

价格上涨——急于买进——急于卖出——再急于买进——再急于卖出

价格下跌——持有——继续持有——继续持有、不再关心市场的价格波动。

当价格下跌的时候，人们习惯于回避灾难。只不过回避灾难的方式有些可笑，采用著名的鸵鸟策略。鸵鸟在危险来临的时候，不是奔跑回避而是把头藏进草丛。在股票市场上的鸵鸟策略是不再关注股票而任凭它下跌，这就是当市场进入熊市的时候却成交清淡、人气稀缺的原因。

但是，当股票市场开始回暖的时候，人气并不是突然凝聚的。在最初的时候，会开始有较多的买单出现，这些买单在绝对值上可能无法比下跌之初的成交值更多，但它相对于当时的市场卖单而言，无疑是足够多的。在这种情况下，相对多的买单无法在较低的价格成交，于是便开始在相对高的位置买入。这种竞买情况一旦发生，价格就会出现较大的波动，直到吸引更多的人参与到这种竞买的活动中。如果这种情况持续，一个底部便形成了，否则价格还会随着抛单的增加而再次重归熊途。

因此，一些交易市场中的老手经常这样说："价格的上涨不只是因为买的人多了，还因为卖的人减少了。在市场顶部到来的时候也是如此，只不过是抛盘和买盘的绝对量要远远大于底部抛盘和买盘。这就是在底部形成的时候成交清淡，而在顶部的时候成交巨大的原因。明白了这个道理后，我们就可以让成交量为我们服务了。

底部拐点出现的时候，成交量大多数时候比较清淡，这是底部到来的有效证据。否则，我们需要继续观望。当拐点过后、价格上升的时候，成交量必须放大，尤其是在突破重要的阻力位置时。如果在这个位置成交不足，则意味着该趋势有问题。

请看图3-18。

图3-18中，价格创下新低的时候正好是18周修正周期的拐点，之后该股成交创下了历史新低。这个新低保持了两周，第三周开始缓慢放大。在第八周的时候，价格突破了重要压力线并呈现出较大的成交量。必须强调的是：这里作为买入信号的基点是价格的时间拐点。

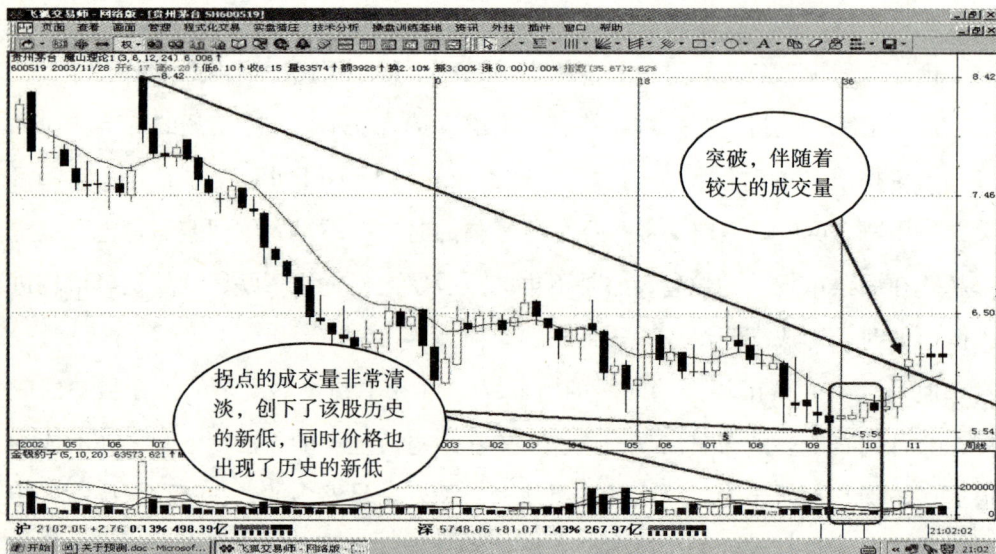

图 3-18　贵州茅台（600519）周线图

2. 拐点位置成交的单周放大

单周放大通常在大盘不好的情况下，发生在牛气冲天的个股的拐点处。由于该股的长期走牛，买入该股的人拥有较多的获利筹码。而大盘的快速下跌，会打击并动摇部分继续持股人的信心，最终导致他们在个股阶段回调的尾部采取一致行动——抛售手中依然获利的筹码。这是基于一种落袋为安的抛售，它和由于亏损导致绝望的抛售完全不同。在这样的个股上，拥有信心的人一定多于彷徨的人，所以当这种知足者抛售股票套现的时候，有人就会大量地买入。原有多头的加仓和发现该股持续走牛的新多，会为这样的机会的出现而以手加额。这种情况不会延续太久，很快抛售就会结束，通常在第二周，成交又会清淡下来。

请看图 3-19。

在成交量的研究中，筹码理论在近期较为流行。这个理论是建立在这样的假设和推论上的：

- 每个股票都有一个庄家（或者称为主力）。
- 庄家或者主力必须拥有流通盘 50% 或者以上筹码。
- 这些主力购入股票需要支付成本。
- 这些主力不会低于成本而卖出股票。

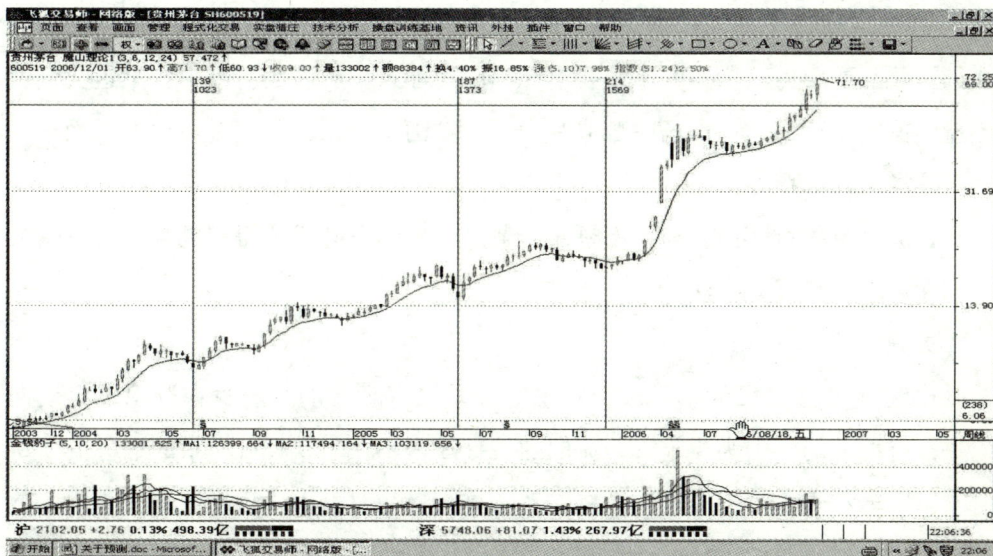

图3-19 贵州茅台（600519）

● 所有股票的上涨原因都是这些庄家或者主力的主动行为。

● 主力拉升股票的目的是让无辜的且愚蠢的散户在高位接盘。

● 整个涨跌循环来自于政策导向，而庄家可以先于散户知道政策的改变并因势利导进行拉抬或者打压。

● 主力或者庄家是市场的永恒赢家。

如果上述观点成立，那么结论就变得简单：

交易是跟踪庄家的游戏，筹码理论可以发现庄家的成本，因此在庄家成本位置买入并坚持到庄家出货前夕卖出，就可以长期稳定暴利了。

这一切听起来是那么头头是道，似乎很有道理，然而我们不禁要问：这些是事实还是假设？如果是事实，那么就意味着价格每上涨10%庄家就会从散户手里赚取10%的利润，而散户则要亏损10%。如此一来，散户被消灭只是时间问题了，而每次牛市则必然是散户的坟墓。

现在的结论已经非常清楚了，散户们依然是这个市场中重要的组成部分，他们虽然广泛亏损，但他们还远远没有到达彻底破产的地步。这说明一点：在市场中，庄家并不是永恒的赢家，而且庄家的数量一定没有到一股一庄的程度，甚至说可以盈利的庄家不会超过5%。大家不妨计算一下，如果庄家超过5%，每年盈利30%，复利计算，17年后中国的证券市场也早就不复存在了。既然如此，我们为什么要跟庄？为什么一定要不择手段地加入作弊者的行列中？难道我们就不能体面地、道德地在市场中赚取利润吗？魔山理论认为，这是可以的，而且一直有这样的人群存在。

在成交量的范畴内，换手率是比所谓筹码理论研究重要得多的数据。可惜的是，在市场中鲜有人关注。

3. 换手率

比较全部的A股的单日成交量绝对额是没有意义的，至少在跟踪资金动向上是没有意义的。因为决定资金流向的关键因素不在于单日成交量的绝对值。

以宝钢和永生数据做比较。在二者的成交量绝对值上永远是宝钢大于永生数据，因为一只股票的单日成交量和一只股票的流通盘息息相关。宝钢和永生数据的流通盘有多大？看看公开数据就可以知道，宝钢是永生数据的20倍。这意味着前者只要每天有1%的换手率，就远远大于后者100%的换手。所以，如果你想捕捉资金流向，则必须关注换手率，因为只有换手率才可以告诉你市场中哪些股票在此刻被买家关注。

换手率是指单位时间内成交量与流通盘之比。如果你的单位时间界定在一天，那么当天的成交量与其流通盘之比就是换手率。如果你关注的股票的换手率远远领先于其他股票且价格上升，那么就意味着这一天中市场资金正在流入这个股票；相反，你关注的股票的换手率排名第一，但是价格却以跌停报收，则意味着资金正在流出这只股票。

4. 资金流向

如果价格上升，且换手率加大则意味着有实力买家（资金）看好这个股票。请看图3-20。

如果价格下降，且换手率加大则意味着实力卖家此刻看空这只股票。换手率和价格结合起来可以告诉我们此刻的资金方向，但是其局限性也很大，因为它必须和时间结合起来才有意义。有时在短期图表中，换手率也会让我们感到困惑。

例如：在60分钟图上，第一个小时内价格上涨2%，换手率0.9%，在下个小时内完全有可能价格下跌3%，换手率1%，遇到这种情况时，你就无法确切

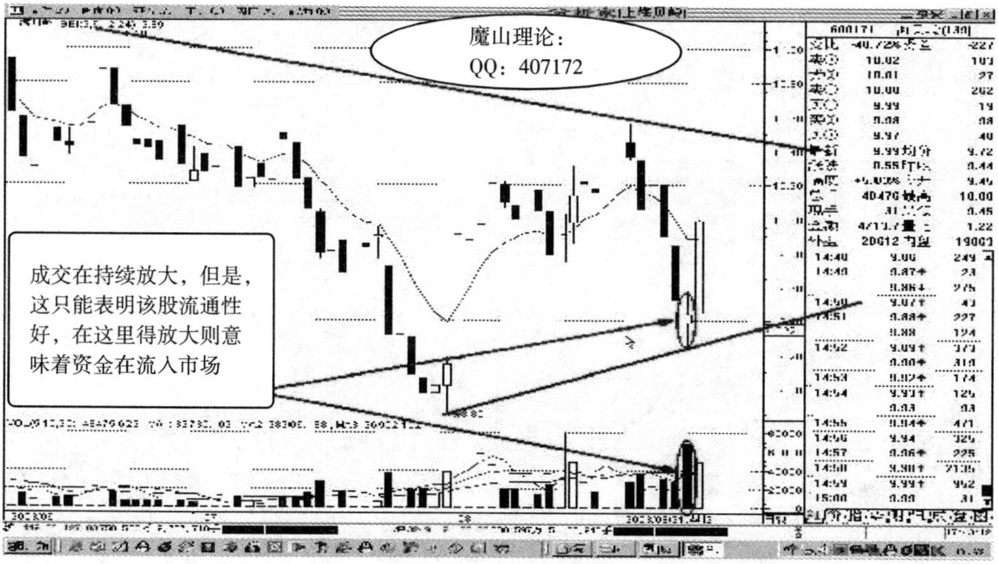

成交在持续放大，但是，这只能表明该股流通性好，在这里得放大则意味着资金在流入市场

魔山理论：
QQ：407172

图 3-20 60 分钟图

地用它来评价未来价格运动。

有一种补救方法在过去的应用中显示了它的威力，即把时间和趋势、换手率相结合。还是小时图，在过去的 24 个小时 K 线中，如果在价格上升的过程中，有 1/3 数量的 K 线上升，出现了换手率增加的情况，那么我们就可以断言一个上升趋势或许已经形成了。

第四节 日内图

常见的日内图是指 60 分钟图、30 分钟图、15 分钟图、5 分钟图和日内连续分时图。不能单纯地利用成交量和日内线图，要与日线价格变化和时间变化结合应用。

所有的低于日线的时间长度的图，我们统称为日内图。常见的日内图是指 60 分钟图、30 分钟图、15 分钟图、5 分钟图和日内连续分时图。从实际交易的角度来看，60分钟图、5分钟图和日内分时图更为重要。我个人在交易中除了日线、周线、月线以外则更关注60分钟时、5分钟图和日内连续分时图。

图3-21　2007年6月29日中金岭南（000060）的日线图

图3-21是中金岭南（000060）的日线图，2007年6月29日出现了重要的时间拐点，这个时候60分钟图可以帮助我们寻找具体的买入价格和日内时刻。

日线告诉我们6月29日是个交易拐点，那么在日内什么时候买入最为合适呢？60分钟图告诉了我们至少有3个以上的小时图的拐点集中于6月29日。那么哪里是最佳的买入点？

我们可以继续聚焦、扫描5分钟图。图3-22就是5分钟图，为了更精确，我们在图上进一步搜索可以买入的机会。

图3-22显示，一个55个5分钟的拐点将出现在6月29日上午10点40分左右。

现在我们已经分析完毕，剩下的就需要等待了，我们会根据资金量的大小来安排介入的时机。

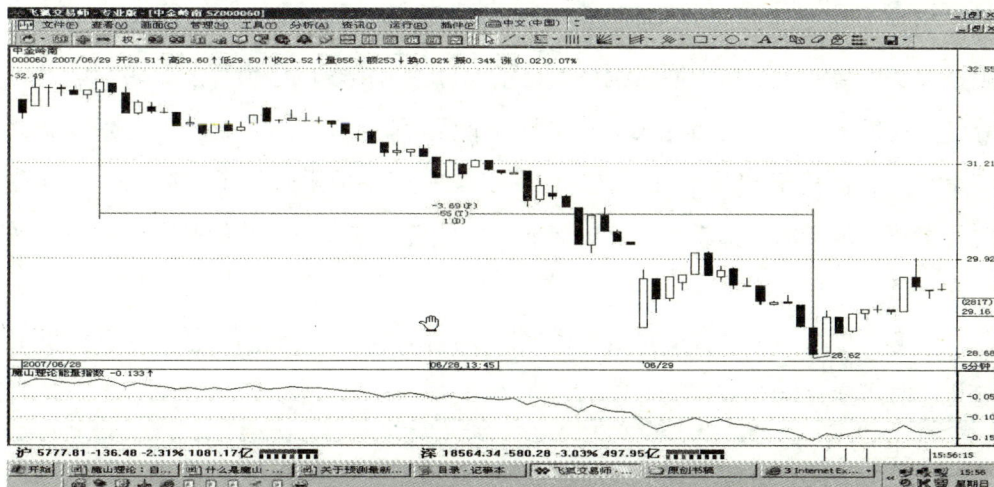

图 3-22 5 分钟图

当价格进入拐点区域后，5 分钟图上的 K 线出现了明显放量。注意，日线拐点上成交量通常是萎缩的，这点以后我们会讨论；5 分钟图上则正好相反，成交量不仅放大而且也符合时间循环的特征。

请看图 3-23。

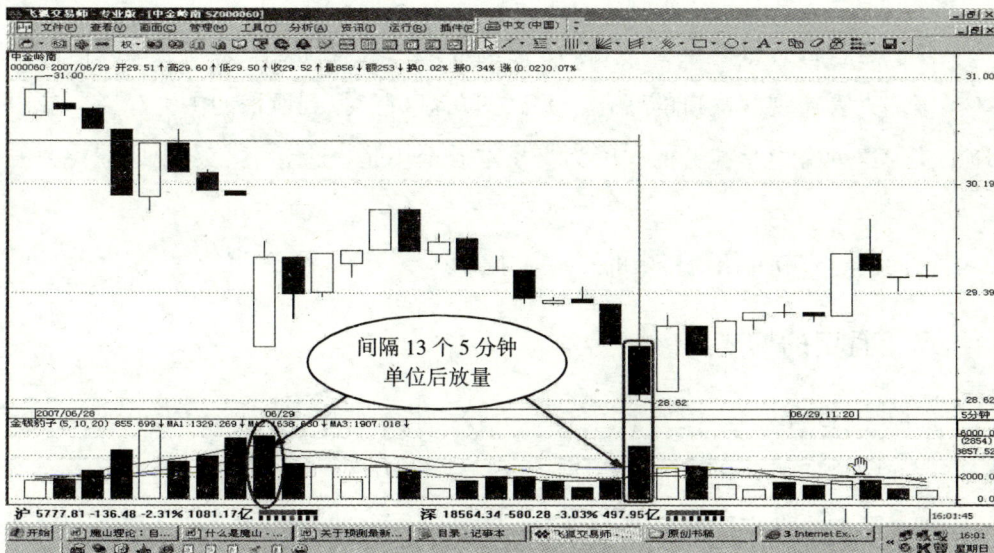

间隔 13 个 5 分钟
单位后放量

图 3-23 中金岭南 （000060）

如图 3-23 所示，这意味着有一些实力买家开始进场。他们的进入，有效地阻挡住了价格继续下跌。同时也反映出了 5 分钟内市场的恐慌程度，多空最大的分歧在这里产生了。之后的成交变化非常重要。在下个 5 分钟内我们看到成交量变得小了，而价格却开始上升，这说明卖盘被有效地阻吓住了。第三个 5 分钟内，虽然抛盘增加，却无法继续更深地打压价格。到此时，我们基本可以断定这个拐点已经成立。

注意：单纯地利用成交量及日内线图是危险的，我们必须把他们和日线价格变化、时间变化结合应用。

第五节　盘口常识

盘口是指股票指数即时的保价走势。当时间周期小时图的拐点出现在第一个小时，那么开盘价则是买入的基准价。开盘价未必就是我们的建仓买入价。

盘口是指每日早 9 点 30 分到 15 点的股票，或者说是股票指数即时保价走势。很多人喜欢观察盘口的变化，并试图在盘口中找到所谓的主力踪影。魔山理论认为这种努力是徒劳的，因为交易本质上不是一个追逐、发现所谓主力的游戏。

下面我们分节介绍盘口中的一些基本常识。

一、盘口的构成

即时图，英语国家称为 TICK 图。它代表此刻每笔竞买竞卖价格成交变化。没有成交的单子不会显示在即时图上。

即时图上的成交量（成交额）则显示于即时成交价格下方。它代表每个时间单位内成交的全部数量，这里的成交量计算是买卖双方的合计。例如 3.85 的价位有 10000 股买单成交了，记录的成交量（成交额）就是 20000 股。

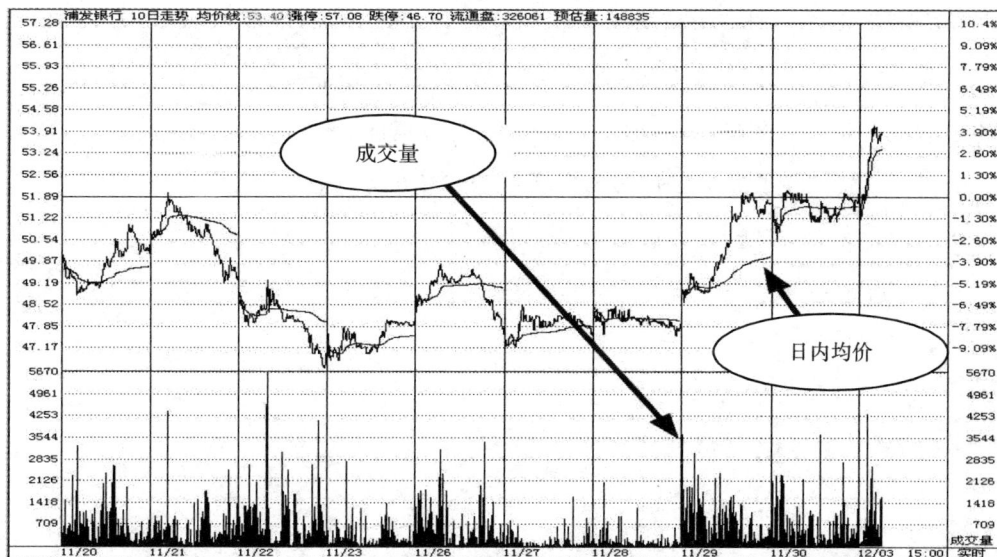

图 3-24 浦发银行（600000）

在即时图的价格运动图表上通常还有一根线，这条线被称为即时图均价线。这条线的构成是以成交量为权重的即时移动平均线，代表这只股票今天平均的价格成交水平。

在即时图的右边有一个小窗，这个小窗由如下要素构成：委比、委差、涨幅、均价、涨跌、前收、振幅、今开、总手、最高、总额、最低、换手、量比、均量、外盘、内盘。

（1）委比：权衡单位时间内委托买卖盘相对强度的指标。

它的计算公式为：

委比 = (委买手数 − 委卖手数) / (委买手数 + 委卖手数) × 100%

委买手数：当前所有个股委托买入的 5 档的总数量。

委卖手数：当前所有个股委托卖出的 5 档的总数量。

（2）委差：某股票当前委托买量之和减去委托卖量之和。

反映买卖双方的委托力量对比。正数为委托买方较强，负数为委托卖方较重。

5 档卖盘：当前时间内的离成交价格最近的等待成交的委托卖单。

5 档买盘：当前时间内的离成交价格最近的等待成交的委托买单。

（3）涨幅：今天此刻的价格相对昨天的收盘价格的涨跌幅度。

比昨天收盘价格高，显示为正数，比昨天收盘价格低则显示为负数。

（4）均价：以盘口总成交额除以盘口总成交量的运算方式，测算当前每一股的平均成交价，十分精确地统计出当前所有参与者的平均持仓成本。

（5）涨跌：今天此刻的价格与昨天收盘价格的价差。

（6）前收：昨日的收盘价格。

（7）振幅：本日内或者任何时间单位内最低价格到最高价格的波动幅度。

一般计算公式：

（最高价格－最低价格)/收盘

（8）今开：本日开盘价。

（9）总手：当日成交股数总额。

（10）最高：当日曾经到过的最高价格。

（11）总额：当日成交金额总量。

（12）最低：当日最低价格。

（13）换手：当日实际成交数与该股流通盘之比。

（14）量比：衡量相对成交量的指标。

它是开市后每分钟的平均成交量与过去 5 个交易日每分钟平均成交量之比。

其计算公式为：

量比 = 现成交总手 [（过去 5 个交易日平均每分钟成交量)×当日累计开市时间（分)]

（15）均量：平均每笔成交数量。

（16）外盘、内盘：当前以委买价成交的总手数，内盘也叫主动性卖盘。

如内盘过大，则意味着大多数的买入价都有人愿意卖，显示卖方力量较大，如果内盘和外盘大体相近，则买卖力量相当。"外盘"和"内盘"相加为总手。

二、开盘价研究

每日的开盘价到底意味着什么？从经典交易技术的角度看，普遍的观点认为每日开盘价并不重要，这种不重要是相对于每日的收盘价的。那么在 T+1 制度下，真是这样吗？笔者认为这是值得怀疑和探讨的所在。

（一）开盘价的构成

上海证券交易所和深圳证券交易所在每日开盘前 15 分钟开始所谓的集合竞价，集合竞价结束时间为 9 点 25 分。在 9 点 15 分到 9 点 25 分这 10 分钟内，所有会员席位都可以自由报价。超越当日跌停或者涨停的价格被剔出（新股首日上市除外），有效的竞价范围是当日的涨停和跌停价之间（包括涨停和跌停价）。在集合竞价过程中，第一笔成交的价格即为当天的开盘价。那么是什么原因可以导致买家和卖家在这个位置出手呢？我们先说买家的买入动机。

经过对前一天价格运动的研究，一些买家在以下情况会在集合竞价中迫切买入：

第一种：根据他所掌握的内幕消息，真正让他行动的根本原因不在于他听到的内幕消息是否为真，而在于他相信他听到的内幕消息是真的内幕消息。由于前一天的价格走势，验证了他听到的消息，所以今天他试图在第一时间内采取行动。

第二种：短线投机者认为价格在前一天收盘时，已经给出了明确的买入信号，所以今天集合竞价就要买入。

第三种：公开信息对个股的影响。例如某只股票披露了整体上市的消息，导致了在集合竞价中较高的人气。

第四种：舆论导向的追随者。一些有影响力的咨询公司看好这只股票，就会导致很多人在其指导下开始买入。

第五种：受世界股票市场影响。

第六种：随机买入者。

相对于买入者，卖出者也会因为上面六种原因之一而采取行动。

不管大众怎么考虑，在这短短的 10 分钟内，已经显现出了他们在这之前对这只股票的根本评价，而这个评价则记录在开盘价中。

（二）开盘价格的买入策略

当时间周期小时图的拐点出现在第一个小时，那么开盘价则是买入的基准价。基准价作为买入信号的含义是：本日的价格如果向下偏离这个价格较大，则是建仓的机会；本日的价格如果在小时图的收盘价突破了这个价格，则是建仓机会；在该处必须存在着重要的支撑水平，如果没有有力的支撑线，则前面两条无效。

图 3-25 是笔者的实战图。

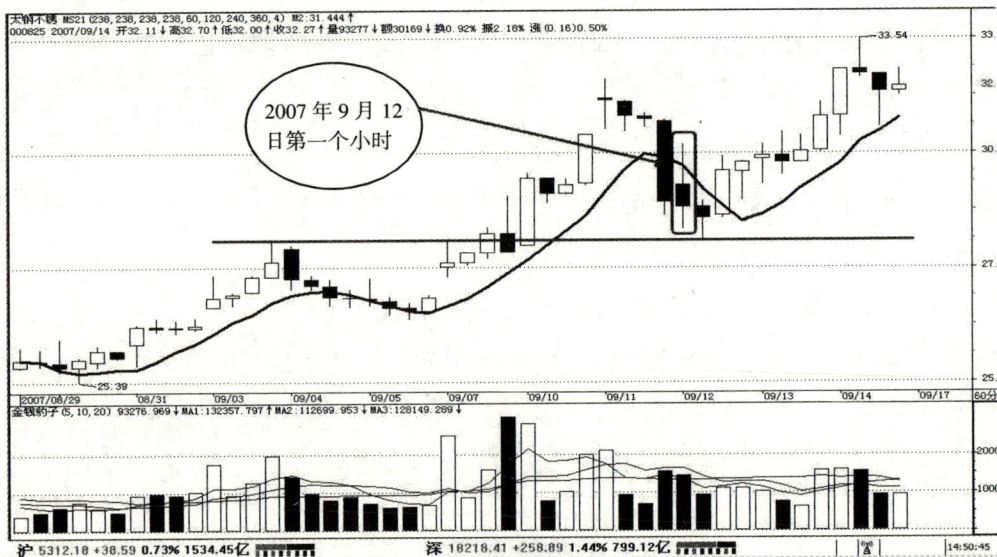

图 3-25　太钢不锈（000825）

2007 年 9 月 12 日该股第一个小时是小时图上的标准拐点。价格开盘于 29.80 元，来自于 9 月 3 日峰值最高价的水平支撑处于 28.5 元一带，由此我们确定 29.8~28.5 元一带是我们建仓买入的机会。果然，该股在 9 月 12 日的第 2 个小时触及了当日最低价格 28.5 元后一路涨升。

开盘价未必就是我们的建仓买入价。当时间周期循环的拐点出现后，开盘价格会给你提供一个路标，这个路标比前收盘更为细腻。但这并不意味着开盘价格一定成为买入价或者买入位置的最高限价，它只表示作为买入或者买入最高限价的概率比较高而已。交易中除了价格波动外，没有必然发生的事情。

小　结

　　本章主要讨论了图的构成以及图坐标的主流样式，同时指出：在交易中跟庄就是作弊，而且是没有成算的作弊。设想一下：如果庄家比我们强，我们如何跟随？百米短跑我们跟得上刘翔吗？如果庄病弱不堪，比我们差很多，那么我们又何必跟它呢？

　　最后介绍了一些盘口常识，讨论了成交量和价格的关系。价格变化相对于成交量，价格研究是第一位的，成交量只是处于价格研究之后的辅助位置。

第四章　趋势与交易

趋势是交易人使用频率最高的技术分析术语之一。那么到底什么是趋势？趋势的字面意思就是方向和力量的集合。在技术分析中，经典的趋势定义如下。

在通常情况下，市场不会朝任何方向直来直去，市场运动的特征是曲折蜿蜒，他的轨迹酷似一系列前赴后继的波浪，具有相当明显的峰和谷。所谓市场趋势正是这些波峰和波谷一次上升或者下降的方向所构成的。无论这些峰和谷是依次上升，还是依次递降，或者横向延伸，其方向都构成了市场的趋势，所以我们把上升趋势定义为一系列上升的峰和谷；把下降趋势定义为一系列依次下降的峰和谷；把横向延伸趋势定义为一系列依次横向伸展的峰和谷。

——约翰·墨非

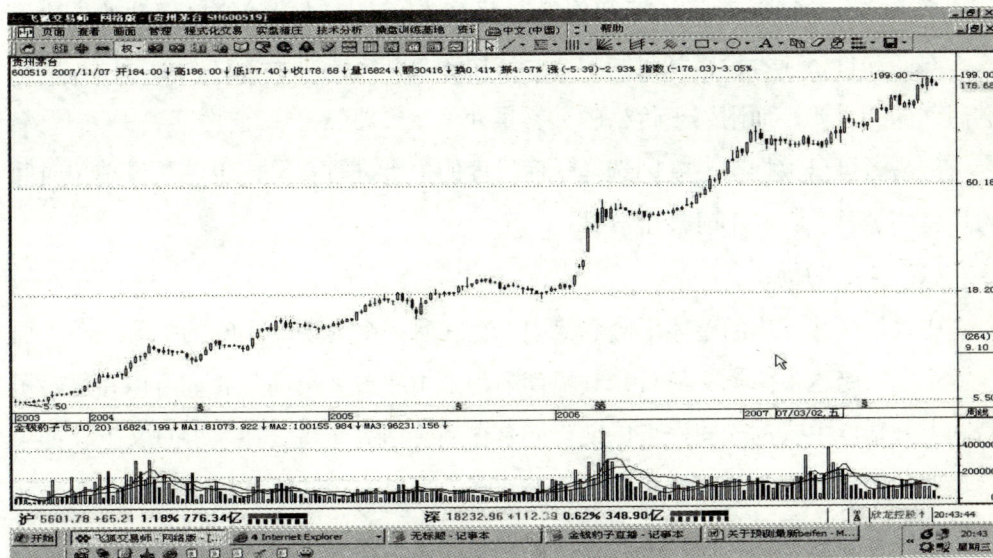

图4-1 贵州茅台（600519）

贵州茅台周线图，一个典型的上升趋势，价格以"波浪"方式展开。

请注意，在这里经典技术分析者认为趋势有三个方向，这三个方向是：向上、向下和横向伸展，这三种趋势循环往复构成了整体的价格运动。我们如果在向上趋势萌发时，有所预见并付诸行动，我们就可以沿着趋势的方向交易，从而轻松获利；在下降趋势即将发生或者刚刚发生时，我们卖出，获利了结，就可以躲过因暴跌而带来的亏损，这就是"趋势是朋友"的由来。

第一节　魔山理论的趋势定义

魔山理论主张进行第三类型交易，即时间—价格，价格—时间交易，这是捕捉股票价格速度的重要工具。

魔山理论对趋势的定义是"单位时间内价格上升或者下降的速度以及速度运动的方向。"

换言之，趋势是时间周期和价格运动的结果，是时间和价格运动的外化形式，时间和价格或者价格和时间的相互作用的总和构成了趋势。在趋势中，价格和时间同样重要，而附属于价格的交易量处于次要地位。

交易者可以根据交易规则选择任何尺度的牛市进行交易，也就是说单位时间可以是年、月、日、小时甚至分钟。

以图4-2为例：

中粮地产在一周的整体下降趋势中，存在着一个为期6小时的上升运动，而这6个小时跨越了两个交易日，其幅度超越了10%或者更高，我们可以在这个短暂的上升幅度中获利，同样可以说我们是在顺应趋势交易。在这层意义上，如果说经典的趋势交易者追随的是波浪，那么魔山可以追随涟漪。

加快获利频率，使投资活动持续地赢利，是魔山理论迥异于其他交易技术的重要特点之一。对于许多人而言，没有过多的时间和耐力去捕捉一个可能是或者

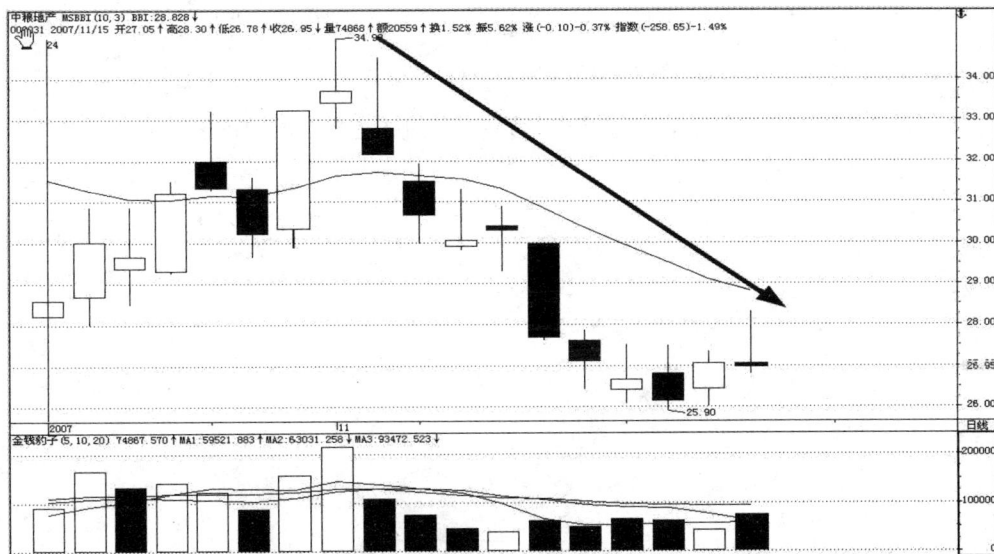

图 4-2 中粮地产（000031）：连续两周处于下降态势中

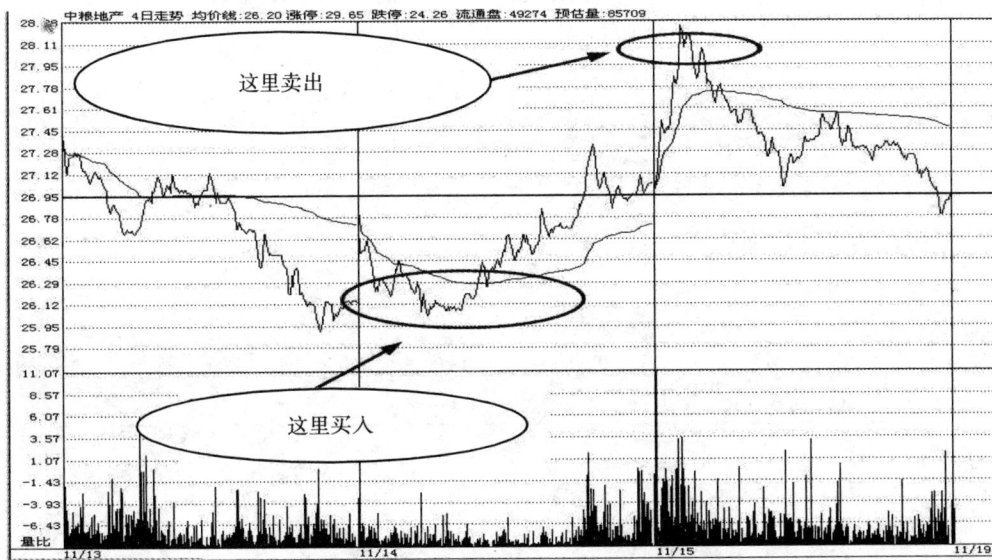

图 4-3 日内图 2007 年 11 月 13 日至 19 日

根本不是的、传说中的 1 年或者 3 年的牛市，他们需要的是在他们能够承受的单位时间内进行合法的市场投资活动，让资金迅速的增值、迅速的流动。

趋势是单位时间内股票价格连续涨落形成的轨迹。一旦趋势形成便具有了趋势的惯性，技术型交易者正是追随着这种惯性而交易的。

不管一个趋势是上升还是下降，提前揭示趋势的转折点对于交易来说至关重要。如果我们在一轮上升趋势开始前能够预期它的转折点，而这个转折点又如期降临，我们就会取得优异的交易成绩。然而我们能做到这点吗？

请看下面两个图。

图 4-4　益佰制药（600594）的日线：大盘持续下跌期间它逆势飘红

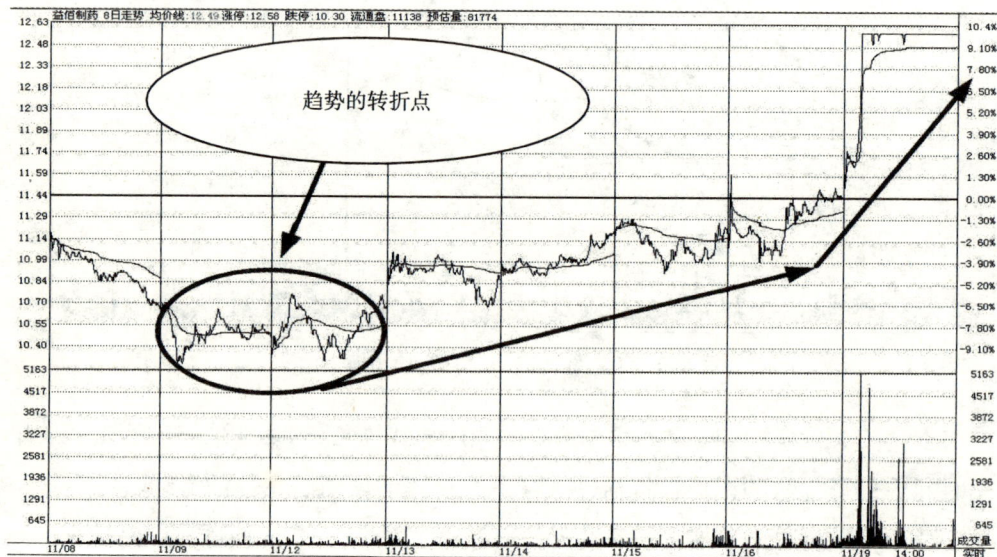

图 4-5　益佰制药（600594）2007 年 11 月 8 日至 11 月 19 日连续分时图

反转价格形态在过去的技术分析中所肩负的责任在于能够发现趋势的转折并确定一个新的趋势的诞生。

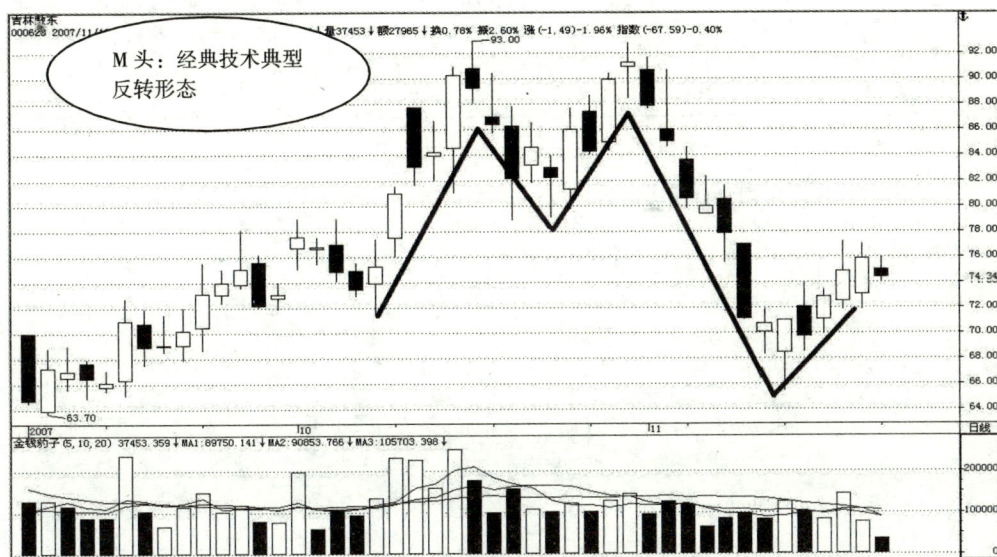

图4-6 吉林敖东 （000623）

为了避免交易的失败，经典技术分析者要求必须等到形态完成后再进行交易。然而，失败的情况依然可能发生。因此，止损便成为避免这种意外发生的最后防线。

在一个标准的牛市来临之前，经典的技术分析者无法断定趋势反转的确切日期，甚至在价格形态完成之后，依然无法断定行情会在何时爆发。他们习惯于等待，他们能够知道的是价格运动将要爆发，但是爆发的时间需要等待。当价格在某一日突然以井喷的方式突破了趋势线，随后便缓慢地回落进入漫长的徘徊期的时候，他们没有力量去做任何断言，只有将一切付诸等待，但他们知道并且坚信趋势已经降临。这些观点和方法在周期技术成熟及应用之前被经典技术交易者奉为金科玉律。

周期技术在揭示趋势的转折点方面弥补了经典技术分析的缺陷，它可以相对精确地指出趋势的转折区域和大概的爆发时间。极端的周期技术交易者甚至撇开趋势，只关注周期的变化，只关心何时进入市场，他们认为所谓趋势只是不同周期的简单叠加的结果。

魔山理论主张进行第三类型交易，即时间—价格，价格—时间交易。

我们在全面批判地继承了经典价格趋势交易技术的同时，也全面批判地继承了时间交易技术。

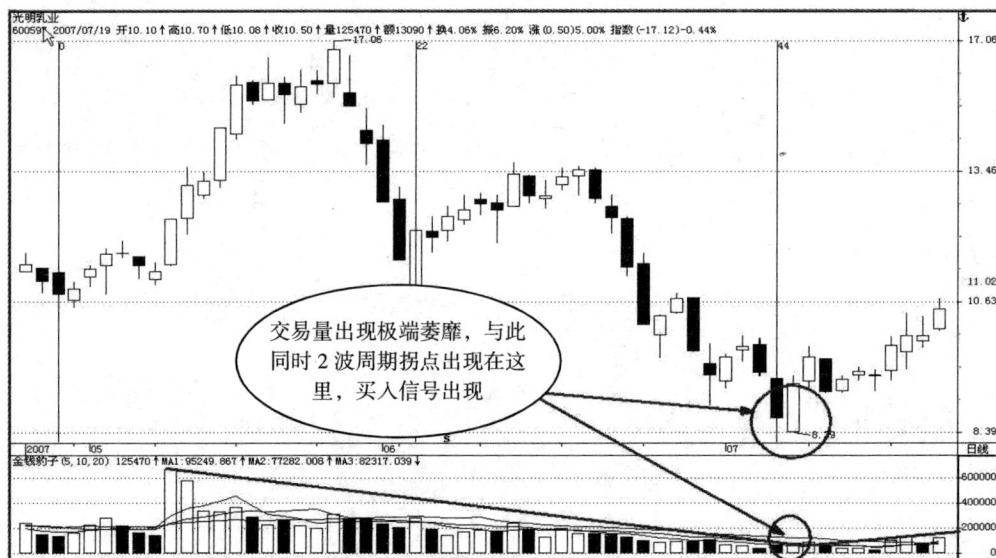

图 4-7　光明乳业（600597）

在魔山理论中，单位时间内的市场行为是交易的唯一依据，它包括单位时间内的价格和交易量。

因此，魔山理论认为：

市场行为在股票交易中是我们获得市场信息的最为有效率的途径，单位时间内价格与交易量是市场行为的总和与外化形式，所有的信息——作用于市场的信息都将在市场行为中加以体现。

在这里，价格持续上升意味着买方力量的持续增强，增强的原因可能是政府要员的讲话，也可能是一些内幕集团在行动，或许是市场参与人员的冲动，也完全可能是市场的交易者对交易对象的投机或者投资价值动态评估的结果。但这一切并不重要，重要的是价格在上升。

如何在早期发现价格上升的苗头是每个技术交易人员关心的问题。比如：一个短线交易员倾向于在一个他认为的短暂趋势向上的时候开设多头头寸，还有在扣除佣金和税费后他所开设的头寸是否能够有 3% 的利润。如果他坚信这种利润会出现并能持续到明天开盘，他很有可能会毫不犹豫地买入；如果一切顺利，他可能会耐心地等待下一次机会的出现；这个机会一旦出现，他同样可能会如法操作。如果每一次交易都以全部仓位进入，那么他的每次成功则意味着全部资本增加了 3%。当然，如果判断失误他也要承受损失。对于一个职业交易人而言，他会把盈亏比控制在 3∶1，也就是说在他试图赚取 3% 的差价的时候就已经做好了亏损 1% 的准备。但是他坚信在长期的交易生涯中，可以依靠自己的交易技术和资金管理技巧而长期稳定地获得利润。

一、单位时间

单位时间是指任何一个时间单位，理论上说它可以是一秒钟、一分钟、一个小时、一天、一周甚至一年、一百年。在中国股票市场中一个交易日是 4 个小时，如果你试图在 4 个小时内获利的话，那么你开仓买入的时间就不能在 9∶15 之前，因为我们现行的交易制度不允许当日买入当日卖出的所谓 T+0 交易。如果你坚持 4 个小时交易，那么你开仓的时间一定要在当日 9∶15 之后。

那么是不是说在这种交易制度下我们最为短暂的交易就是 4 个小时呢？当然不是。你可以在当天收盘前的 14∶59 买入，在次日的 9∶15 卖出。不管怎么说，你买入卖出的过程就是单位时间。

只有确定了交易的单位时间，才会有牛市和熊市。那么什么是牛市和熊市呢？单位时间上升的幅度就是牛市，单位时间下降的幅度就是熊市。微型牛市和熊市并不具备传统理论解释的那种趋势特征，它很有可能在一定的单位时间内呈直线变化而没有波浪，例如 2 分钟交易，它完全有可能前一天收在一个低价而次日以跳空的方式高开，从而整个牛市过程没有任何回调。在熊市中连续跌停的时候也同样没有回调可言。因此，从这个意义上而言，魔山理论比传统经典技术理论更严谨。

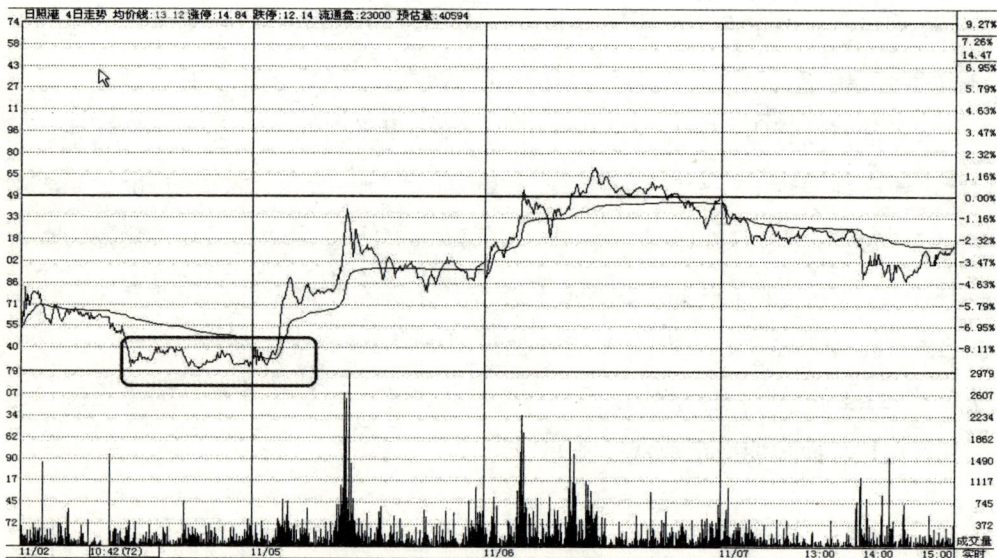

图 4-8　日照港（600017）

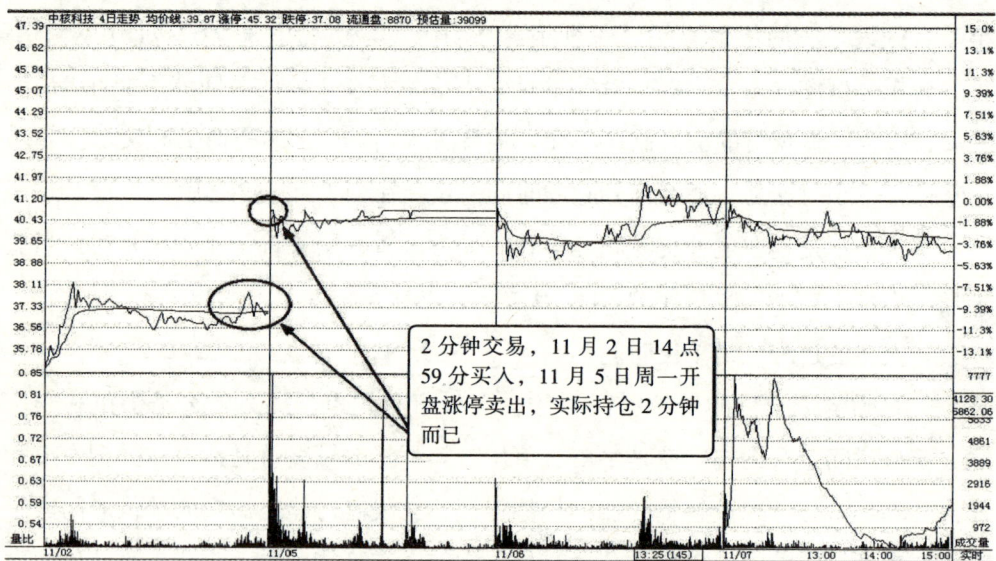

2 分钟交易，11 月 2 日 14 点 59 分买入，11 月 5 日周一开盘涨停卖出，实际持仓 2 分钟而已

图 4-9　中核科技（000777）

二、顶和底

如果没有单位时间的概念，那么顶和底永远不会出现。因为时间是永恒的，而股票市场不知道要存续多少年，只要股票市场不终结、不消失，那么顶和底就

永远不会出现。价格是波动的，未来是不确定的，随时有可能创出新低和新高。但是，当我们给出了一个单位时间的前提，一切都变得真实和可能预见。

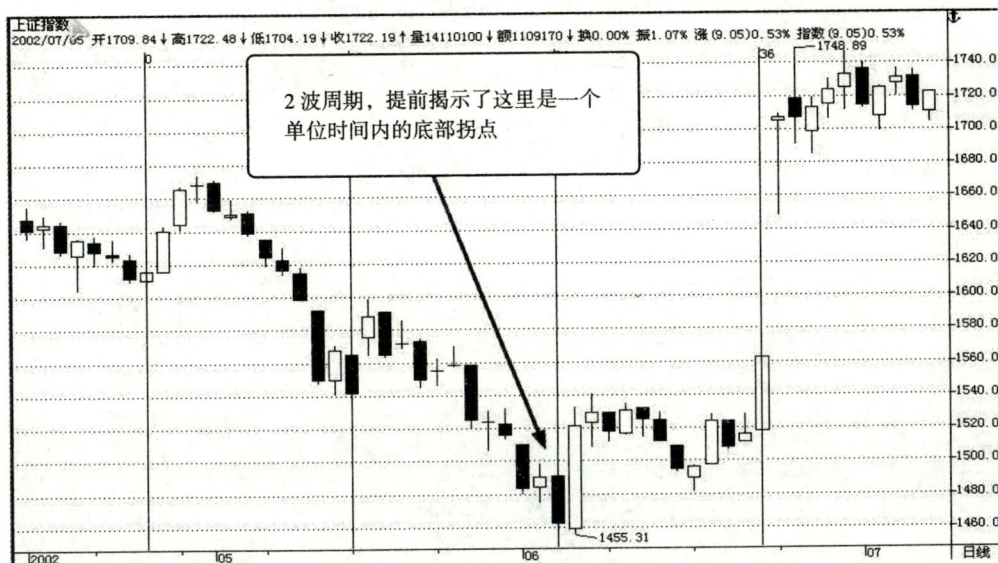

上证指数
2002/07/05 开1709.84 ↓ 高1722.48 ↓ 低1704.19 ↓ 收1722.19 ↑ 量14110100 ↑ 额1109170 ↓ 换0.00% 振1.07% 涨(9.05)0.53% 指数(9.05)0.53%

2 波周期，提前揭示了这里是一个
单位时间内的底部拐点

1748.89

1455.31

图 4-10 上证指数

因此，在单位时间内抄底和逃顶是可能的。事实上，每个成功的交易人都在做着这件事情，只不过我们很难绝对地、经常地抄在绝对的低点上和卖在绝对的高点上，但我们完全有理由和证据说明我们可以买在底部（是底部而不是绝对的低点上）和卖在顶部上（而不是绝对的顶点上），"部"是个位置或者区域。这就是交易的定性化而不是数学的定量化。

三、抄底和逃顶的意义

绝对的抄底和逃顶是没有意义的，或者说意义不大。抓住绝对的低点除了证明你技巧高超外，并不能给你带来更多的利润，在绝对的高点也是一样。我们在交易中通常说的抄底和逃顶，是指在一个相对安全的区域建立头寸和在一个相对危险的区域了结头寸。如果我们在一个证券市场的整体而言较低的位置买入，那就意味着在未来的价格运动中我们的头寸会处于有利位置，我们可以更从容地调整自己的头寸，以期逃避可能出现的风险。

请看下面的一些图例，这些图例解释了魔山理论所认为的不同时间单位下的顶底的含义。

图 4-11　万科 A（000002）（一）

大家注意，从 O 到 H 这一段，在某个时间单位内呈下降趋势，但是我们依然可以发现在这个下降趋势中还是出现了相对的顶和底。如果我们可以把握住 F、G、P 等位置，是否可以在这些底开立头寸呢？如果我们有信心、有能力在 H、Q、T 位置卖出我们的头寸呢？

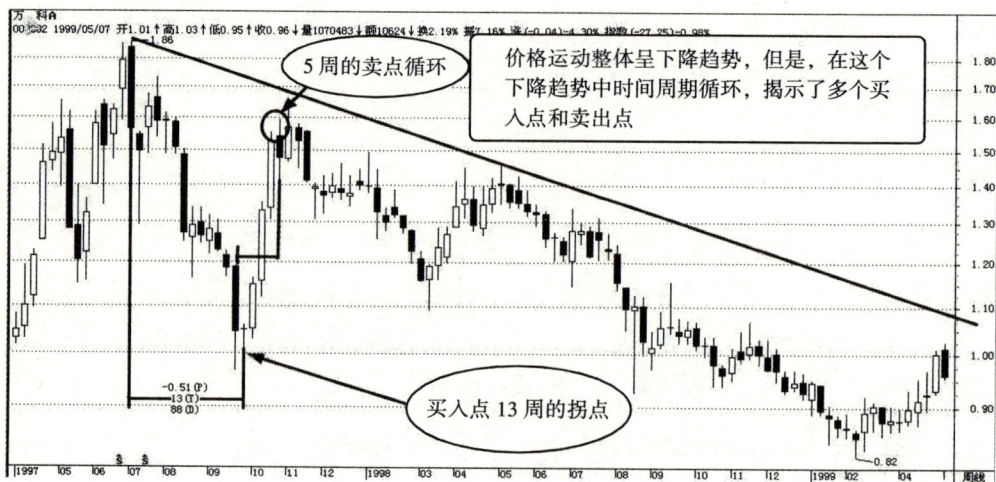

图 4-12　万科 A（000002）（二）

正统的而实际上是一些并没有真正理解交易技术的人，会对此大加诟病。他们的基本论调是：这样的操作违背了顺应趋势交易的原则。但是，真实的情况是这样的吗？假如图 4-12 每一个顶、底代表着 10 年的时间单位，那么责难者是不是还这样认为呢？

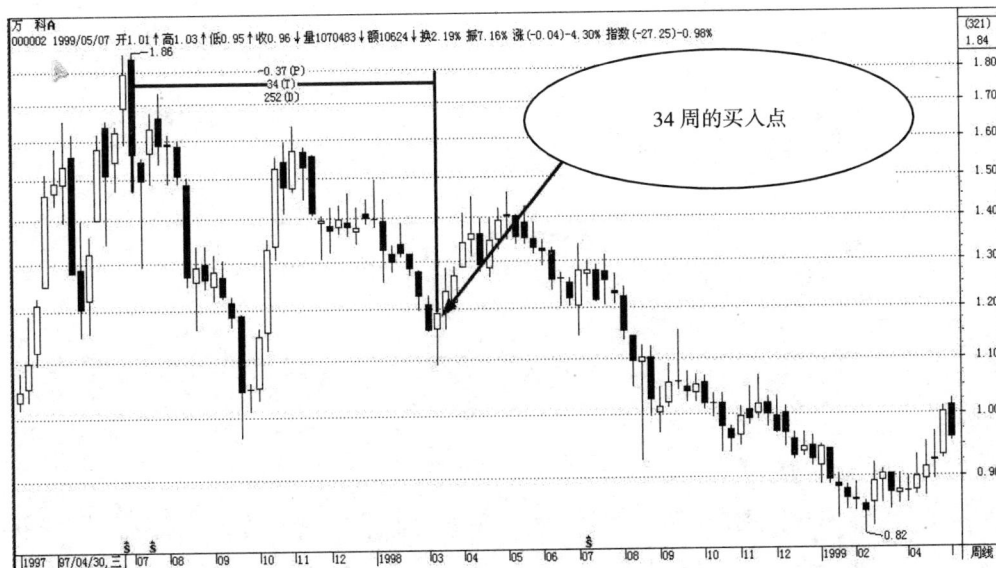

图 4-13 万科 A（000002）（三）

四、速度

速度是指事物单位时间内的位移。汽车速度就是指汽车在 N 小时内的位移，或者 N 分钟内 A 点到 B 点的移动距离，如果一个小时内它移动了 100 公里，我们便说它的速度是时速 100 公里。同样交易价格的变化也是有速度的，例如大盘一年上升了 100 点或者 1000 点，趋势就是记录这种速度变化的曲线。

如果我们事先知道价格的上升速度最快的区间在哪里，我们的交易成绩就会大幅度提高。因为在不同的时间段里的确存在着价格速度差异。

因此，我们说魔山理论是捕捉股票价格速度的重要工具。

第二节 趋势的规模

交易不只要关心趋势，还要关心趋势的规模，趋势的规模越大，我们获利就越容易，获利的可能性也越大。就本质而言，我们看盘就是在寻找具有趋势价值的股票，并确认它的趋势规模和趋势强度。

一、趋势规模的价值

一只股票必定有趋势，是什么原因导致趋势的发生呢？根本动机在于交易人对利润的向往和追求。在股票交易市场中仅有向往是不行的，利润不会因为愿望而流进我们的口袋。股票交易需要交易人对证券市场远景有所规划，同时还需要在这种"远景规划"指引下行动。这些行动，无论是买或者是卖，最终都会令股票价格产生趋势。但并不是所有的趋势都可以令我们获利。

请看图 4-14。

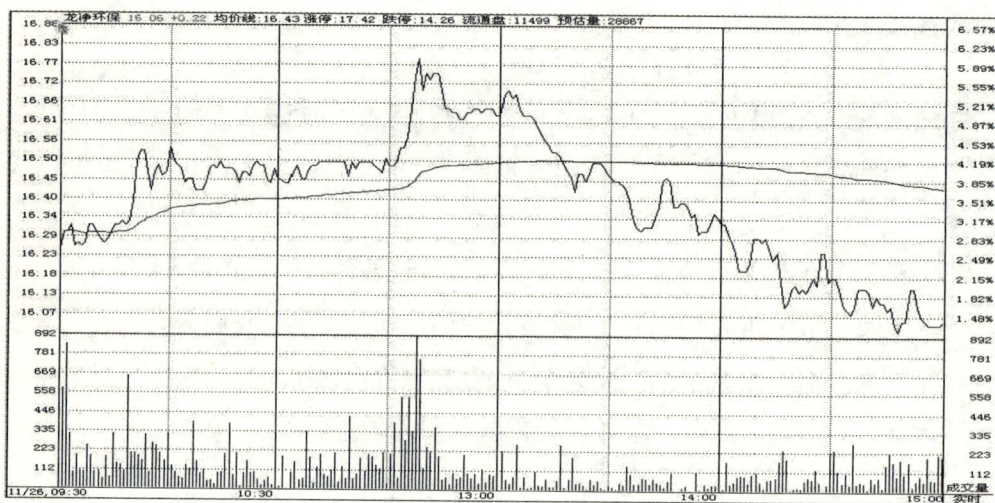

图4-14 龙净环保（600388）

图 4-14 是 2007 年 11 月 26 日的龙净环保（600388）的分时图，即便你预测到了这个趋势的发生你也无法获利，因为交易规则是 T+1，也就是说你当天买入必须要等到次日才可以卖出，而 11 月 26 日价格在早盘飙升后又出现了连续下跌。

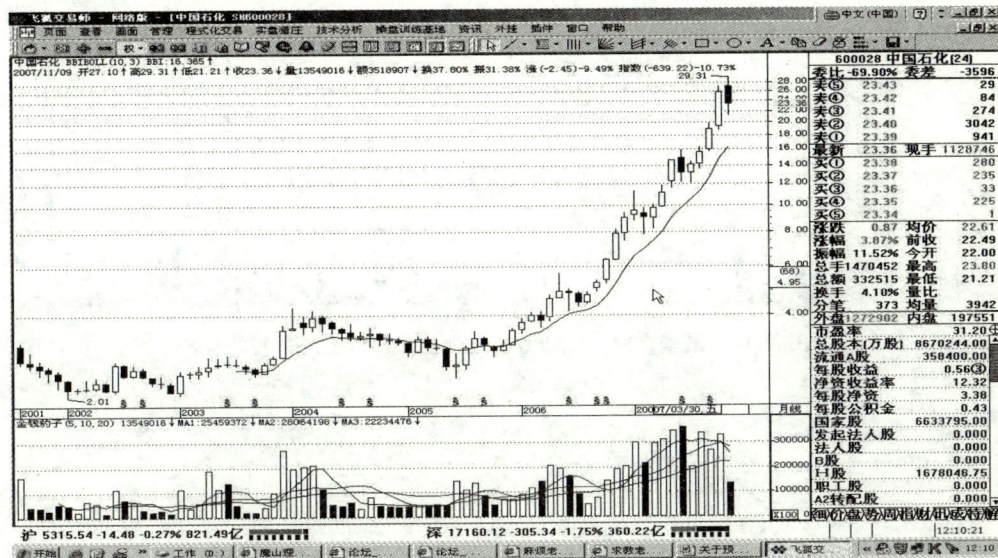

图 4-15 中国石化（600028）的长期走势：月线图

因此，交易不只要关心趋势，还要关心趋势的规模，趋势的规模越大，我们获利就越容易，获利的可能性就越大，忽略了趋势的规模而只是一味地讨论如何发现趋势是可怕的，而且也是危险的。

二、趋势的规模

根据趋势的定义，只要有足够的历史数据，我们可以发现分时图的多年价格运动趋势。但是，真正有价值的趋势，就 A 股而言还只局限于两日以上到一年以下的规模。

什么是趋势的价值？可以让我们获利的趋势，就是有价值的趋势或者说是有价值的趋势规模。在这里，时间是衡量价格趋势规模的重要前提，但这不是评价价格趋势价值的全部条件。趋势的价值还包含趋势的强度。

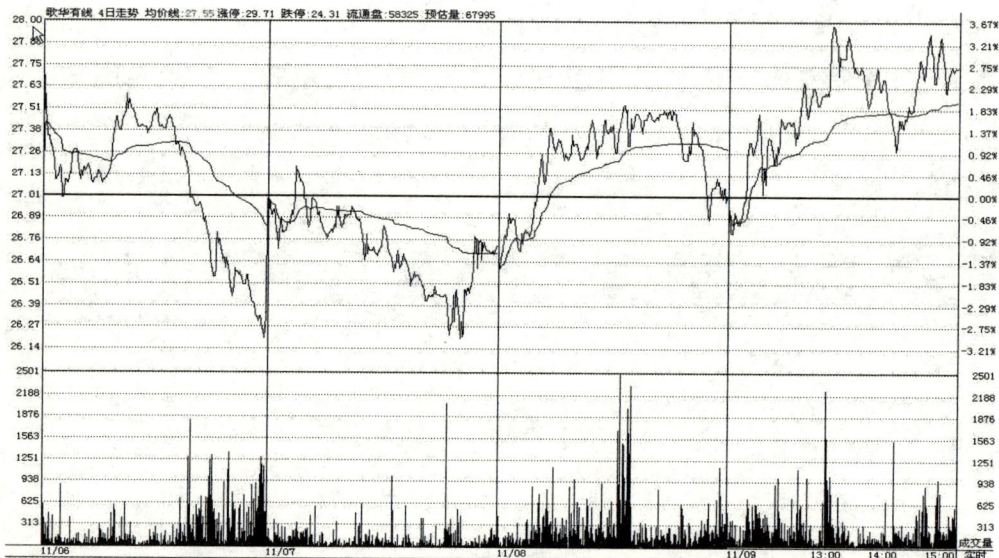

图 4-16　歌华有线（600037）连续的 2 日以上的短暂趋势

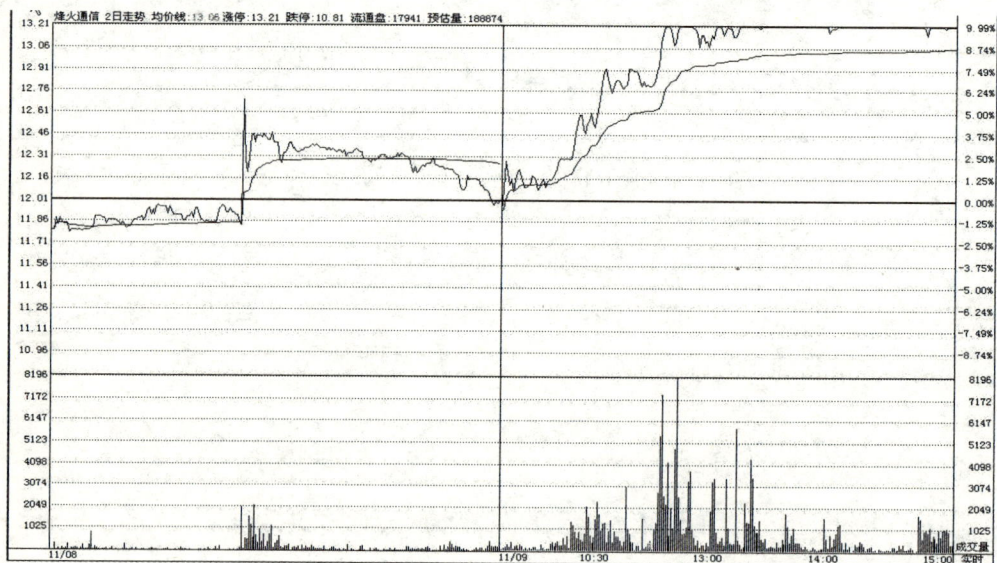

图 4-17　烽火通信（600298）2007 年 10 月 9 日到 10 月 10 日的连续分时图

　　因此，就本质而言，我们看盘就是在寻找具有趋势价值的股票，并确认它的趋势规模和趋势强度。

　　请看图 4-18。

万 科 A BBIBOLL(10,3) BBI:1.250↑
000002 1999/11/30 开1.19↓高1.50↑低1.12 收1.36↑量11620965↑额159483↑换23.78%振31.76%涨(0.17)14.18%指数(-208.02)-5.56%

1996 年 3 月从历史低点以来的
第 55 个月

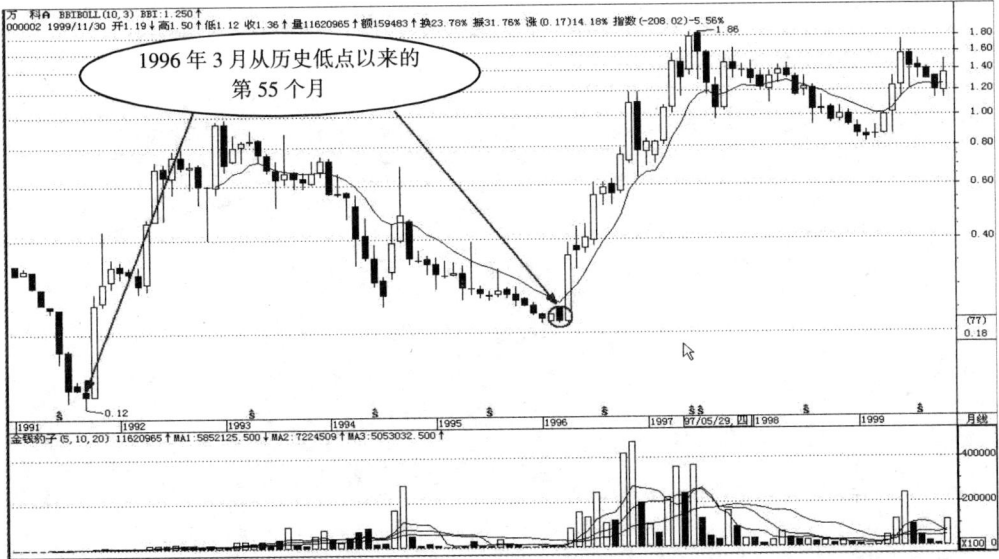

图 4-18 万科 A（000002）（一）

1996 年 3 月是 1990 年 9 月以来的第 55 个月，万科 A（000002）在这个月里价格开始上升，4 月时突破了重要的下降趋势线——形态轮廓线的上方，这意味着一个大型的趋势规模出现。

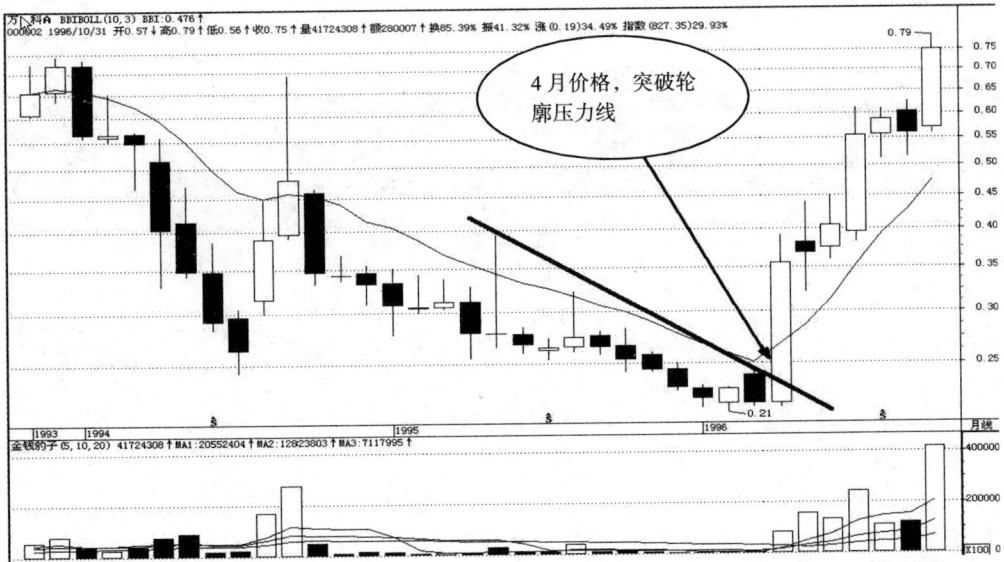

万 科 A BBIBOLL(10,3) BBI:0.476↑
000002 1996/10/31 开0.57↑高0.79↑低0.56↑收0.75↑量41724308↑额280007↑换85.39%振41.32%涨(0.19)34.49%指数(827.35)29.93%

4 月价格，突破轮
廓压力线

图 4-19 万科 A（000002）（二）

1997 年 7 月到 1999 年 3 月共计 21 个月，万科 A 价格趋势调整结束，一个新的上升趋势规模形成，如图 4-20 所示。

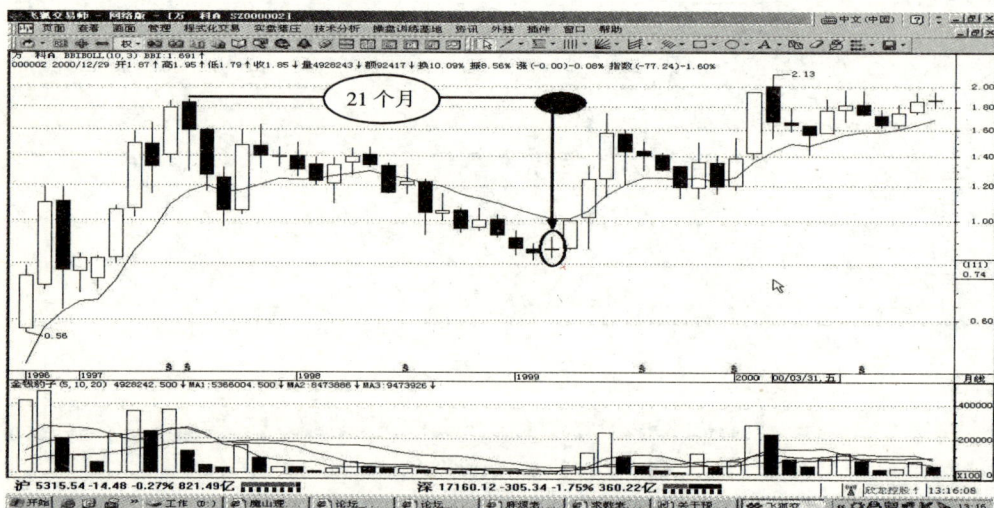

图 4-20 万科 A（000002）（三）

1999 年 4 月，价格成功突破上边的压力线（见图 4-21）。该股始终受制于菲薄那其的循环，2003 年 9 月恰好是 1990 年 9 月以来的第 144 个月，价格在这里完成既有的趋势调整，2004 年 1 月的突破证明了这个拐点的重要性。

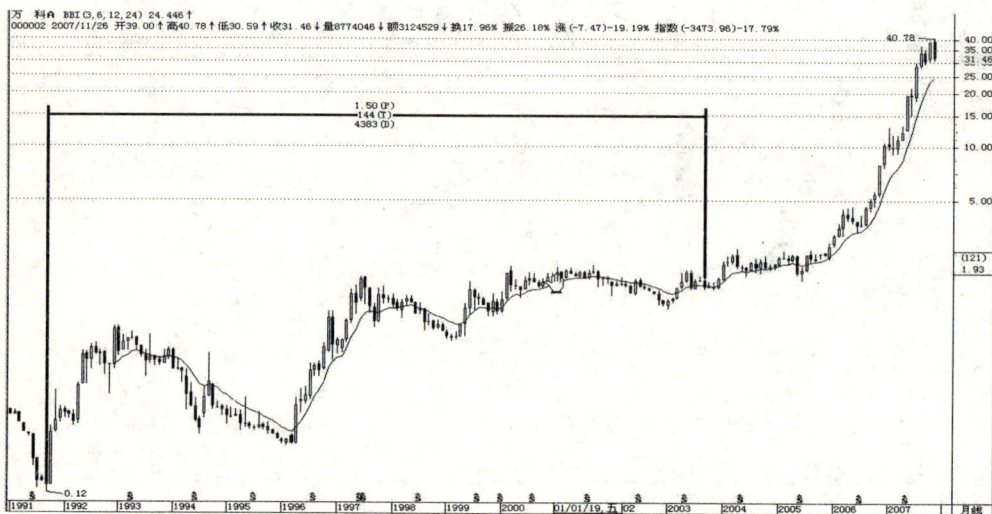

图 4-21 万科 A（000002）（三）

　　识别趋势规模和趋势强度的重要线索在于如何确定趋势发生的周期规律和价格形态的高度。

三、趋势规模的确定：长线还是短线

　　我们生活的世界是一个遵循因果规律的世界。秋天来了，果子压弯了枝头，其前提是多年前曾经栽下这棵果树。我们看到苹果树的时候基本上可以断定它会结出果子。有没有不结果子的苹果树呢？一定有，但那是个案，在大多数情况下它都会结出果子。我们为什么敢如此断言？因为我们知道今天这个果子来源于过去种的树，换言之我们是根据过去的种下的树来断言今天会结出果子。

　　确定趋势的规模和断言苹果树结果是一个道理。根据过去发生的价格运动预测未来的趋势规模，从而决定我们的交易策略，这是走向成功的重要步骤。在所有的交易策略中，长线交易优越还是短线、中线更优越？在资金管理方面我们到底应该集中操作还是分散操作？这些话题是本部分的焦点。

　　从本质上说，在交易中没有所谓的长线、短线。人们之所以按照不同的时间长度交易，其目的在于最大限度地规避风险、获取利润。

　　短线交易侧重于对日常波动的追逐，有利于以较小的代价获得较高的收益。但其不利之处也是非常明显的。

　　交易尺度过短，容易放过较大的盈利机会。例如一只股票 10 元买入，价格在两天内飙升 20%，作为短线而言这个利润完全可以接受，我们可能为保住这个利润而不愿意承担更大的价格波动，所以当价格上冲 12.4 元再度回调到 12 元的时候就平仓出局了。其实价格完全有可能在 12 元震荡后继续上冲。如果你卖掉后价格确实回落了，你则需买入另外的股票，这无疑增加了选股的成本。

　　在行情不好的时候，短线会让我们经常出错，损失或许不大，但对我们情绪的影响是显而易见的。很多人的交易水平不错，但在短线频繁进出的时候忙晕了头，结果让坏情绪将自己引向失败。

　　长线并不是天然比短线更具优势，更不是说短线注定失败而长线注定成功。长线的好处在于一旦把握住了长期趋势，获利就会变得很轻松。例如：同样在 10 元买入股票，一旦价格向上突破了 15 元，那么这单交易注定会以盈利收场。

因为在 50% 的利润空间中，止损的机会非常多。但是其不好之处在于，首战一旦失利你需要承受的损失也很大。因为短线的止损我们可以设置在 3%，而长线的止损最低恐怕也要在 20% 左右。在长线中会出现这样的情况：买入一只股票一年后，价格跌破了 20% 的止损。这意味着在这一年中你一无所获，而且还亏损 20%。

所以，折中的方法是长线和短线的组合，在交易圈里这种组合被称为复合头寸交易法。即用一部分资金买入几只长线股票，用一部分资金炒短线。这么做的目的在于强调长短线的盈亏平衡。

无论怎样，你都需要根据趋势规模来确定股票价值。如果一只股票总是以震荡方式完成他的价格趋势运动，你就不能把他作为长线交易；相反，如果一只股票总是以上升趋势型方式来完成价格运动，你就不能拿它来炒短线。

物理学的定律不只在一般生活中有效，在金融市场中依然有效。这样的说法很容易被一些拘泥于课本的、头脑僵硬的人所嘲笑，他们在看到这些文字的时候可能连想都不想就会加以否定，因为我们描述的事实动摇了他们所习惯的知识结构。既然皮球拍在地上会弹起来，价格快速跌落为什么就不会弹起来？汽车在一档的时候如果将油门加大，发动机超过 3000 转加档，速度会骤然提升，一只股票在一个区域内积蓄了足够的买盘，价格为什么就不可能加速呢？在实际操作中我们经常可以看到这种情况，但这些常识会因为一句"那不一样"而被轻易忽视。

正如根据篮球坠落的速度来评价它弹起的高度一样，我们可以根据过去趋势的"体积"描述未来可能的趋势上涨的速度和时间规模。

用"体积"来形容已知的价格运动的规模，不是一个很准确的词汇，在这里姑且用之。趋势体积包括三个要素：时间长度；价格幅度；成交量。其重要程度依次降低。

请看图 4-22，这是深深房 A（000029）的月线图。

从月线上我们可以清楚地看到，该股在过去的历史价格变动中，总体呈水平运动。在这个买入信号中，55 个月是所谓神奇数列中的一个，这个数列的标准名称为菲薄那其数列。

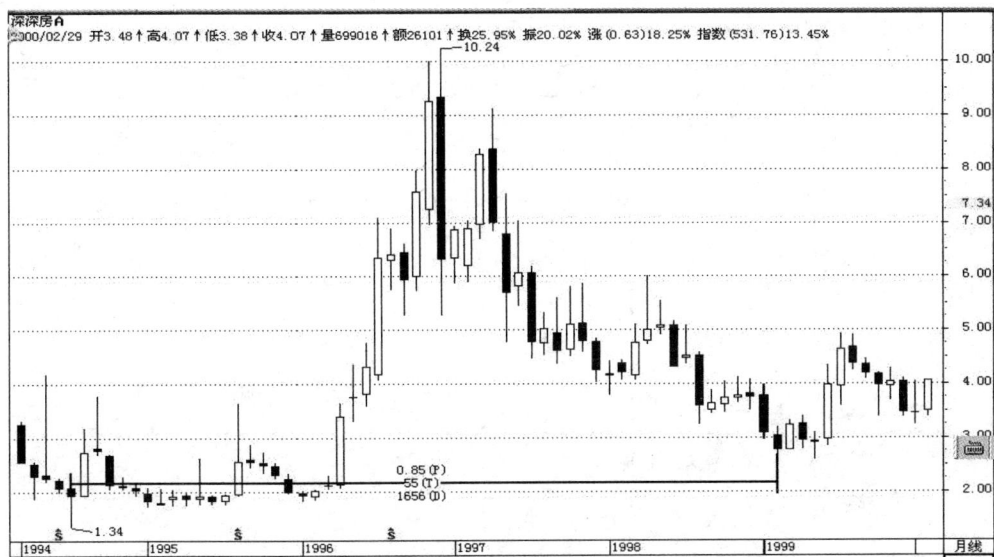

图 4-22　深深房 A（000029）（一）

菲薄那其数列的发现人是罗马时期的一位著名数学家，正是他把阿拉伯数字引入欧洲。这个数列广为人知，它包括 1，1，2，3，5，8，13，21，55，89，144……这个数列的相邻两项之和就是之后的数列项。

在价格运动中，几乎无处不弥漫着这个数列，太多的人知道并传播着它的原理，但真正在实际中应用的人却少之又少。于是，便有人说："公开的就没有价值了。"其实，我认为问题不在于是否公开，而在于是否有人真的研究它、相信它、应用它。

人的心理很奇怪，凡是隐藏的东西就想得到，随手可得的东西却不珍惜。天天混迹于市场中、论坛上的人，他们难道不是为了盈利而努力吗？如果不是，那么他们为什么渴望交流、渴望获得某种秘籍呢？如果他们真的想通过个人的努力去成就个人的梦想，那么他们为什么不去关注那些既得的成功而去小心地试验呢？看来人是不容易找到前进方向的动物，即便道路摆在面前也不愿意相信它，更不愿意去验证它的可信性，最可悲的是自己甘于在没有道路的荆棘中穿行。毒蛇猛兽或许会让人的成功成为泡影，但它同样可以丰富人生。

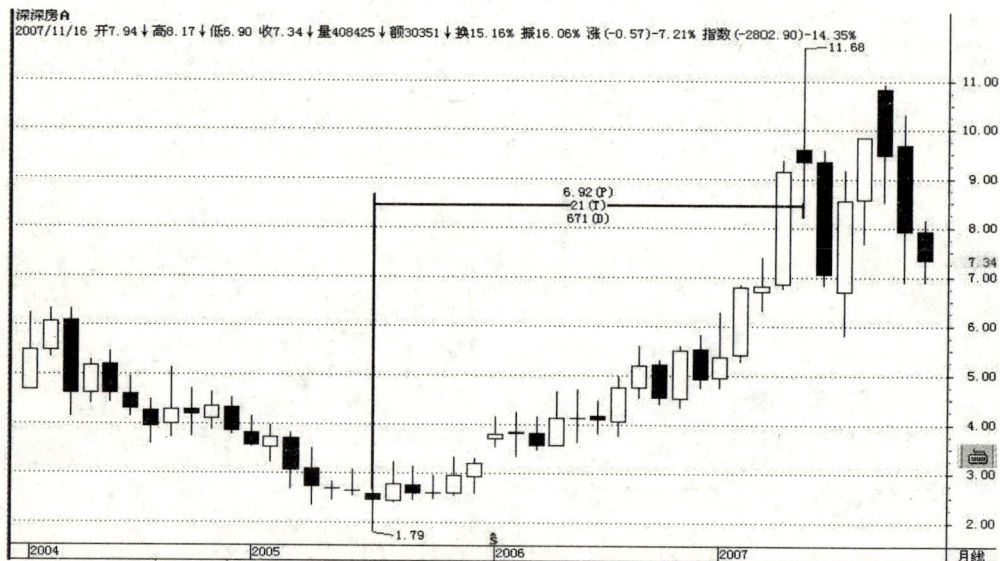

图 4-23　深深房 A（000029）（二）

所以，我认为大多数人失败的根本原因在于他们的人生姿势出了问题，他们更多的人不是为了成功而努力，而是为了体验一种浪漫的传奇的生活。当市场中这样的人群成为主流的时候，少数赢家的成功便成为自然的事情了。

个人的成功并不是在一次交易中体现的，而是长期坚持的结果。菲薄那其数列非常明确地告诉我们趋势的时间规模，但是，这并非意味着它永远正确。随机市场的精髓在于概率化的可能，而不是定量化的必然。通俗地讲，证券市场大多数情况下遵循着某种规律，但少数不遵循规律的时候就可能给我们造成严重的伤害。所以，规则——交易技术的目的之一是：在它不遵循规则的时候避免意外损伤。

请看图 4-24。

价格通常在经历 21 个月后，在第 22 个月出现低点，给出买入信号。但是，在中粮地产的月线图上我们却看到了在第 21 个月出现低点而第 22 月却高起而去。这种变化在交易中实属正常，应用中我们不能拘泥于教条。

中粮地产
2007/11/15 开33.40↓高34.98↓低25.90↓收26.95↓量846382↓额256242↓换17.18%↓振27.33% 涨(-6.27)-18.87% 指数(-2802.90)-14.35%

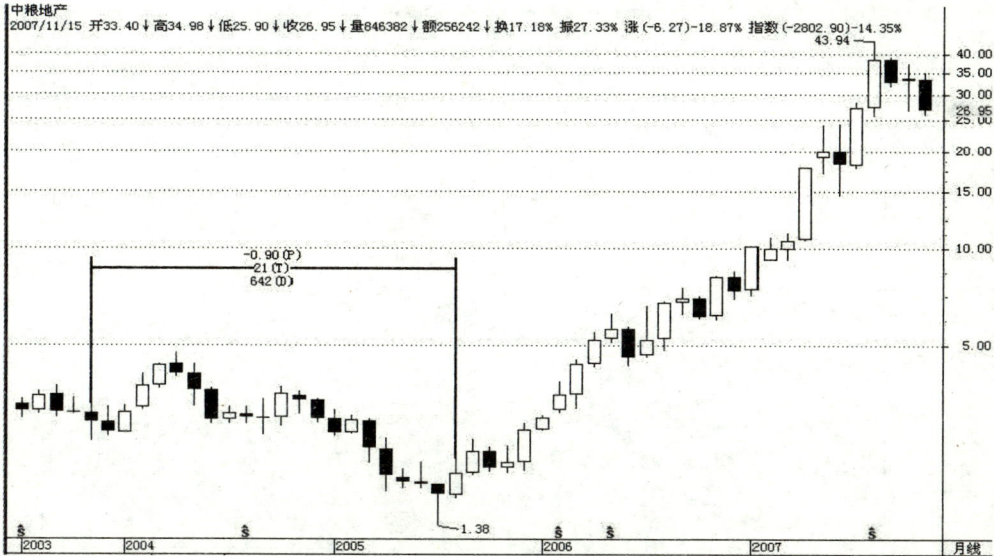

图 4-24　中粮地产（000031）（一）

第三节　辨识趋势的方法

　　能量积累的过程中，价格运动呈现相对的稳定性，我们通常把它称为整固阶段。真正意义上的平衡市是不存在的，我们总能从一些平衡市中找到不平衡的所在，而这些不平衡的因素最终导致了对整固阶段的突破。

一、辨识趋势的第一步——度量趋势的规模

　　如果一个趋势规模已经运行了 13 个时间单位，且第 13 个时间单位的低点没有跌破趋势起始的低点，那么就需要引起我们的关注了。这里通常意味着价将会出现向上突破，之后的突破必然是凶猛的。趋势的力量在开始时必须充沛，否则这个向上的动作将会大打折扣。

中粮地产
000031 2007/11/15 开33.40↓高34.98↓低25.90↓收26.95↓量846382↓额256242↓换17.18%↓振27.33% 涨(-6.27)-18.87% 指数(-2802.90)-14.35%

5.06(P)
13(T)
398(D)

1.38

43.94

2005   2006   2007   月线

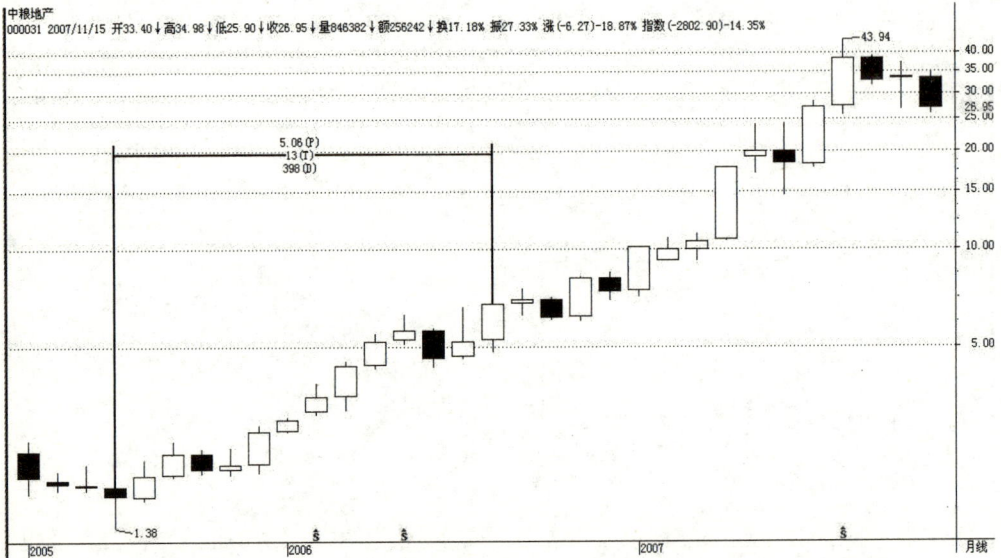

图 4-25　中粮地产（000031）（二）

在时间维度上，度量趋势的规模绝对不只是 13 个时间单位，它可以是菲薄那其数列中的任何一个，时间单位也不局限于天，可以是小时、周、分钟、月、年等。时间规模的不同决定了我们追随什么样的趋势规模。

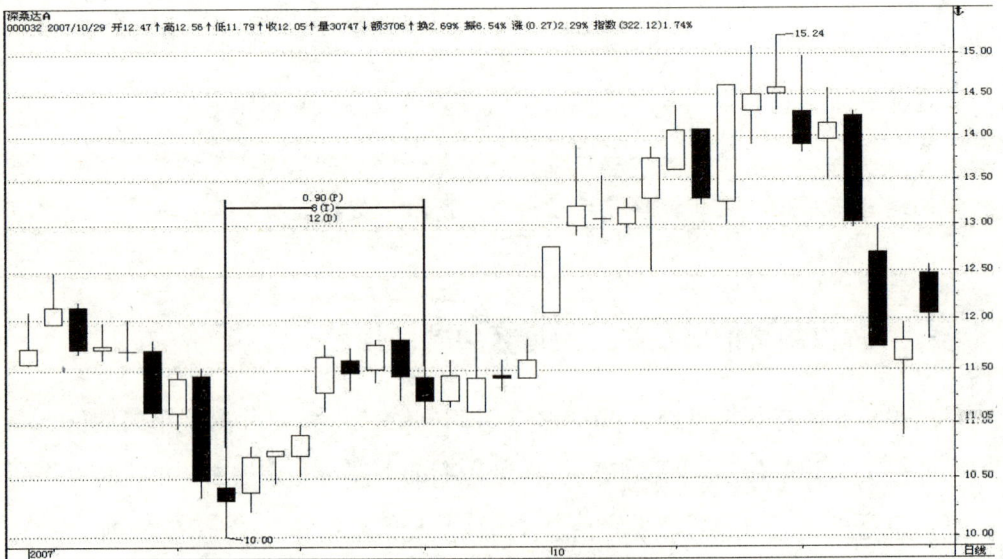

深桑达A
000032 2007/10/29 开12.47↑高12.56↑低11.79↑收12.05↑量30747↓额3706↑换2.69% 振6.54% 涨(0.27)2.29% 指数(322.12)1.74%

0.90(P)
6(T)
12(D)

15.24

10.00

2007   l10   日线

图 4-26　深桑达 A（000032）

大家要注意，传统的技术分析理论有意无意将这点忽略了。传统的技术理论认为，一只股票发出买入信号后，要持有。持有到什么时候呢？持有到趋势确凿无疑地反转为止，所以有人诟病道氏理论：行情过了 1/3 买入，行情结束后反转下跌了 1/3 后卖出，在一轮行情中还经常损失掉中间的 1/3 。当然，这是较为偏激的毁誉之辞，不足为凭。但它确实道出了传统理论的一些弊病：缺乏效率，而且对时间规模表达含混不清。举个例子：

G 同仁堂（当时叫同仁堂）是笔者 2004 年 1 月在论坛公开发布的一只股票，（2004-01-28 23：08），在帖子里我明确告诉大家：在 1 月 29 日买入。现在利用这个机会，向大家阐述一下我的买入理由，然后比较一下魔山理论和传统经典理论的差异。

请看图 4-27，这是该股票的月线图，2004 年 1 月正好是上一个低点的第 13 个月。这表明，本月有较大可能出现月反转。如果上述预测成立，那么价格将会如何运动呢？它的上升幅度将会有多少呢？

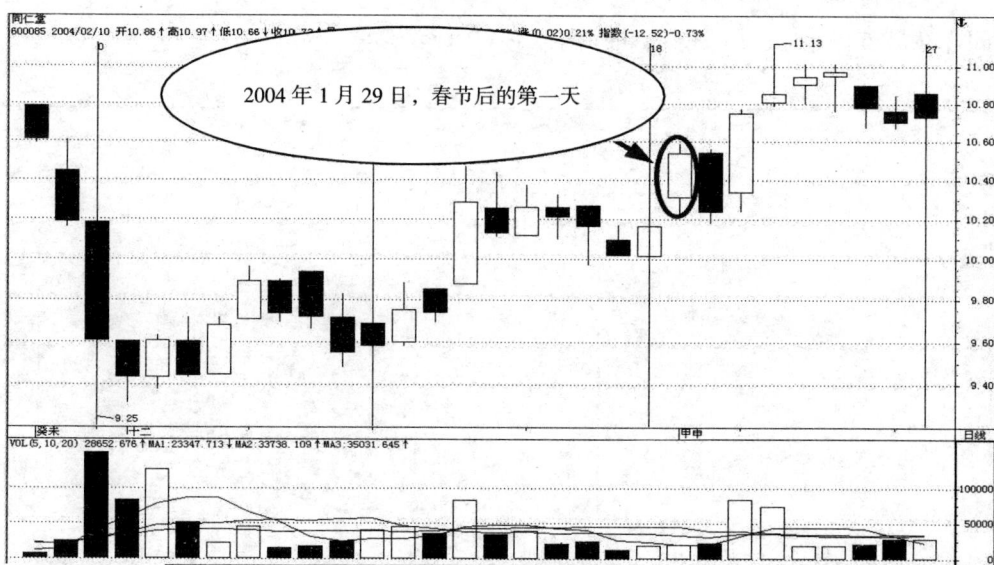

图 4-27 同仁堂（600085）（一）

传统的趋势定义告诉我们，上升趋势是后一个峰高过前一个峰，后一个底高过前一个底，所以我们判断，如果这里是反转月的话，市场将进入上升轨，一旦进入上升轨，价格将在大多数情况下超过前一个峰值并超过过去的上冲幅度。

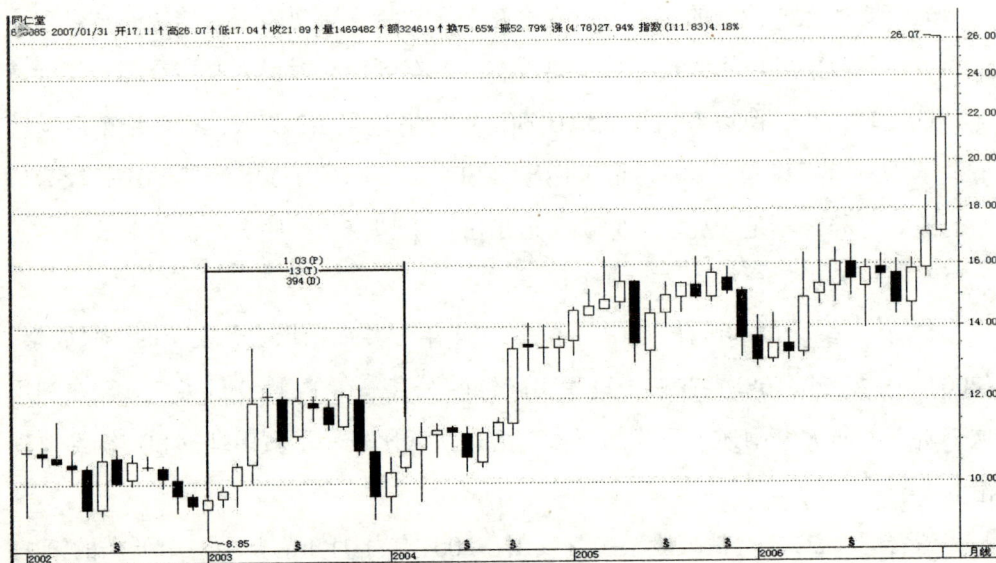

图 4-28　同仁堂（600085）（二）

请大家继续看图 4-29，这只股票之后的走势，34 个月后价格再度拔地而起，同样在另外一个 21 个月的周期作用下又应声而落。

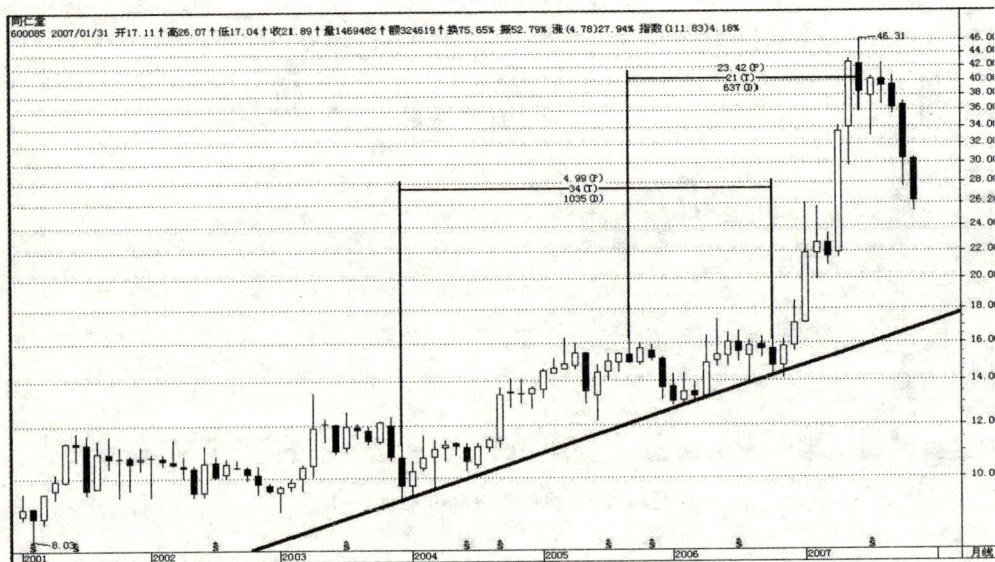

图 4-29　同仁堂（600085）（三）

在这个时候，我们只需要计算出历史的上升幅度就可以预测未来的价格运动幅度。虽然如此，事情远未完成，如果这个月不是反转月怎么办？在交易之前我们必须考虑预测失败后的对策。我主张的策略是止损。

在公布这只股票的几天间，问者寥寥。但是有一天，300多人突然出现在我的QQ上，问我同仁堂还能不能买，我当时都以为是某个黑客团体向我进攻。而真实的情况是，该股当天出现较大的上涨幅度。由于它的突然大涨，吸引了大家的关注，使很多人开始相信，这只股票可能真的要上涨了，而那时离我给出的买入位置，已经过去很久了。

二、趋势演变过程的规律

能量积累的过程中，价格运动呈现相对的稳定性，我们通常把它称为整固阶段，经典理论把它定义为无趋势阶段或者直线阶段。直线阶段是道氏理论的专有名词，形容平衡市。其实，真正意义上的平衡市是不存在的，我们总能从一些平衡市中找到不平衡的所在，而这些不平衡的因素最终导致了对整固阶段的突破。例如我们经常看到的价格形态。在这些形态中，除了所谓矩形外，基本上没有严格意义的直线状态。向上突破的楔形通常是向下的，三角形则是收敛的，头肩顶、头肩底是不规则的。

能量宣泄过程中，一轮大幅的上升运动或者下跌运动会把过去积累的能量消耗殆尽，之后价格就会重新回到整固状态，直到这个状态再次被打破。在这里，关键的是时间因素。时间因素决定了我们是追逐长线交易，还是中线交易或者短线交易。

如果价格运动处于月线单位的活跃期，那么这里则是长线交易的起点。毫无疑问，长线交易的机会一定比中线交易和短线交易的机会更为难得。

图 4-30　中钨高新（000657）月线图

如图 4-30 所示，该股价格从历史高点走过 55 个月后在第 56 个月出现低点，开始它的长线上升之旅。

魔山理论 2 波周期，在月线图（见图 4-31）上清楚地给出了长春高新的买入信号，而之前这只股票一直处于下跌的过程中。

图 4-31　长春高新（000661）月线图

图 4-32　永安林业（000663）月线图（一）

　　永安林业在临近上个低点之后的第 21 个月走出了历史低点，第 22 个月开始上扬。

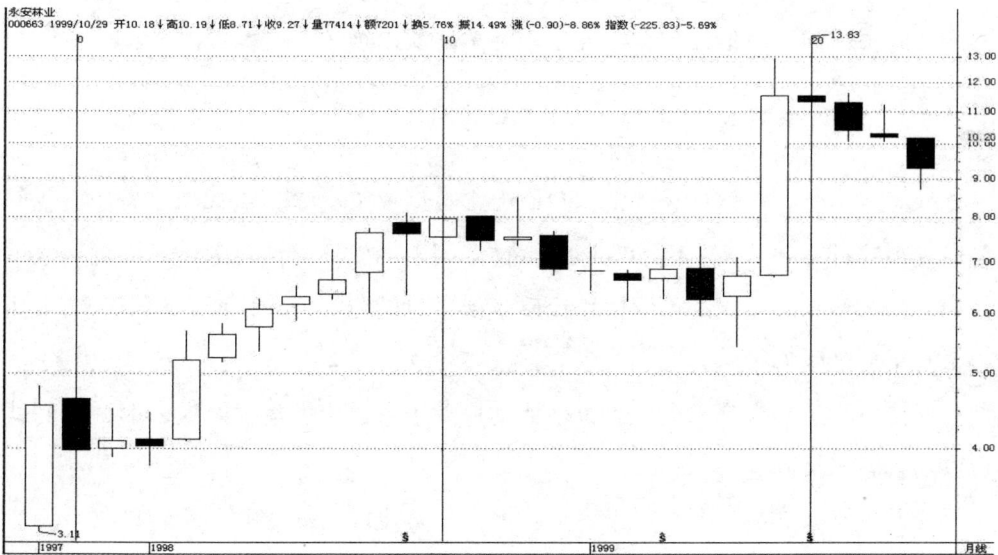

图 4-33　永安林业（000663）月线图（二）

来自于顶部高点的时间循环，从此，永安林业开始了数年的下降趋势。

图 4-34　永安林业（000663）月线图（三）

10 个月的循环和上个临近高点的第 21 个月的菲薄那其循环给出卖出信号后，该股价格便一路下跌，长达 6 年的漫漫熊途出现了。

三、不平衡因素的捕捉

如果一个熟人突然举止反常，我们大多数情况下会立刻感觉到：为什么我们可以发现这种变化？那是因为我们了解这个朋友的生活习性。生活习性就是他举止失常的参照系。今天的他的举止违反了他平时的习惯行为，所以我们会认为他心里有事或者生病了。

股票价格运动也是如此。当价格运动违背了它过去的运动习惯，那么我们就可以断言它出现问题了。

股票价格运动的问题集中于三点：上升、下降或者保持水平震荡状态。

（一）寻找习性的变化

如何发现某只股票的习性变化？请大家看图 4-35。

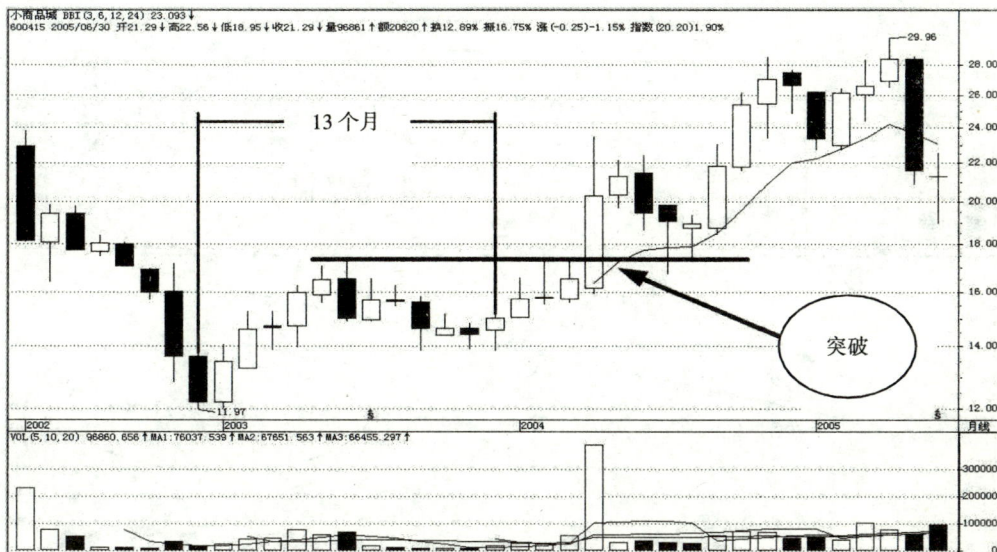

图 4-35　小商品城（600415）（一）的月线图

小商品城（600415）这只股票在长期水平运动中一点一点地缓慢上涨，2004年4月的时候脱离了趋势线。这种脱离在传统技术分析中，恰好是一种突破信号，因为它突破了 2003 年 6 月的高点。经典技术分析认为突破则买入。.

在魔山理论中，突破只是告诉我们价格习性已经发生了变化，这种变化就是由平衡向不平衡转化，但这里并不是一个很好的买入点，它只是告诉我们价格趋势是向上的。在这个趋势中，魔山理论的第一个买入点，要明显早于传统技术的买点，2003 年 11 月到 12 月也是标准的菲薄那其时间拐点，这个拐点来自该股前期顶部 5 个月的循环和历史底部 13 个月的循环。

趋势既然是向上了，如果我们错过了第一个买入点，则寻找第 2 个买入点便是我们下一步的工作。寻找买入点不只需要预测，还需要勇气。2004 年 7 月和 8月，买入信号再次出现，这里价格回调到前期高点附近，且出现了来自 2003 年12 月的底部的 21 个月的循环和来自 2003 年 6 月顶部的 13 个月的循环。

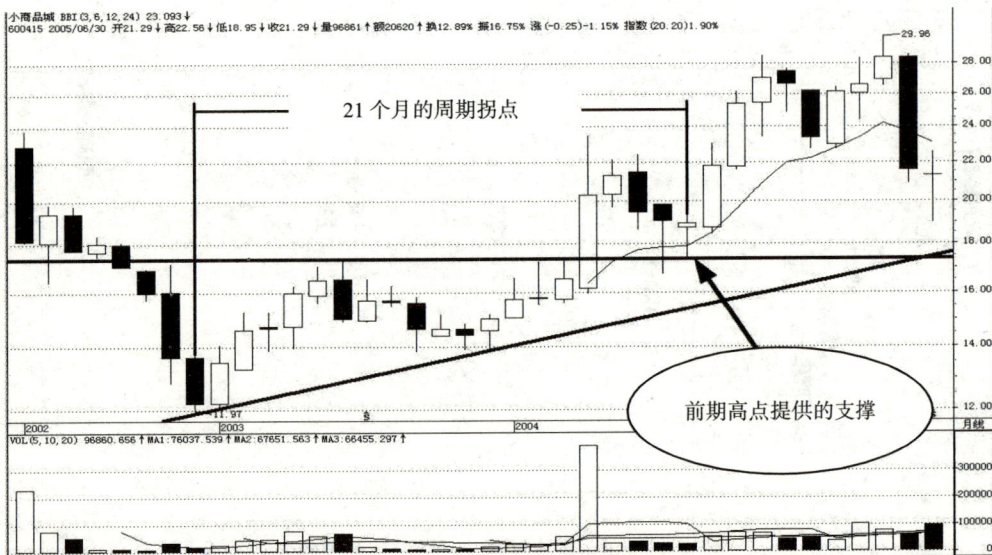

图 4-36　小商品城（600415）（三）

　　如果我们没有判断错误的话，那么上升趋势绝对不能跌破这里，否则就要止损了。当时间和价格共同发生作用时，价格向上就几乎成为必然的事情了。菲薄那其时间数列不只是可以揭示买点，同样也可以揭示卖点。2004 年 11 月，该股价格上攻到 29.33 元，碰触了高点趋势线，同时这里也是自 2004 年 4 月以来的第 8 个月的 K 线。

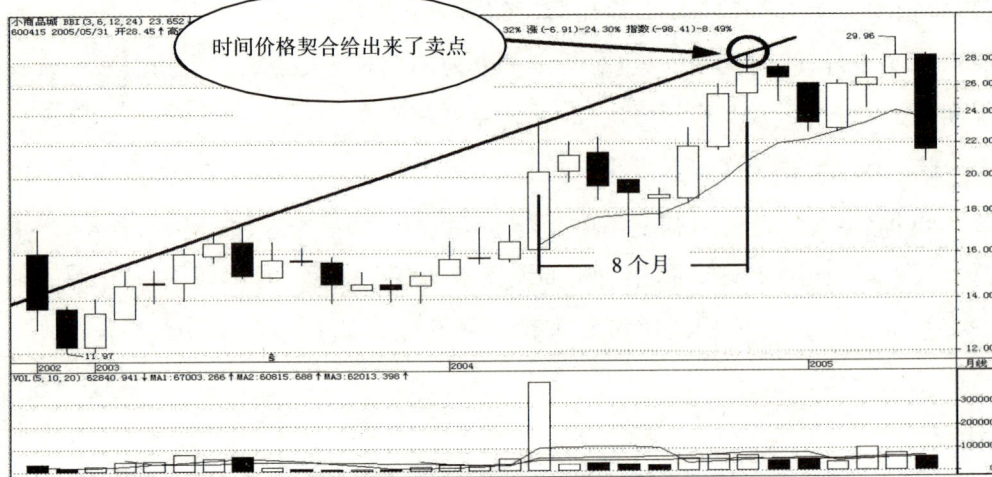

图 4-37　小商品城（600415）（三）

（二）在趋势中途介入

既然趋势是起伏的、波浪般演进的，那么，如果我们没有在趋势的开端介入是否就只能看着它上涨了呢？在半途中我们是否还可以上车？我的回答是肯定的。只要一个趋势没有结束且还有介入价值，就可以介入。但中途介入和趋势初期介入一样，也需要寻找介入的信号。

请看图 4-38。

图 4-38　2006 年 8 月份的小商品城（600415）（四）的日线

从图 4-38 中可以看到，小商品城（600415）的价格经过较长的上冲后开始进入徘徊区，趋势似乎已经走到了尽头，市场中的人们开始变得谨慎。这种谨慎是有道理的。大盘从 998 点上行以来已经上涨了 70%多。长线的炒家已经赚得盆满钵满，大盘上一个疑似头肩顶跃然纸上。但是，无论是大盘还是这只股票，并没有出现确凿无疑的卖空信号，一切都来自于人们的超前想象——超越预测的想象。既然没有确凿无疑的反转信号，则意味着这只股票还处在上升趋势中。也就是说，我们或许还可以通过介入而获利。

这样我们就可以对它进行重新梳理和评价了。

趋势方向：向上。

理由：没有出现明确的反转信号。依据趋势惯性原则，如果我们有头寸，可以继续持有；如果没有头寸，可以依据买入信号建立头寸。

趋势高度：可能的终结点——未来的最近的阻力位于 66.4 元一带。

理由：连接 5 月 12 日和 6 月 5 日的高点可以做出一条压力线。如果在这里出现明确的反转信号，则可以作为平仓点，否则这个压力无效。

潜在的风险：连接 5 月 3 日和 6 月 12 日低点作一条支撑线，我们看到价格的最近支撑处于 52.4 元一带。

（注意：为了便于讲解，本书统一使用对数坐标和复权价。）

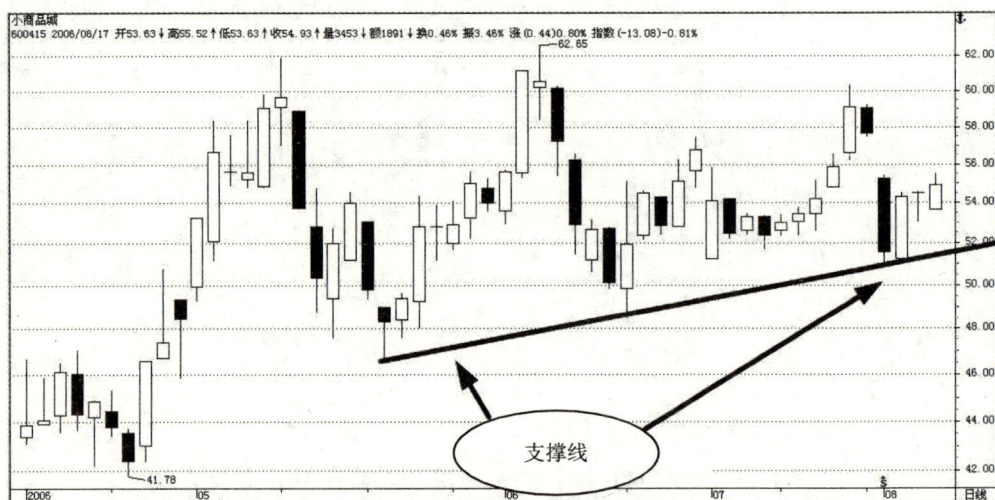

图 4-39　小商品城（600415）（五）

时间位置：6 月 5 日到 8 月 14 日正好是 21 天，如果价格在这之前出现短期下降并在这里被支撑住，则这里就是我们上车——建立头寸的位置。

8 月 14 日果然出现一个价格低点且被支撑线所支撑，因此在这里或者次日理所当然地成为我们的开仓买入点。

图 4-41 是该股之后的走势，间隔 34 个交易日后，10 月 9 日该股到达 73.56 元，获利达 40%多。

在 A 股市场（不含权证）中的交易，日内以下的线图只关乎买入位置和卖出位置的精确化判断，而不能单纯地依据日内线图进行开仓和平仓。我们必须在充分研究了日线图后才可以按照长期图指引的方向确定建立头寸或者了结头寸。

图 4-40 小商品城（600415）（六）

图 4-41 小商品城（000415）日线，未复权

第四节　顺势交易的含义

　　顺势交易是顺应证券市场变化的节奏，甚至提前寻找到证券市场未来的、可能的运动方向和速度而进行的交易。对任何单位时间价格的上升速度的跟随或者提前介入都是顺应趋势交易，这种交易方法才是真正的顺势交易。

　　很少有人真正知道顺势交易的含义，经典技术分析告诉我们，顺势交易是粗糙和难以把握的。例如：著名的道氏理论认为顺应主要趋势交易就是顺势交易。那么，主要趋势在什么时候降临呢？如果头肩底已经被有效突破，主要趋势是否开始了呢？

　　请看上证指数周线图中 2002 年 1~6 月的表现。

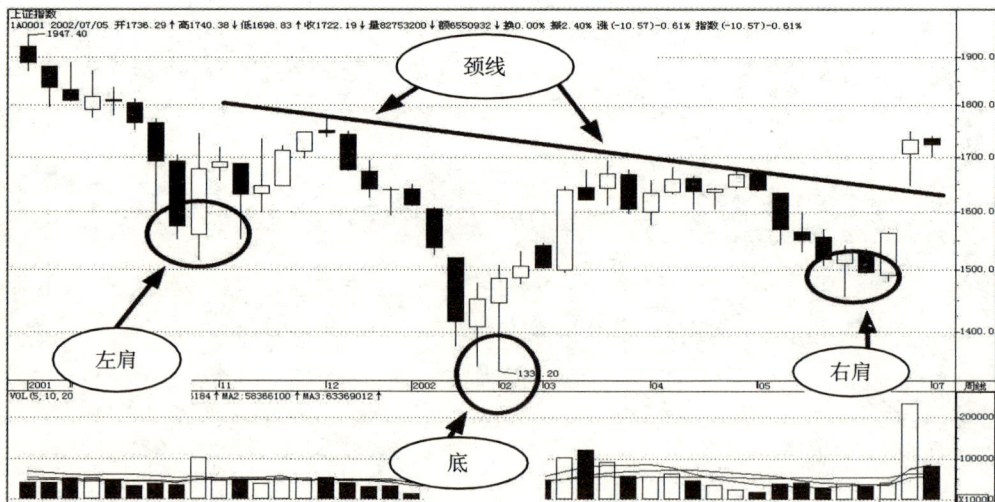

图 4-42　上证指数

　　在这个趋势中，价格形成了一个严格意义上的头肩底，在这个头肩底被突破的时候，伴随着大规模的交易量，价格像脱缰的野马，所有的指数都相互验证了这个趋势，即便用最严格的道氏理论眼光看，这里也已经发生了"确凿的反转信号"。

2002年6月21日，上证指数出现了一个伴随着巨大交易量的长阳线，2002年6月24日突破头肩底的颈线，出现了一个惊人的跳空缺口价格，创出近日的新高；6月25日，价格继续出现近期新高，之后开始窄幅调整，人们表现出乐观的情绪。但是价格并没有按照大家期待的情况发展和演进，之后长达半年的调整开始了。如果按照道氏理论交易，价格突破1650点才意味着趋势反转，而这天就是6月24日。但6月25日之后价格便开始了一路下滑的走势，这种下滑一直持续到11月，价格重新回到2002年1月的最低点（1339点）附近的1353点。

从这个案例中，我们可以清楚地看到道氏理论的迟钝性：即便在确凿的反转信号发出后买入，也很难避免陷入亏损的窘境，而之后止损的位置在哪里？止损的时间在哪里？我们都一无所知。这种以牺牲一部分利润而追求稳健的操作，看来是行不通的。

顺势交易的真正的含义应该而且必须是顺应证券市场变化的节奏，甚至提前寻找到证券市场未来的、可能的运动方向和速度而进行的交易。交易人不一定必须追随长期趋势交易。对任何单位时间价格上升速度的跟随或者提前介入都是顺应趋势交易，这种交易方法才是真正的顺势交易。

例如：在2002年1月29日建仓，在2002年6月25日平仓，显然1月29日并没有出现道氏理论的确切的反转信号。按照道氏理论的一贯逻辑，趋势创出了新低，主要的下降趋势没有改变，显然空仓观望依然是当时的对策，但事实上大盘在这之后到6月25日上涨了400余点。作为投资者，我们有什么道理放弃这样的利润呢？

所以，问题的关键不在于是否大的趋势已经发生逆转，而在于你是否可以抓住价格———一个特定时间和价格拐点，并在这个拐点建立头寸。

在交易中赚取利润是交易的唯一目的，技术分析的教条和规则必须帮助我们赚取利润才是有用的和必须遵守的，当我们发现一些技术工具不能或者在赚取利润的时候表现低效时，我们修改或者扬弃它便是非常必要的了。对待传统的经典交易技术尤其如此，我们必须清楚，它们已经与我们的时间相差太远。市场在扩大，交易方式也在改变，虽然一些根本的东西没有发生变化，但是一些枝蔓已经改变，针对变化的部分，适当地调整思维，更新技术便成为顺理成章的事情了。唯其如此，技术分析才会在不断的创新中持续地发展。

小　结

交易的成功取决于心理状态和支撑这种心理状态的交易技术。交易技术是根本，没有正确的交易技术不可能有良好的交易心态。但拥有了正确的交易技术并不意味着一定拥有良好的交易心态，良好的交易心态是通过不断的交易磨砺达成的，并建立在正确的交易技术不断获利的前提下。相信自己的技术和证券市场的总体公平性是我们在证券交易市场中获得成功的基本要件，抛开这些谈论成功是不可思议的。

在具体的操作中，懂得如何发现趋势、界定趋势规模比片面强调追随趋势更加重要。在不同的位置介入趋势，其结果完全不同。长线短线的确定，则必须以趋势的规模为标准，这是不可或缺的前提。

第五章　时间周期

时间是造化力量的一般体现形式，万物在造化面前不堪一击。一切无不在时间的掌握中。

亚特兰提斯的传说在古老的书本中散发着青铜的气息，金字塔也已经破败不堪，虽然迄今为止我们依然赞美和感叹它的雄浑和伟大。

所有拥有强权和庞大帝国的君主连同他们版图上的隐士们都已经消失了，有的化为尘土，有的正在化为尘土。

那些试图通过文字和精神来传播伟大名字的人的企图正在破产，我们侥幸记住了李白，但是还有多少个李白已经消失在时间的粉尘中。

在几亿年前或许更早，翼龙在太阳的下方高歌，大泽在巨杉树林的边缘翻滚着祥和的波澜，始祖鸟在遥远的天际滑翔。而记载着时间印记的尸骨就蜷伏在这片光明的乐土上，死亡随时降临就像生命随时诞生。

股票交易从来就是时间和价格的游戏。今天赚了 200 元，昨天可能赔了 300 元，价格和时间就是这样充斥着我们交易的生活。

我们能否通过对时间的研究使我们的交易更有把握呢？换言之，我们能否通过今天和昨天的时间线索来"预测"明天呢？

人是要死的，人平均的死亡年龄是 70 岁。瞧瞧，我们是不是拥有了这种预测能力？不用争论，我当然知道有人活了 100 岁或者更多，但是有两个事实足以支撑我们的观点：

（1）人终究要死，这是一个必然指向，我们不必去考虑究竟是什么原因导致他们的死亡。

（2）在对以往人的正常死亡数据统计中，我们知道了人类平均的死亡年龄。

太阳每天早上要从东方升起，晚上要在西方落下。这个事实恐怕不会引起争议。那么这些规律是否在股票交易中有效呢？每只股票是否也拥有这样的涨落周期呢？我们是否在谈论时间周期的时候偷换了概念呢？

第一节　时间周期的含义

你自己就是一口深井，这口井和历史有关，和人类有关，和你生活的星球有关，和灿烂阳光后面的漆黑的太空渊薮有关，你必须静下心来去倾听，才可以听到智慧流动的声音。

时间周期不是股票的独有属性，我们生活中的每个角落几乎都充斥了周期的循环：一棵茂盛的乃至疯狂的石榴树会骤然死亡，在来年春天又滋出新芽嫩叶；太阳从东边升起，从西边落下；哈雷彗星每78年光临地球一次；在365天内，四季要交替轮回；大雁在秋天的时候迁往南方，在春天的时候飞回北方……这些都是时间周期的循环，据说它是宇宙的法则之一，在股票中这种现象不以人的意志为转移地反复出现。一些交易人通过对股票价格从底点到底点的循环、高点到高点的循环以及低点到高点、高点到底点的交错循环等特征的研究来掌握股票交易的最佳时机。

在图中，时间循环通过K线形成的低谷和高峰加以显现。但是时间循环又不像我们表述的那么简单，其内在规律复杂纷繁，只有当我们体内的周期和市场外在周期形成交感的时候，我们才可以真正地捕捉到一些"完美"的拐点。

我在给学生们讲课的时候，曾经不断地告诫他们：你自己就是一口深井，这口井和历史有关，和人类有关，和你生活的星球有关，和灿烂阳光后面的漆黑的太空渊薮有关，你必须静下心来去倾听，才可以听到智慧流动的声音。这些声音会注入你的体内，融化在你的血液里，并使你的交易行为规范，让你在应该频繁交易的时候频繁交易，让你在不该交易的时候拒绝交易。

在这部分表述中，我强调的不只是存在于图中的周期，还包括影响我们的心理状态、思维状态的人体周期节律。只有当我们充分认识市场周期和自我的人体周期时，我们才能最大限度地把握交易节奏。

第二节 时间周期的分类

简单说来，时间周期分为自然周期、社会周期和人体周期。菲薄那其周期也属于自然周期。

时间周期的产生原因不是本书探讨的主题，笔者只是通过对外在一些周期现象的观察和归纳对事件周期进行简单分类。

一、自然周期

一年四季的循环是典型的自然周期。这种周期强调的是太阳、月亮和地球的相对运动关系。

季节性周期理论认为，自然界季节性的变化会影响人们的心理行为，从而影响股票市场价格的变化，夏天时由于天气炎热，股票市场所有参与者的情绪波动较为激烈，所以，夏天的股票交易市场价格运动波动比较剧烈。他们认为，如果把历史上所有交易年的每天价格进行平均，就会构造出一条新的曲线——市场价格的季节性波动曲线。在这条曲线上人们可以清楚地看到在过去的历史中，哪个月份、哪几周甚至哪几天是价格洼地或者价格高地。根据这条季节性的曲线人们就可以在价格洼地买入，在价格高地卖出；相反，如果在价格洼地买入之后价格没有如期反弹，意味着这里出现了反季节性变化，则须止损放空。

菲薄那其周期也属于自然周期，这个周期我们将在后文给予讨论。

二、社会周期

社会周期是指一些发生于社会经济活动中固定的事件所产生的周期循环。

例如国外的大选年周期、中国的两会周期、黄金周周期等，都属于社会周期。比较著名的社会周期是康德拉提耶夫经济长波周期，该周期理论者认为每经过 54 年，在世界范围内都会有一次大的经济衰退，这些衰退经常伴随着战争、自然灾害、瘟疫等。

三、人体周期

人体周期又称生物节律周期。这种学说诞生于 21 世纪初的欧洲，一些心理学家和医生在临床研究时发现了人具有这样的特征。他们认为人一生下来，具备三种有规律的基本周期性节律：一个是 23 天的生理周期、一个是 28 天的情绪周期、一个是 33 天的智力周期。这三个周期的相互作用影响着人类的行为方式。生物节律理论声称，这些周期是生命的基础，其规律性极强，它们不以主观意志为转移，也不受昼夜变化的影响。它们在积极状态和消极状态之间波动，前半个周期处于积极状态，后半个周期处于消极状态。积极状态表示人具有一种强健有力、精力充沛的良好状况的趋势；消极状态则表示生理、情绪和智力状况低沉、力不从心的趋势。为了方便起见，这些周期可以被看作是从中性状态开始，逐渐向积极高峰上升，在周期的中点又回落到中性状态；就在这一点上，积极状态开始转变为消极状态，（根据这个理论）在相对于这一点的那天中，人显得很不稳定。以后，周期又继续通过消极阶段，在消极阶段末尾又开始由消极状态转变为积极状态。

处于转变的这些日子被命名为"临界日"。有人认为，在临界日发生的事故要多于其他任何时候。据报道说，有人发现两种（或三种）周期同时处在转变期时所引起的不稳定性比只有一种周期处在转变期时严重得多，当生理周期与情绪周期同时处在转变期时，引起不稳定的潜在趋势最为严重。

生物节律理论近来已受到了各工业公司和研究人员的注意。他们的想法是，在临界阶段中产生的不稳定往往容易造成事故。因而，只要把一家汽车运输公司司机的各种周期制成图表，找出同时有两种或三种周期处于临界阶段的日子，就可以制定一份或者暂停其工作，或者对其进行告诫的计划。

据报道，日本大宫铁路公司采用了生物节律理论对司机进行管理，效果已经得到了证实。据说"根据五年的统计，在事故最多的 212 名司机中，在临界日出事的占 31%，在临界日前后出事的占 30%。这两种情况的比例共占 61%，而采用了生物节律理论后，他们则实现了行车 200 多万公里无事故。"（引自：《科学与怪异·七，生物节律》上海译文出版社）这篇文章是作为对"生物节律周期"质疑提出的。但是，当我们把这种方法应用到交易中时，却反证了这个生物节律周期的存在。有兴趣的朋友不妨根据这个方法测试一下，看看是否对自己有所帮助。

生物节律周期即人体周期的拐点计算：

底部拐点：从生日起数算，生理周期是第 23 天，智力周期的拐点是生日后的第 33 天，情绪周期则是生日后的第 28 天。

顶部拐点：从生日起数算，生理周期是 11.5 天，智力周期是 16.5 天，情绪周期是 14 天。

在顶部到底部拐点这个区间，是人的情绪低落区。在这段时间内，伤感、悲观、注意力涣散等精神症候会困扰着我们。底部拐点期，是这些精神症候发作的极点，之后，我们的情绪开始回转，进入上升期或者亢奋期。

四、股票市场中的一些事实

在一些重要股票市场的顶部或者底部，我们经常可以看到 23、33、28 这样的数字，由此我们是否可以推断出在广泛的市场参与者中存在着几个同一生日的"大数"族群，这些人由于受他们生物节律支配，不约而同地在某个时间区域中采取统一的市场行动，从而导致了市场运动的爆发呢？

请看图 5-1。

图5-1　上证指数（一）

图5-2　上证指数（二）

图5-3 上证指数（三）（日线：自然日图，即把节假日全部显示）

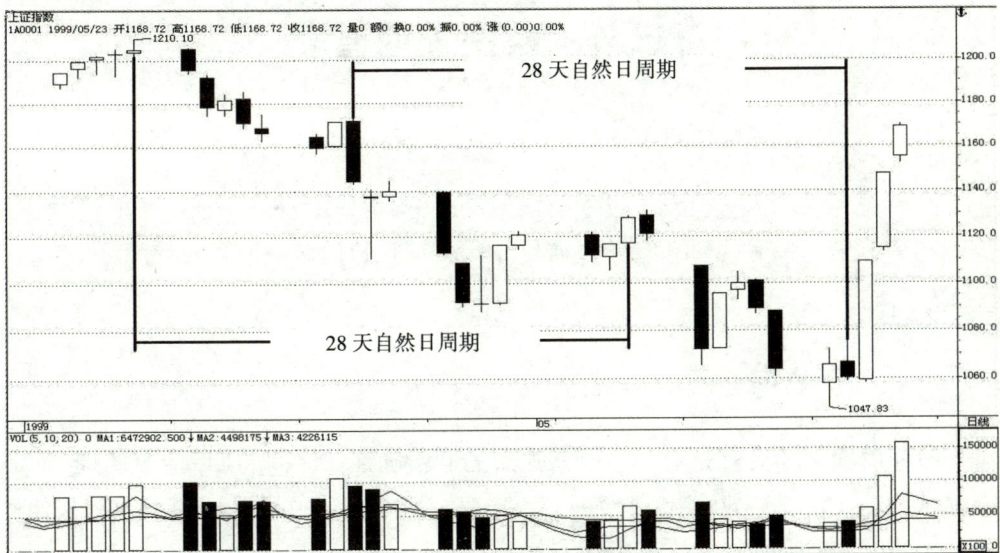

图5-4 上证指数（四）

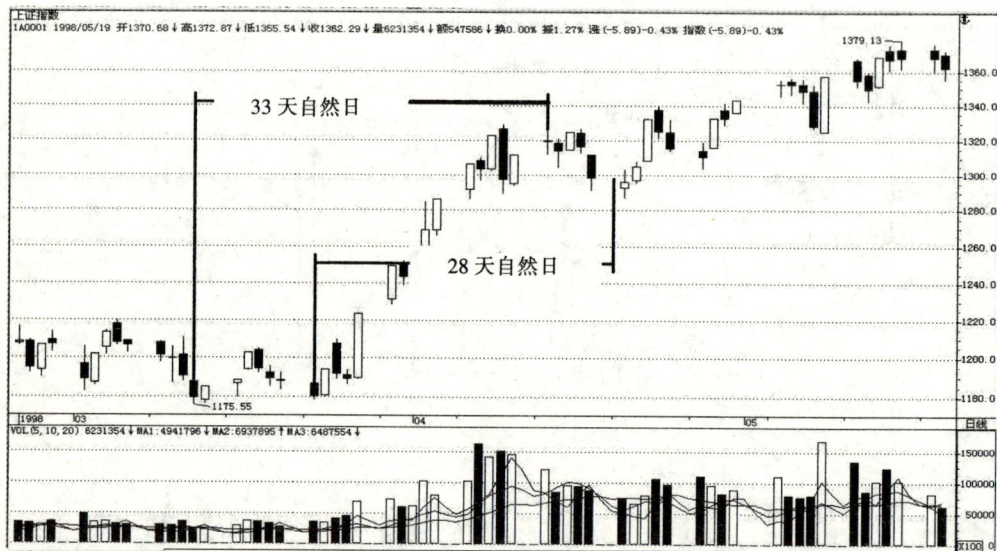

图 5-5 上证指数（五）

第三节 时间周期循环

时间周期循环具有相对稳定性和强烈的非精确性。周期的循环方式种类繁多，在交易中比较有效的且常用的循环方式是顶顶的循环和底底的循环。

一、时间周期循环的特点

时间周期循环具有相对稳定性和强烈的非精确性。时间周期循环的稳定性在于一个周期倾向于持续地循环，按照一定的时间间隔，从低点区域到低点区域，从高点到高点区域。这些循环适用于各种时间单位的图，包括月线、周线、日线、60 分钟线、30 分钟线、15 分钟线、5 分钟线甚至连续即时图。

时间周期的循环并不是精确和定量化的。如果说在周线图上存在着一个 27 周的周期，今天是第 1 周，并不意味着在第 54 周的时候一定会出现一个低点，而是通常意味着在第 54 周前或者第 55 周出现这个相对低点。因此，周期的低点并不是指一个点而是一个区域。

图 5-6 中海发展（600026）

中海发展（600026）周线是一个 27 周的 2 波周期，其周期 C 点并不是最低点，但这里的确是一个买入点。

循环出现在各种时间尺度的图上，每种时间尺度的图中的循环有着不同的交易含义。月线上的循环和分时图上的循环提供给我们的意义有非常大的差别。例如，月线图上的循环代表着为期几个月乃至十几个月的上升和同样尺度的下降，但是在日内图中，这种时间尺度要小得多。前者告诉我们何时入场，后者则告诉我们决定入场后的买入时间，这个时间被相对精确化到每个小时甚至更小的时间单位。

二、循环周期的循环方式

周期的循环方式种类繁多，在交易中比较有效且常用的循环方式是：顶顶的循环和底底的循环。这两种循环方式对指导我们进行交易非常重要，因为它们可以直接告诉我们可能的买入时间和卖出时间。

在买入时间和卖出时间的确定过程中，对买入和卖出的时机泛精确化，是一些周期爱好者的"通病"。我们听到过这样的预测："某年某月某日，价格将会出现逆转"。不可否认，这种预测的确曾经不止一次地成了现实，但是我们无法举出更多的证据证明大多数情况下我们可以在事前做到这一点。在一般的行情预测中，可以多胜率证明的是某年某月某日前后，这是一般依靠周期交易的"精确范围"。如果试图让价格更精确，在到达预期价格前的数分钟内才有可能做到。但如果让我们说 10 天后价格会在某点某时某分出现转折，则显得有些过于玄虚。无论从交易角度还是从研究角度，这种预测都是笔者不主张的，因为那没有意义。预测对了，只是偶然现象，更多时候的效果不理想。我的意思并不是说周期不可以预测长期的行情，恰恰相反，周期在对长期行情预测方面可以说声名卓著。

请看图 5-7。

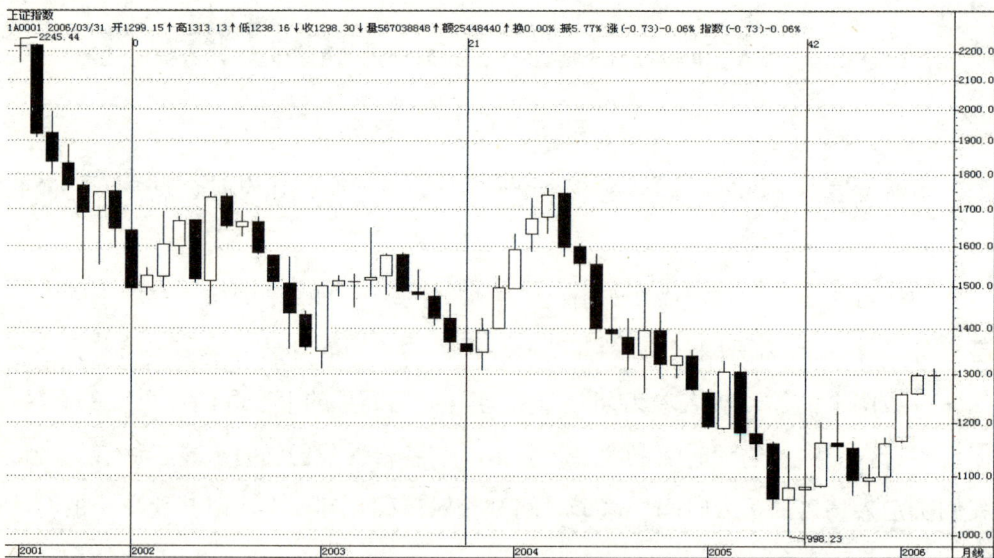

图 5-7　上证指数月线图

当我们发现了已知的两个显著低点后就可以判断未来的 C 点，而 C 点就是趋势的可能的反转区域。

通常我们把单位时间内价格波动的低谷称为底，把单位时间内价格波动的高点称为顶。在这个前提下，底的循环是指从一个低谷到另外一个低谷之间的时间间隔相等，并在未来的时间里重复这种相等间隔的价格运动方式。顶的循环恰好相反，它们是以顶部为起点而产生的价格等比循环。

三、周期循环的自我验证

有些周期循环是"长期"的，是非常稳定的，它的表现令人瞠目结舌。请看南玻 A（000012）在 2003 年初到 2003 年 4 月的表现，如图 5-8 所示。

图 5-8 南玻 A（000012）

看到图 5-8，或许很多刚刚接触周期交易技术的人都会激动。但交易绝非如此简单，这只是很多实际案例中的极端例子而已。在大多数的股票中，不会出现这种简单的自我验证的周期形式。

第四节 时间周期的一般特征

在时间循环中，一个完美的周期会以金字塔形式反复循环，底到顶、顶到底的价格和时间都是相等的。但是在现实的价格运动中，这种完美被破坏了，循环就变得不那么完美和规矩了。

周期的长度、波幅、相位确定了一个基本的周期。换言之，任何周期都具有这样的相同属性。

周期的长度在未来被不断地重复，这种特征就是周期的循环特征。但是，周期和周期之间会出现干扰，这种干扰使得原来的周期长度和相位出现了偏差，从而增加了周期拐点的不确定性。我们解析周期的目的就是为了还原周期，发现被杂波干扰后的真正的周期拐点。

但是，周期真的可以被还原吗？我们真的可以寻找到全部股票价格运动的"基因图谱"吗？我的经验和我对股票市场的理解告诉我，这是不可能的。我们所能做的是依据一般周期特征来"揣测"未来价格运动的拐点和可能的运动力度。

一、时间回调

在过去的一个较大的周期结束后，我们发现下个不对称周期会出现在上个周期长度的 1.5 位置、1.33 位置、1.67 位置或者 2（2 波周期），1.618 位置或者其他菲薄那其数字上面。这种周期适用于任何时间图。

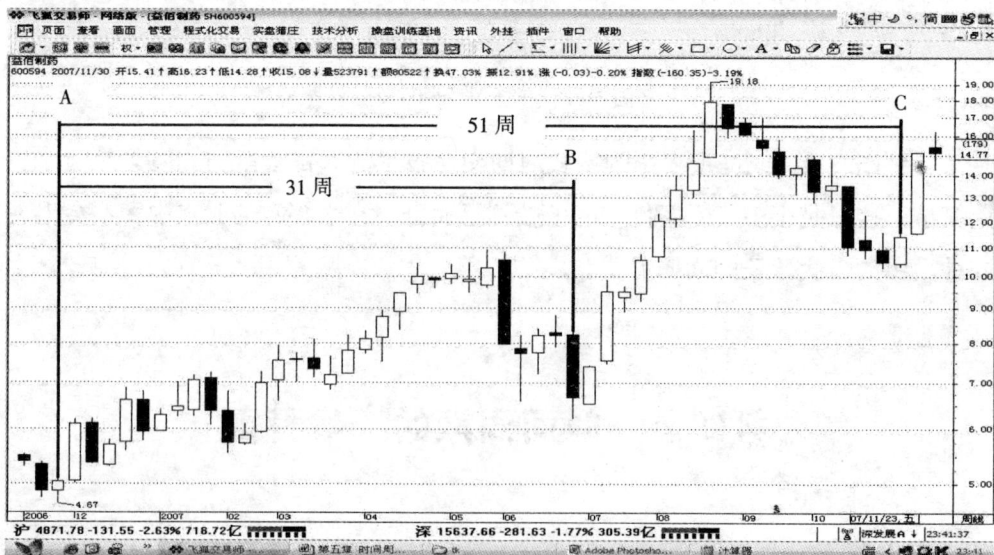

图 5-9 益佰制药（600594）周线

已知 AB = 31 周，未来的 C 点有可能出现在以下的几个周期长度后：

C = AB　　1.618，C = AB　　0.5，……

在一轮较大的上升行情中，趋势的强度越高，趋势规模越大，这种时间回撤现象就越多，其回撤拐点 C 就越向 1.618 及 1.809 处偏移。

请看图 5-10。

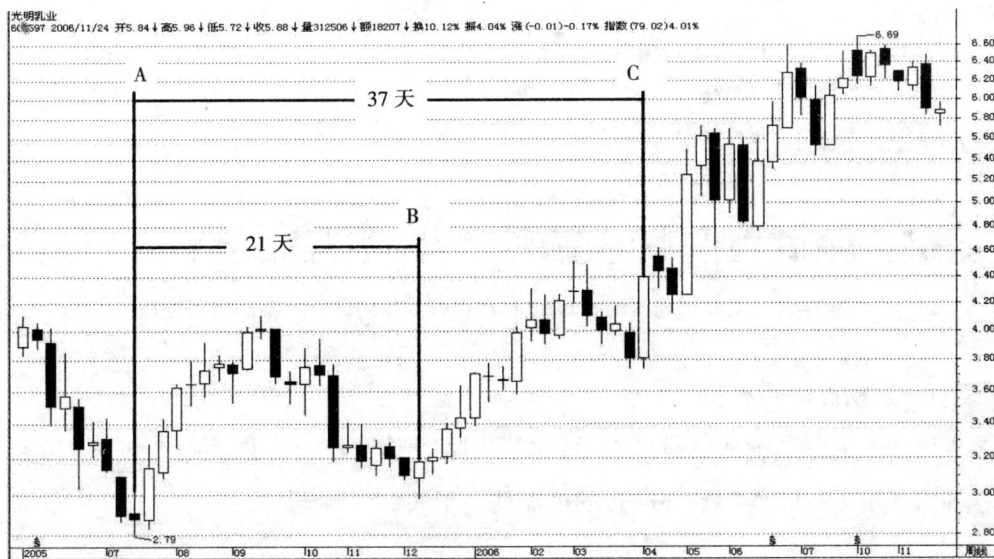

图 5-10　光明乳业（600597）周线

该股在 2005 年 7 月中旬，向上走完 21 周菲薄那其循环后，价格再度上冲并一举攻克了前期高点，然后出现回落。2006 年 4 月初的第一周，恰好是时间回撤拐点位置。其计算公式如下：

AB × 1.809 = C

已知 AB = 21 周代入上式，则 C = 21 × 1.809 = 37.9 周。

二、平行周期

平行周期是我们经常忽视的周期形态。我们在解析、寻找周期的过程中，比较关注自然序列的名义周期和一般的非平行周期。不同时间相位，不同周期幅度，但是周期长度相同的周期，被我们定义为平行周期。

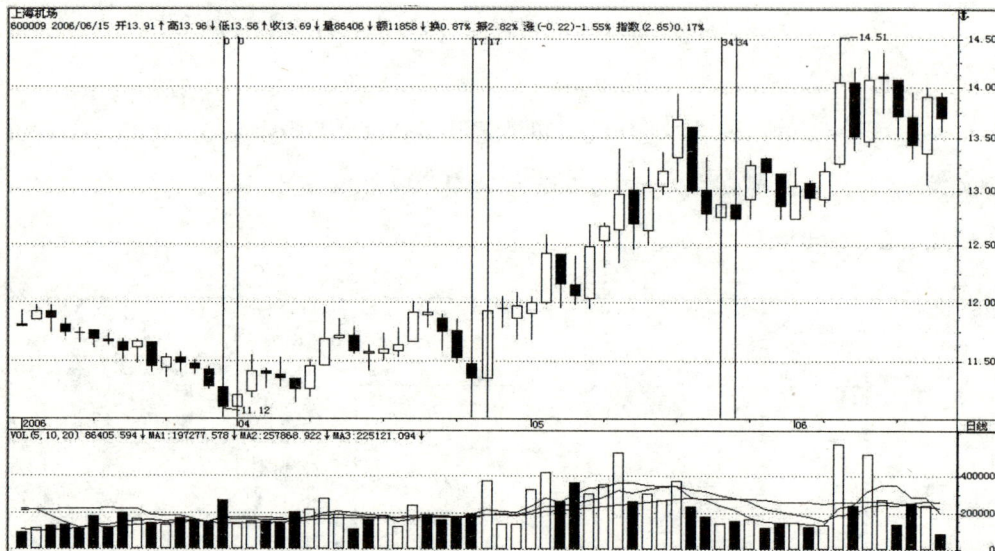

图 5-11　上海机场（600009）（日线：长度相同，拐点不同的周期）

（一）拐点与共振

周期共振，准确地说是指不同长度的周期落脚于同一个周期拐点的现象。当这种情况出现的时候，趋势逆转的可能就会加大。

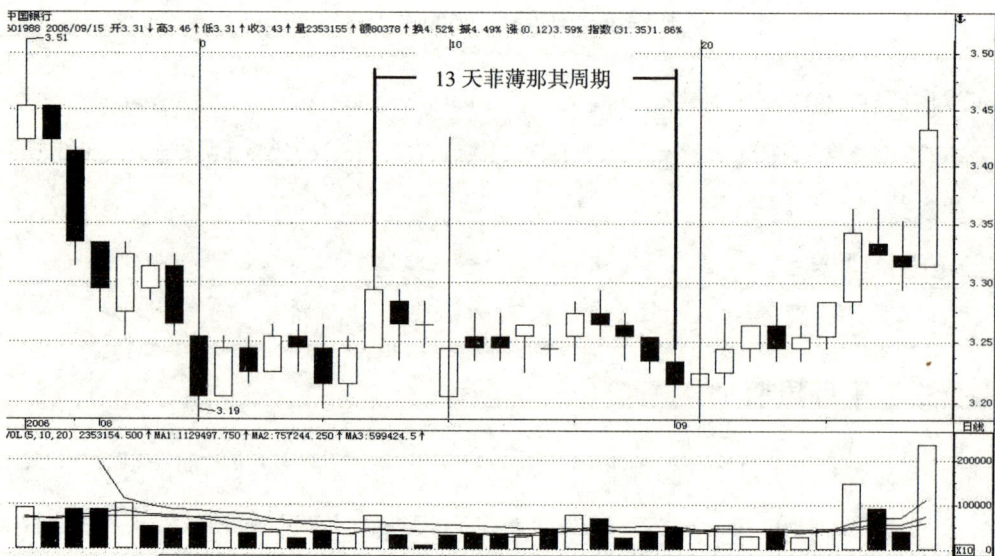

图 5-12　中国银行（601988）

中国银行（601988）的13天菲薄那其周期和20天的2波周期在拐点处产生共振。该股上市以来一路走低，在2006年9月1日和9月4日先后出现拐点（9月2日和9月3日是周六、周日），之后一轮上涨行情凶猛展开。

（二）周期穷尽原则

穷尽周期是一种寻找周期循环种类和寻找周期在某只股票中的循环特性的工作。穷尽只是一种态度的表达，在实际操作中不可能真的完全穷尽。

穷尽周期是从月线开始的，我们需要做的工作是找出过去影响股票涨跌的主要周期。这些周期是以周期的长度区别的，而不是以周期的幅度确定的。例如，我们找到了3个周期，就意味着我们找到了3个不同时间长度的周期，它们可以是6个月的、18个月的、10个月的，也可以是其他规模的。

我们知道周期有线性循环，即一个循环接着一个循环，但也有中断之后再度出现相同的循环。

我们要把那些周期长度相同，并频繁出现在过去历史价格运动的周期挑选出来加以关注，因为他们就是所谓的主流周期。寻找主流周期并把它应用到未来是我们穷尽周期的目的。

（三）周期相位差的研究

在两个不同的拐点之间存在着一段"真空"地带，我们称这个地带为相位差。相位差中的价格有三种走势：第一种趋势是第一个拐点出现后，价格震荡；第二种走势是价格上升，然后下降进入第二个拐点，这个走势我们称为标准走势；第三种趋势是拐点出现后，价格并没有上升而是继续下滑，直到进入第二个拐点后，价格再凶猛上涨，我们把这种相位差称为漏斗相位差。

在8天周期拐点C和24天波周期拐点C之间形成了一个水平结构的相位差。

在24天2波周期拐点C和34天菲薄那其周期拐点之间形成的一个金字塔形相位差之后，价格以12个涨停开始了它的疯狂牛市。

三、2波周期

当周期出现循环后，将会被其他周期所干扰，这种干扰随时间的推移而愈演愈烈，一个标准的循环最终会扩散或者坍塌。有序循环必然导致无序循环的出

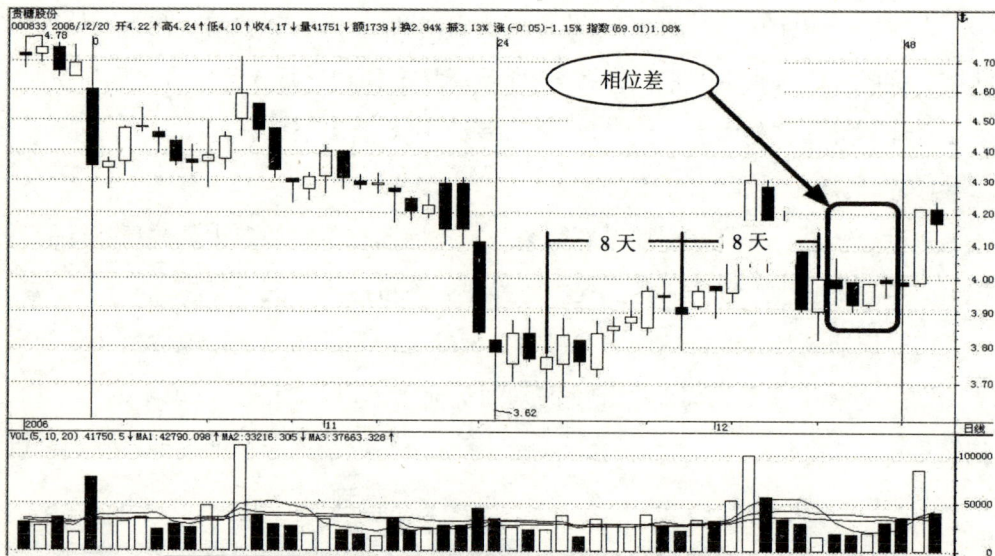

图 5-13　贵糖股份（000833）日线

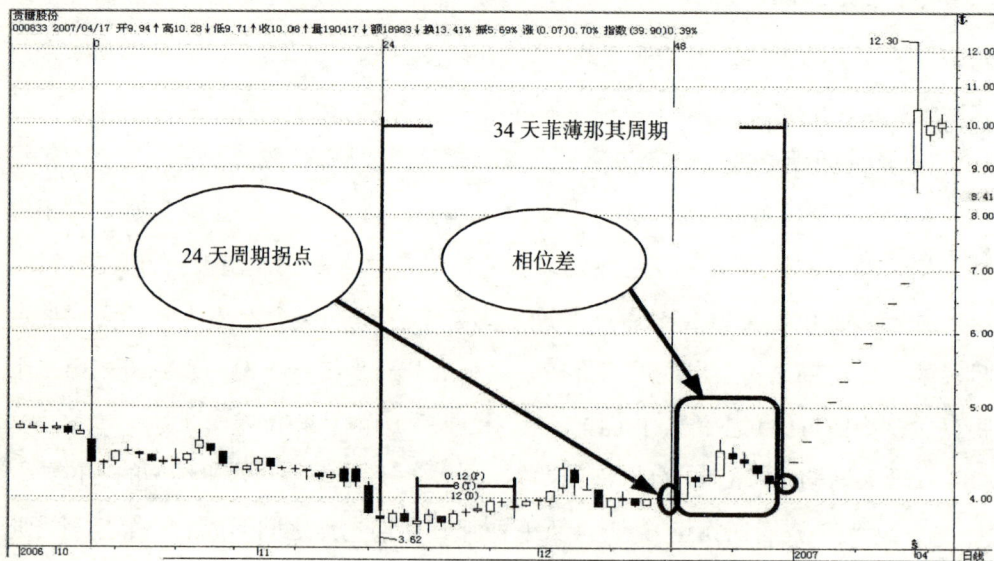

图 5-14　贵糖股份（000833）日线

现，之后新的有序循环再次出现，这种由有序到无序循环的交替出现构成了循环中的循环。

在大多数循环中，无论是有序循环还是无序循环，都遵循着热力学第二定律中的熵增原理。

（一）熵的概念

物理学中的熵是指物质的稳定程度。物质的稳定程度越低，熵值越大。在自然界中，整个宇宙就是一个熵增的过程。同样，它也可以解释人的生命和行为。

我们都知道，人的生命是高度有序的，但这种有序必须依赖于对其他有序物质的破坏。例如：人要想维持生命的存活与延续，就要屠宰动物吃其肉，就要砍伐森林搭建房屋，就要收割植物并吃掉"它们"。这些屠宰、砍伐、吃的行为只可以令熵减缓，却无法避免生命个体的最终向"无序"——死亡扩散。有序向无序扩散就是一个完整的熵增过程。

这种属性不只体现在生命的荣衰上，也可以帮助我们辨别周期的循环。如果周期由有序向无序溃散，那么它最初的循环应该最容易识别。这就是魔山理论2波周期的理论基础。在试验观察中，2波循环是最基本的循环。

（二）底部拐点

已知 AB 点为两个价格低谷中的低点，做周期线，未来的 C 点则是周期的底部拐点。价格通常会在这里转折向上。

请看图 5-15。

图 5-15　中国国贸（600007）日线

在一个下降趋势中，如果出现一个较大规模的周线拐点，则意味着原有趋势发生了反转。

请看光明乳业周线，如图 5-16 所示。

图 5-16 光明乳业（600597）周线

（三）顶部拐点

顶部拐点和底部拐点的推衍过程正好相反，它要求我们根据已知的两个价格峰值作周期线，推断出未来的 C 点就是可能的顶部拐点，价格通常会在这里向下折返。

四、时间周期的机械性循环与非机械性循环

魔山理论寻找的不仅是周期的拐点还有交易周期的拐点。交易周期的拐点实际上已经不仅是时间的概念，还包含空间概念，这个概念和光年的概念相似。

所以我们在寻找、解析、发现周期的时候，只完成了工作的一半。这是魔山理论和传统周期分析者的根本区别。

（一）寻找交易周期的目的

寻找交易周期的表层目的在于确定交易或者说投机的具体时间和可能出现的

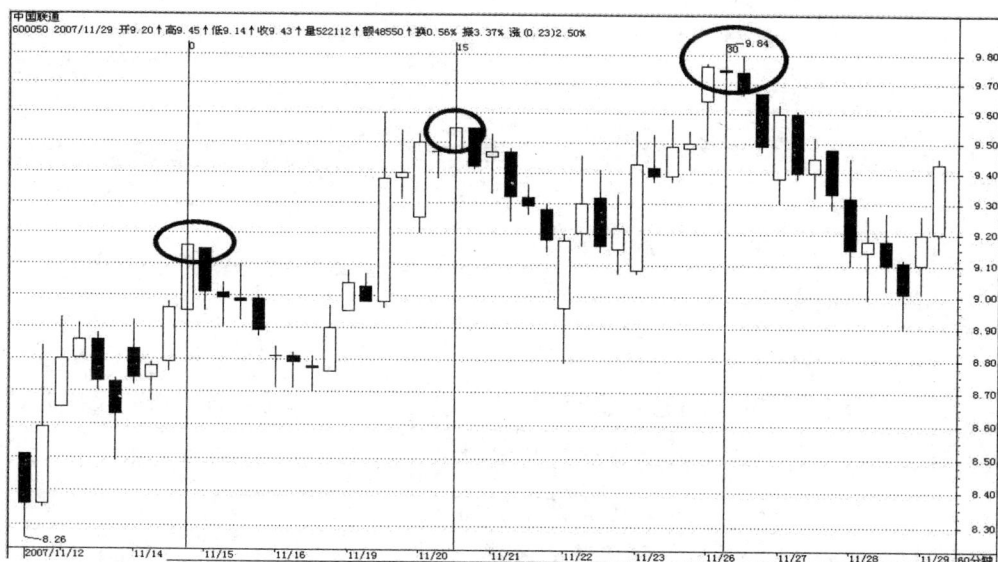

图 5-17　中国联通（600050）

买入及卖出的价格。空间和时间的契合构成了交易周期拐点的一般特征。在实际操作中，我们时常需要经受市场的考验。例如，规则告诉我们时间和价格的契合构成了买点和卖点。但图 5-18 中我们却发现有 N 条支撑横在那里，那么究竟如何在事前区分哪条是有效的支撑，哪条不是呢？这是关系到买入的有效性和精确性的重要问题。在交易中越精确地买入和卖出，其风险就越小，但如果将这种观点推向极端，一旦出现错误，其损失也是巨大的。当然，这种巨大在有涨跌停板限制的中国 A 股市场中是应该画上引号的。尽管如此，我们依然需要规避这样的风险。因此，寻找交易周期的目的从根本上来说是为了最大限度地规避交易风险。

（二）时间循环的特性

（1）时间循环的特点之一是具有前瞻性。也就是说，当我们确定了第一个循环的起点和终点的时候可以发现第三个起点相位，而这个起点相位或许就是我们买入的机会。记住：是或许是我们买入的机会，而不是一定是我们买入的机会，只有当这个拐点成为交易拐点的时候，我们才可以行动。

（2）时间循环的第二个特点是机械性循环的时间比较短暂。什么是机械性循环？从一个低点到另一个低点是 12 天，那么下个低点通常会出现在 12 天之后，但是第 4 个 12 天会出现吗？出现的概率大吗？我们通过实践研究后发现，这种概率不是很大。我们称保持一定时间间隔的循环是机械性的，但这种机械性循环不会无休止地循环下去，在一定的循环后会出现紊乱和无序，这就是周期的非机械性循环。

周期的机械性循环和非机械性循环特征对于我们交易人来说非常重要，把握这种循环的节奏才是真正的顺势而为。

（三）势的含义

过去经典的说法认为，势就是大的趋势和价格的总体方向。这种说法本身没有错误，但却显得含糊其辞。价格趋势的变化通常来得迅猛，而且趋势变化的时刻令人难以捉摸，当给出所谓反转趋势的时候，趋势已经发生并走出很长一段时间，当你进入的时候，趋势可能又开始了相反的运动。

但如果这样理解"势"，我们或许就可以提前或者同步进入市场了。势是时间和价格循环机械性与非机械转化的过程。我们追随的是机械化循环过程，而在非机械化循环的时刻停止交易。

在具体应用上，及时揭示势的机械化特征便成为魔山理论顺势操作的根本环节。在更多的时候，循环的切换并不是按照趋势的交替进行的，时间循环的机械性与非机械性交替通常要领先于趋势，但这并不意味着市场是完全可以预测的。实际上，越是深入到时间研究的中心越觉得市场变化是那么的丰富，预测只是交易的一个步骤，而我们所做的是对策。这种对策跟随这种循环而切换，因为在一个传统意义上的趋势终结之前，机械性与非机械性循环基本已经产生。

（四）寻找机械性循环向非机械循环的转换

这是关键的问题。事实上，很多优秀的交易人不是通过规则而是通过他们对市场的敏感寻找的，他们经常说"我就是觉得该出手了"或者"我觉得该停止了"。这些人不是天才，而是经过多年的交易后具备了市场直觉。这种直觉是经过千百次成功与失败的洗礼而成就的，同时也是付出高昂成本的结果。我们是否可以通过技术来识别这种转换呢？答案是肯定的。

在时间循环中，一个完美的周期会以金字塔的形式反复循环，底到顶、顶到底的价格和时间都是相等的。但是在现实的价格运动中，这种完美被破坏了，循环变得不那么完美和规矩，这种情况我们称之为时间失衡。

时间失衡是相对于均衡状态而言的。时间失衡一旦出现就意味着非机械性因素开始起作用，但这种作用不是突然的，而是通过渐变加以实现的。例如：在由A、B两点确定的循环中，我们可以轻松地确定 C 点是未来的循环低点，同样的道理我们或许还可以捕捉到 D 点。但不要过于乐观，D 点通常是渐变的极端位置，在这里突变有可能随时发生，有太多的案例可以证实这一点。

由此我们得出一个相当机械的结论：C 点相对于 D 点是稳定的，而 D 点相对于 C 点是不稳定的。D 点是机械性循环向非机械性循环转化的分野。这个特征并不能适用于所有的交易媒体。据说在美国期货市场中，经常可以找到 A、B、C、D 四个以上时间相位的循环，而且这样的循环被认为是有效循环。但这种现象在中国市场中是鲜见的，尤其在 A 股市场，价格通常会在第 4 个相位出现的位置上发生变化，而使兴致勃勃准备收割利润的人的自尊受到打击。

躲开 D 点，或许是我们规避非机械性循环的一个办法。那么怎么躲开 D 点呢？如果一个循环非常标准，我们是否也要躲开 D 点呢？在 D 点到来之前重新解析循环，这是魔山理论的重要方法之一。在这个时候，我们采取的策略是保守的，甘愿错过 D 点可能产生的利润。当然你也可以不必这样做，而采取激进的方法，利用 D 点短暂的波动赚取利润，只不过成功的概率就会少，技术要求也会更高一些。事实上，确实是存在例外，图 5-18 是 *ST 赛格（000058）的日线图，它的 D 点基本成立，但这里的价格波动却非常短暂。

图 5-18　*ST 赛格（000058）

理论上讲，D 点修正适合各种时间图，但是日内图修正 D 点的意义不是很大。因为日内图只是我们具体厘定精确价格和时间的工具，它不是决定是否交易的工具。

总之，机械性循环和非机械性循环是魔山理论重要的研究课题之一，这种特征实际上不仅体现在时间循环上，也体现在换手率和个股的轮动上，把握好这个特征对提高我们的胜率有极大帮助。

五、拐点的重要特征

拐点并不是理所当然地成为近期价格的绝对低点，它更多的时候标志着价格向相反方向运动的开始。时间和价格并不是永远处于均衡状态，正是价格和时间的错位导致趋势的发生。

请看图 5-19。

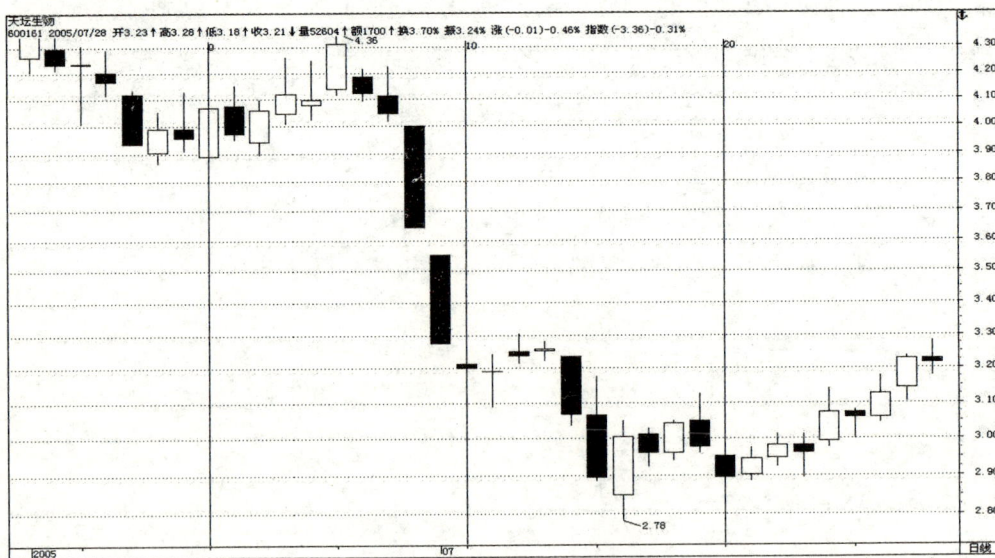

图 5-19　天坛生物（600161）

图 5-19 中，巨化股份在经过已知的两个 A、B 低点后，C 点不是出现在未来的最低点上，而是出现在之后的次低位置。

一种惯性思维告诉我们，既然今天价格已经跌到如此程度，拐点到来那天价格就一定会向下大幅下跌的。但实际情况显示，这种事件并没有发生在 C 点到来的时候。在 C 点，该日该股仅是收阴而已。

这个例子说明：在交易的判断中，我们要时刻警惕"常识"、"想当然"等对我们交易决策的影响。因为这种影响经常会让我们莫名其妙地走向歧途。

价格脱离时间的均衡或者说时间脱离价格的均衡，是指两者摆脱了初始的均衡状态。他们经常地、不断地回归到均衡的"奇点"，而且总在重复这个过程，进一步构成了非均衡到均衡的循环。

价格脱离时间限制的特征，为我们进一步寻找交易拐点即空间时间契合提供了一个重要线索。

第五节　菲薄那其周期

菲薄那其数列不只在周线和日线上可以相对精确地发现顶部转折点，在月线上也屡屡奏效。

菲薄那其数列周期广泛地存在于价格运动中，这种现象覆盖了各种金融介质。从外汇按金交易到中国商品期货和 A 股，无论是年线还是分钟线，我们可以毫不牵强地发现这种"规律"。（见图 5-20 至图 5-26）

价格误差一周，通常是经过 55 周后在第 56 周出现拐点，但是这次拐点却发生在第 55 周。55 周是菲薄那其数列中的一个。

菲薄那其数列不只在周线和日线上可以相对精确地发现顶部转折点，在月线上也屡屡奏效。

请看图 5-27 上证指数月线图，菲薄那其数列几乎诠释了所有的月线上的重要底部和顶部。

上证指数 BBI (3, 6, 12, 24) 5777.890↑
1A0001 2007/10/24 开5804.02↑ 高5906.70↑ 低5793.56↑ 收5843.11↑ 量67226640↑ 额11058978↑ 换0.00% 振1.96% 涨(69.72)1.21% 指数(69.72)1.21%

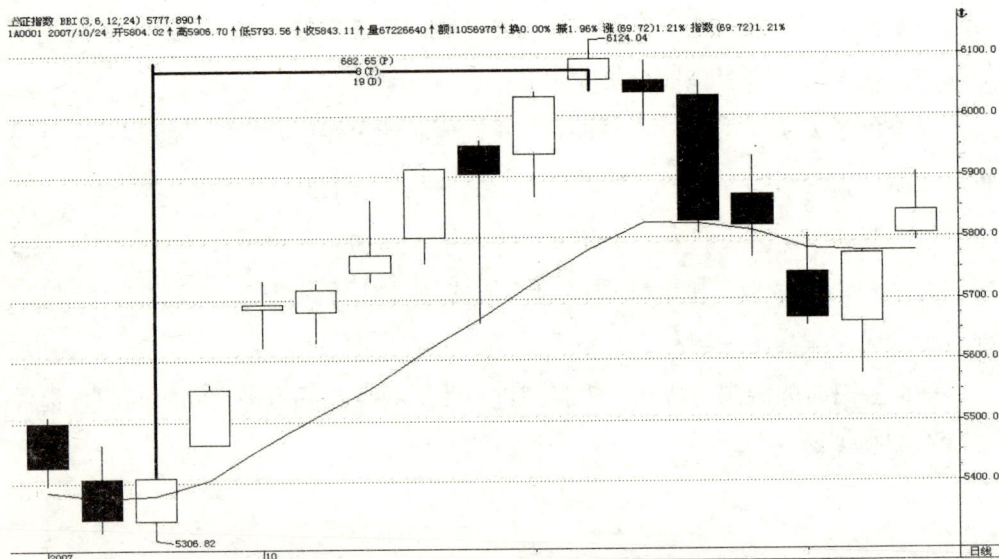

图 5-20　上证指数日线：2007 年 10 月 16 日价格的转折被菲薄那其数列中的 8 所确定

上证指数 BBI (3, 6, 12, 24) 5070.628↓
1A0001 2007/11/23 开4985.58↑ 高5033.57↑ 低4955.35↑ 收5033.57↑ 量9488616↑ 额1418493↑ 换0.00% 振1.57% 涨(47.49)0.95%

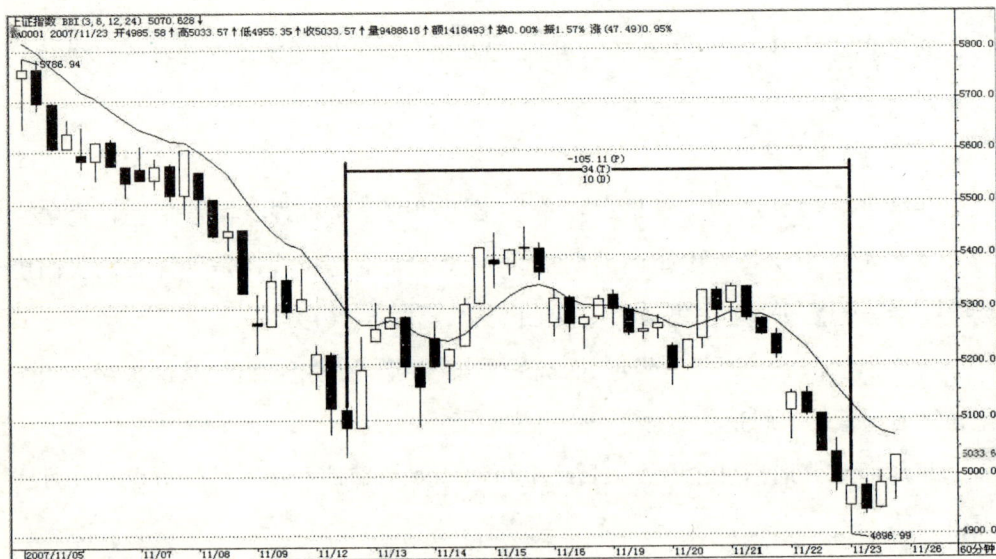

图 5-21　上证指数日线

图 5-22　上证指数 2001 年 6 月 11 日到 6 月 15 日周线，被菲薄那其数列中的 34 所确定

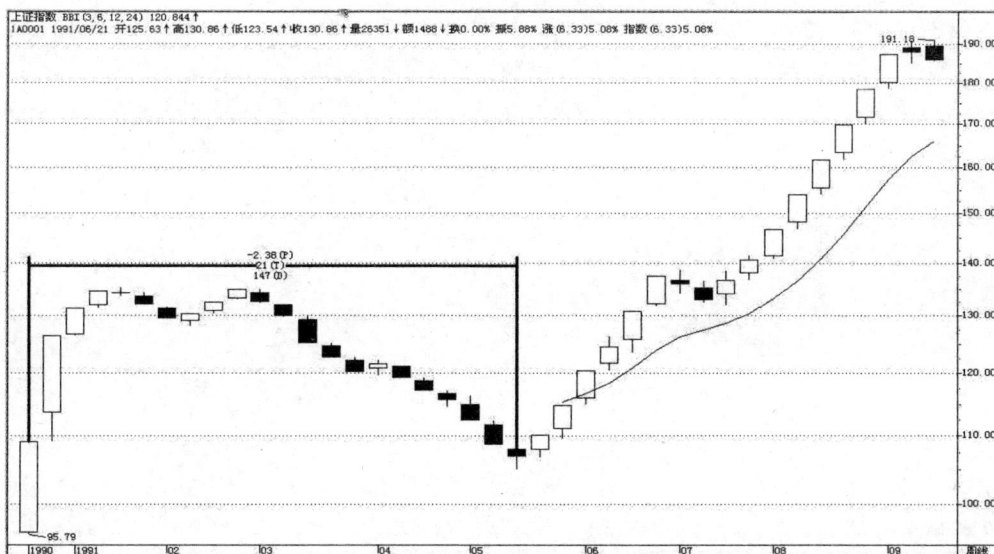

图 5-23　上证指数 1991 年 5 月 13 日到 5 月 17 日周线，被菲薄那其数列中的 21 所确定

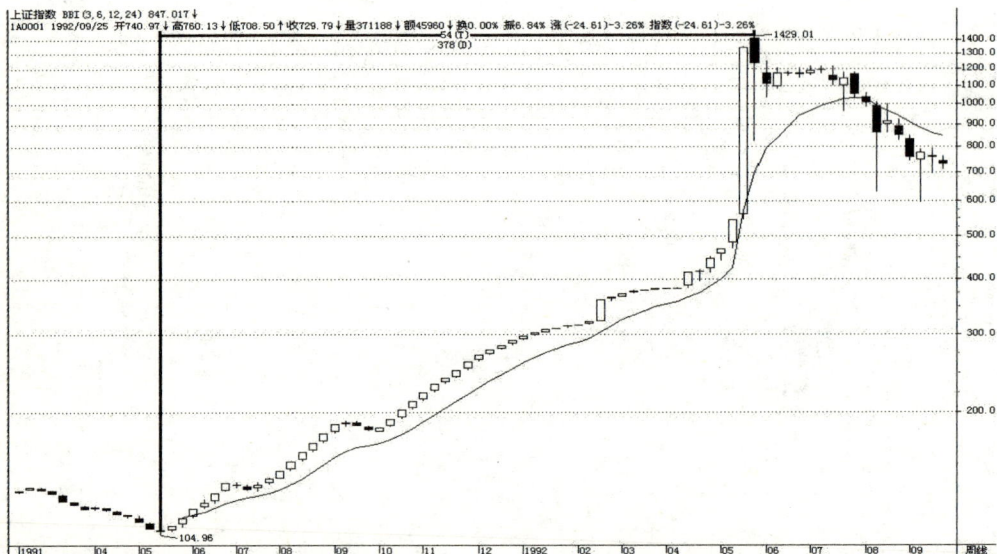

图 5-24　上证指数 1992 年 5 月 21 日至 25 日周线

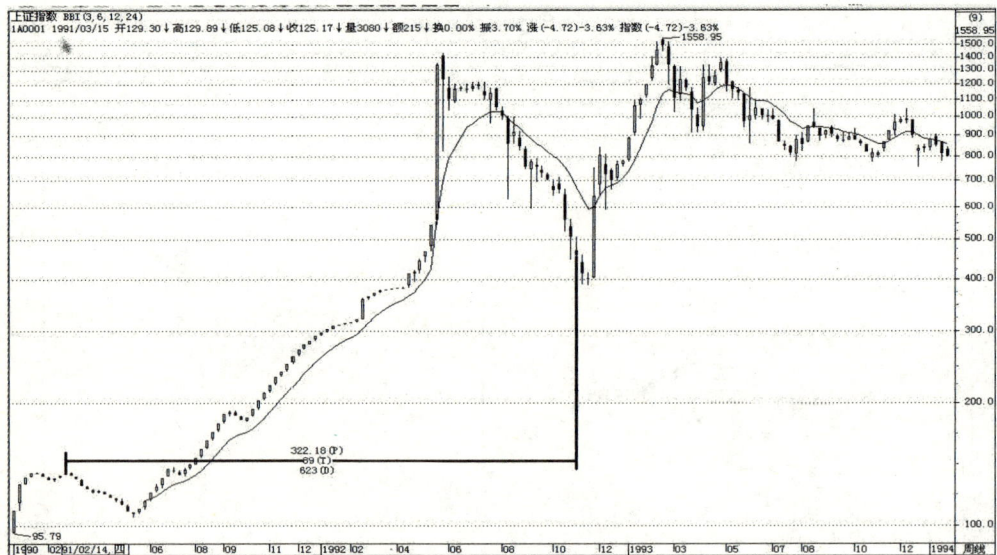

图 5-25　上证指数 1992 年 11 月 1 日至 6 日周线：价格误差 2 周，
89 是菲薄那其数列中的一个

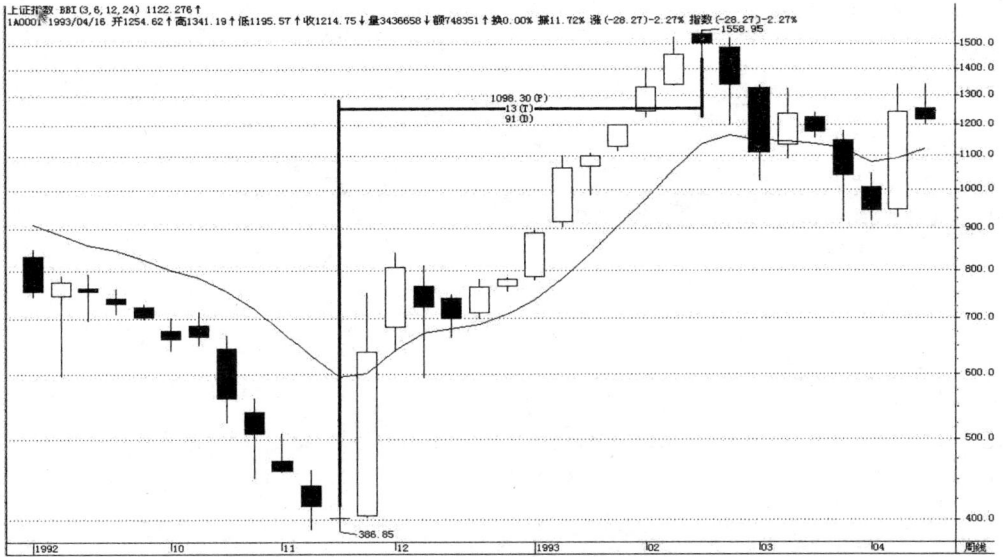

图 5-26 上证指数 1993 年 2 月 14 日至 19 日周线：菲薄那其数列中的 13 确定了顶部

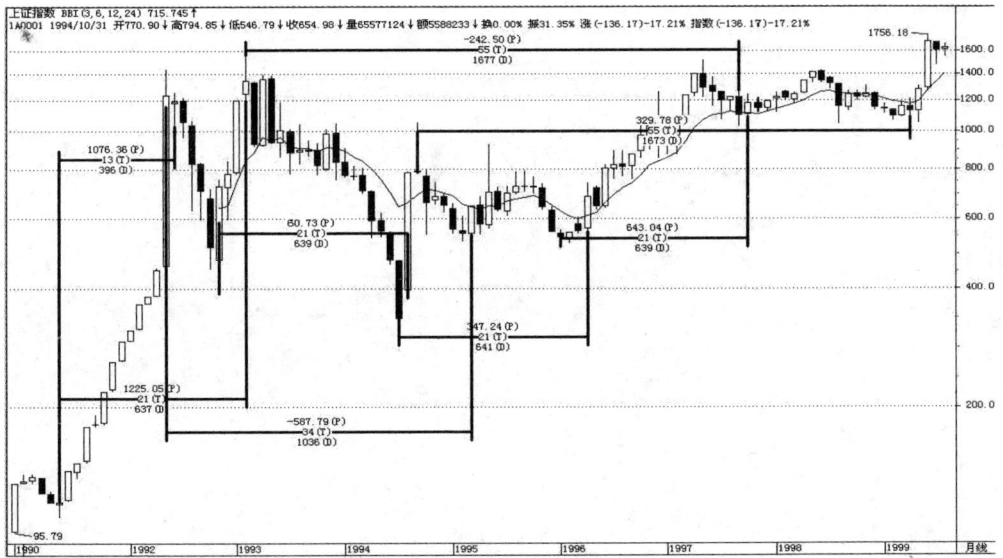

图 5-27 上证指数月线（一）

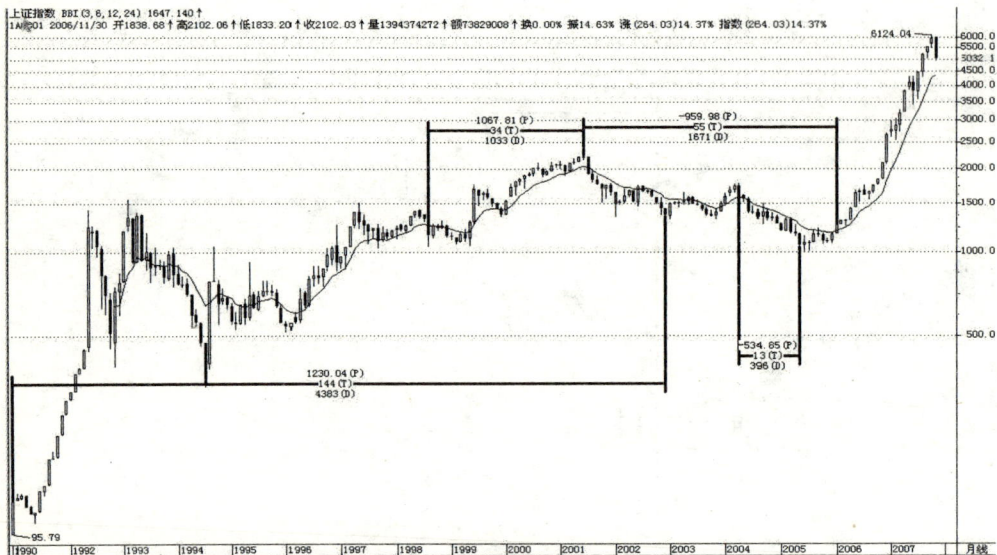

图 5-28　上证指数月线（二）

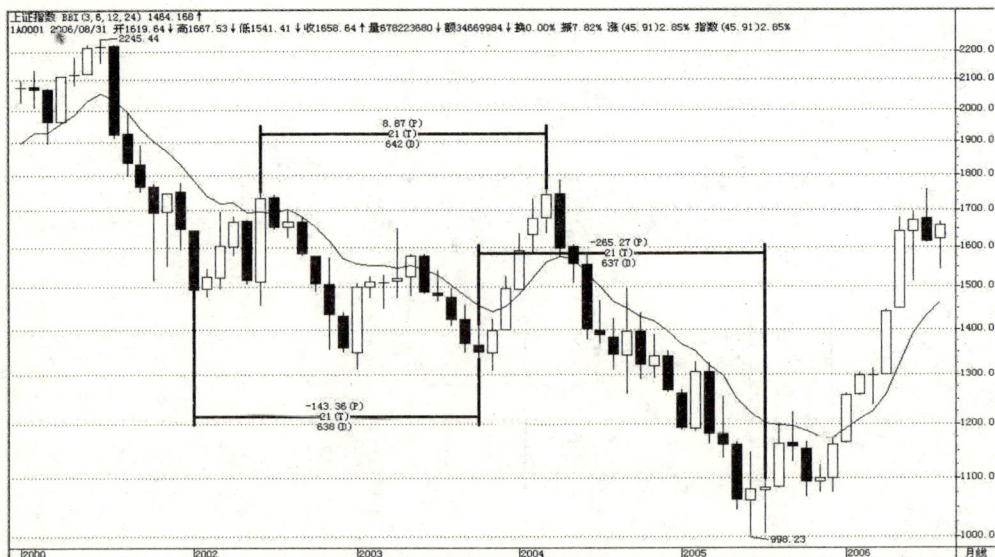

图 5-29　上证指数月线（三）

一、如何寻找菲薄那其周期的拐点

寻找菲薄那其周期的拐点，不同的交易流派有不同的方法，有的简单，有的异常复杂，在本部分中我们只介绍一种简单实用的方法。为什么追求"简单"？因为我们是交易人，在选择交易分析方法时效率最重要。

我们知道菲薄那其数列由下列的一些数字组成：

1，1，2，3，5，8，13，21，34，55，89，144，233，377，…，∞。

该数列中前两项相加等于后面的那个数字。例如：

1 + 1 = 2

1 + 2 = 3

2 + 3 = 5

3 + 5 = 8

5 + 8 = 13

8 + 13 = 21

13 + 21 = 34

21 + 34 = 55

34 + 55 = 89

55 + 89 = 144

89 + 144 = 233

144 + 233 = 377

233 + 377 = 601

⋮

从第 3 项开始，后一项除以前一项约等于 1.618。例如：

3/2

5/3

8/5

13/5

21/13

34/21

55/34

89/55

144/89

233/144

377/233

⋮

这个数列各项间还存在很多的数学关系，这里不一一赘述。据说它是"宇宙法则之一"，这个数列是被昂纳多·菲薄那其的数学家发明的。菲薄那其所发现（有人说是再发现，因为早在希腊城邦时代，毕达哥拉斯就已经发现了）的这个数列是不是宇宙法则，我不敢断言，但是股票交易中我们确实可以经常看到这样的规律。

由于我们寻找周期拐点的目的是发现相对的高点和低点，所以这些相对的价格高点和价格低点便成了菲薄那其周期投射的起点。所谓相对高点和低点不是指某一天、某一个小时或者某年的高点和低点，而是一个显著的价格峰上的高点或者一个显著的价格低谷上的低点。

图 5-30　一个显著的价格低谷上的低点成为菲薄那其周期投射的起点

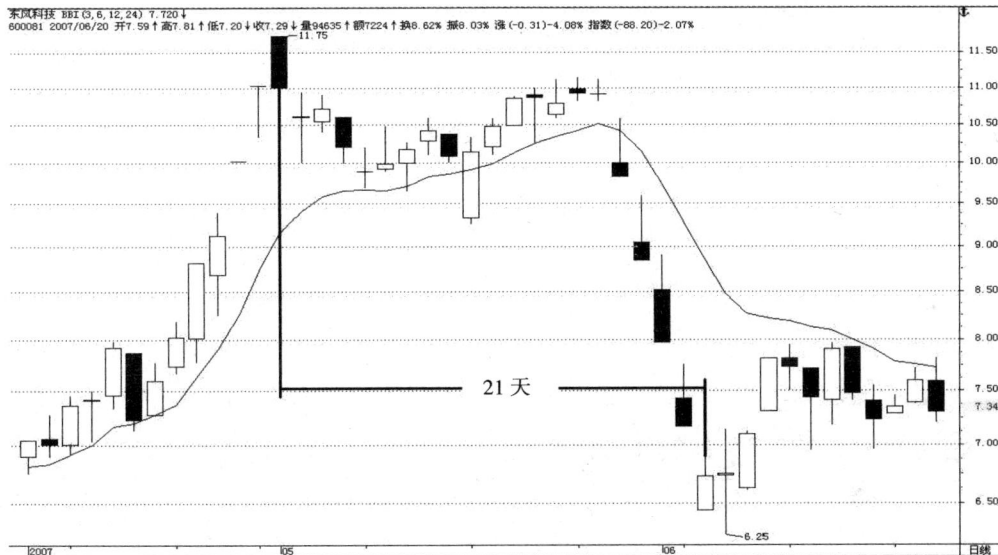

东风科技 BBI (3, 6, 12, 24) 7.720↓
600081 2007/06/20 开7.59↑高7.81↓低7.20↓收7.29↓量94635↑额7224↑换8.62% 振8.03% 涨 (-0.31)-4.08% 指数 (-88.20)-2.07%

21 天

图 5-31　一个显著的价格峰上的高点

二、菲薄那其时间周期拐点的规则

我们可以根据一个显著的峰或者谷来确定未来某个时间位置是拐点。但是，我们却无法事前确认那里是顶部拐点还是底部拐点，而必须结合已知的价格运动趋势，等到逼近拐点时才可以最后确认。如果在逼近我们事前厘定的某个可能的时间拐点时，价格倾向于下降，那么这个拐点通常就是底部拐点，它提供给我们的机会是买入。同样，当逼近这个可能的拐点时，价格运动是上升的，那么我们就可以把它当作顶部周期的拐点，这里就是一个可能的、理想的卖出位置。

菲薄那其周期在大多数情况下是准确的，然而有时也会有例外发生：有时候一个看似拐点的位置却什么也没有发生，或者只是发生了短暂的价格变化然后又重新按照原来的趋势前进。对于这种情况不必大惊小怪，任何交易技术都不能排除这种情况，菲薄那其自然也不例外。如果真的出现这种情况，我们的对策就是止损走人。

小　结

对时间周期循环研究的根本目的在于认识市场结构，发现相对精确的买点区域与卖点区域，从而提高我们的胜率和收益率。在应用周期时，我们必须注意：它确实可以给我们带来很高的胜率，但是它绝不完美，它不可能让我们省略其他技术而单独完成长期、稳定盈利的任务。

第六章　交易信号

打开报价图就要交易，是 100 个或者 1000 个失败者共同拥有的特征之一。这种现象不只表现在一般的股票新手身上，同样表现也在一些号称精通技术分析法则的交易者身上。他们试图从大多数不适合交易的价格运动中寻找看上去对自己有利的机会，甚至会为这种不存在的机会寻找借口。当然，这种行为并不是交易者有意为之，没有谁不想更多、更准确地发现并把握机会。但是，在股票交易中，机会并不是随时产生的，它更多的时候需要我们等待。

那么，失败者为什么一定要随时交易呢？其根本原因来自于内心的焦虑。焦虑产生的原因在于对财富的不切实际的追求，以及在这种动机驱使下形成的恶劣的交易习惯，我称之为强迫型交易者。

强迫型交易者，具有以下特征：

（1）对股票交易有不切实际的财务要求。

我曾经遇到一个朋友，她是一位热情的、有良好教养的中年女士，她希望能和我合作或者让我给她一些建议。我对她说："我想听听你的想法。"她很坦率地说她希望找到一个职业交易人打点她的资金，并而很认真地告诉我，她希望这个人能够每月给她带来 10% 的收益。

看到我表情木讷，她加重了口气："我想 10% 应该是很容易达到的。"

我还是没有反应，依然微笑着倾听。她有些沉不住气了，她说："您的意见呢？"

我告诉她："这个数字太高了。"

她表示吃惊："太高了？每月 10% 还高吗？"

我郑重地告诉她："太高了，高到很少人可以胜任。"

她还是不明白。她告诉我她以前任职于银行，对数字非常敏感，但是她不能理解我的话。我让她了算了一笔账：100万元，每月增长10%，12个月后是多少钱？24个月后是多少钱？36个月后是多少钱？

她有些茫然，说她知道是多少钱。但是她依然强调："不就是这样的利润才会让人们进入股票市场的吗？"她的言外之意是：如果没有这么大的利润驱动，谁会来这里冒险呢？

（2）等待的痛苦。

交易有的时候和钓鱼很相似，埋下鱼饵和鱼钩你的任务就已经完成了一半，剩下的一半则是通过鱼漂来监督鱼是否上钩了。如果上钩，你则需要收杆，否则就要耐心地等待。你不能不断地变换位置，也不能不断地收杆、放杆，更不能看到别人钓上了鱼而戚戚然。

证券交易市场的变化有时很剧烈，每天都会有暴涨的股票。你不能总是把目光锁定在那些暴涨的股票上，而需要关注你准备买入的股票，需要看你准备买入的股票是否出现了确凿的买入信号。你不能因为大盘的上涨而匆忙地买入没有买入信号的股票。大盘在很多的时候可以指引我们正确的方向，但大盘的突破或者暴涨不能代替个股的买入信号，这个原则已经被无数个成功的对冲基金所验证。

对冲基金和传统基金的重要区别之一在于：对冲基金相信个股优先于大盘指数。

一般的交易信号包括三类：价格形态、线的信号、时间信号。

第一节　价格形态
——传统的交易信号

在交易中，没有完美的两全之策。你试图彻底回避风险，也就意味着你彻底丧失了利润。

早 20 世纪初，一个叫沙贝克的美国人在他有限的生命中总结了大量的价格变化特征。在没有电脑的年代，完全依靠手工绘制图，其工作强度之大是我们这个时代的人难以想象的。他活了 39 岁就去世了，然而他总结的那些形态至今却还指导着我们。

一、W 底形态

W 底形态是著名的买入形态。它形成的前提是要有一个足够持久的下跌趋势。这个下跌趋势在 W 底形成前可以用险恶来形容，这个险恶行情创下的低点就是 W 底的左底，然后价格反弹，遭到恐慌盘抛售后形成一个高点 H，然后继续下跌形成 W 底的右底。经典理论认为，在 W 底的右底形成过程中，成交量是放大的，据说原因是持仓者因彻底绝望而割肉，新的买家因机会难得而大量买入。然而在现实中我们看到的则是另外的一种景象。

请看图 6-1。

图 6-1 深长城（000042）

图 6-1 中，深长城（000042）经过了长达数年的漫长下跌后，在 2005 年 6 月和 7 月间构造了一个 W 底形态，2005 年 7 月 19 日价格以向上跳空的方式完成

了 W 底形态。该形态的完成是以突破 W 底颈线为标志的，请看右方的向上跳空缺口。在这个位上，行情突破非常明显和坚定。跳空缺口并不是完成 W 底的充分必要条件，它只表明了该股向上突破的力度很强，在大多数的 W 底向上突破的时候并没有缺口出现。

二、W 底的含义

W 底的经典含义在于一旦这个形态形成，过去的趋势便已经宣告终结，新的趋势已经开始。因此，在传统的交易理论中通常把它归类为反转形态。然而在实际应用中，W 底出现在不同的时间框架内其含义也不尽相同。

W 底的第二个作用在于它给出了一个清晰的买入信号。这也是传统的技术分析者对 W 底推崇的重要原因之一。W 底的标准买入位置处于价格对颈线的突破区。

W 底颈线和测量

W 底颈线是指在两个低谷之间的价格峰值最高点处做出的水平直线，这个直线被向上突破则定义为传统的买入信号。一般而言，价格突破这里之后，价格趋势会持续到 W 底低点到颈线位置的幅度。如图 6-2 所示 ST 寰岛 （000691）的颈线位置是 3.23 元，W 底的低点是 2.67 元，那么，根据测量原则，价格一旦突破颈线通常就会到达 3.79 元。其计算公式是：

目标价格 =（颈线价格 – W 底最低价格）+ 颈线价格

=（3.23 – 2.67）+ 3.23 = 3.79 元

这个测量幅度，在本例中恰好和实际相吻合，但在大多数情况下会有些误差。通常来讲，被认为是这个测量幅度的只是保守的目标位置。当然，也会有例外出现，如果价格不能抵达预期的目标价格，且回调到右底附近，甚至跌破右底，则被认为形态失败，这是该信号的悲哀之处。很多新手看到颈线被突破，便兴致勃勃地买入，以为乘上了黄金之车，随后的形态失败则使他们备受打击。很多人正是因为这些因素从而否定交易技术的有效性。事实上，这种失败在交易中是很常见的，大家在学习交易技术时，不仅需要学习交易技术正确时的使用策略，更需要掌握当交易技术给出错误信号时的策略，这点同样重要。

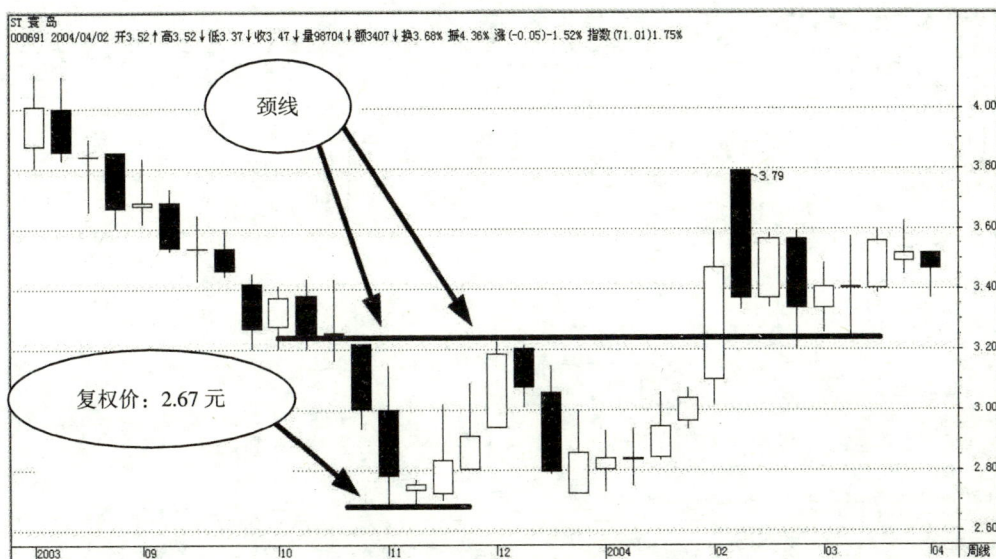

ST 寰岛
000691 2004/04/02 开3.52↑高3.52↓低3.37↓收3.47↓量98704↓额3407↓换3.68%振4.36%涨(-0.05)-1.52% 指数(71.01)1.75%

颈线

复权价：2.67 元

图 6-2　ST 寰岛（000691）

W 底在上涨突破颈线后，有时候在它的测量幅度 0.618 位置便会出现回调。回调通常会停止于颈线附近，并不一定正好收在颈线之上，有的时候会跌破颈线，然后再向上走完测量幅度。交易人习惯称这个向颈线方向的回调为"反敲颈线"。反敲颈线是某些保守的交易人喜欢开仓的位置，他们认为颈线已经被突破，趋势已经确立，在这里买入可以买到一个相对安全和低廉的价格。但是，在实际操作中，交易人还是要承担两个风险：首先，你可能无法等到这个反敲颈线的动作，并不是所有的 W 底突破都有这个动作；其次，这个回调很可能并不是反敲颈线，而是形态失败的开始。

总之，在交易中，没有完美的两全之策。你试图彻底地回避风险，也就意味着你彻底丧失了利润。

三、对买入信号的理解

买入信号只是告诉我们在这里可以买入了，并不意味着在这里买入后价格不会再次低于这个买入价格。

请看图 6-3。

图6-3　S辽国能（600077）周线

　　2005年9月1日，S辽国能以涨停向上跳空的方式突破W底的颈线。当天该股开盘即涨停，该日成交量极端稀少，能够买入成交的股票寥寥无几。2005年9月2日，该股票价格再度以涨停开盘，日内价格剧烈波动，涨停曾被大量获利盘打开，然而市场买气却被调动起来，大量的买盘再度将价格推向涨停并最终以涨停报收。交易技术的规则规定了价格突破颈线时买入，可是这个例子里突破的价格是涨停，也就是说，我们不仅不能在恰好突破的位置买入，且在之后的涨停中买到该股的希望也很渺茫。那么该怎么办呢？是放弃这个机会，还是等到价格再回到这个水平买入？在这里，交易技术的规则需要灵活运用。

　　经典买入信号的含义是突破了颈线就可以买了，并不是告诉我们只可以在突破的那个点上买。卖出也是如此。我认为投机和投资的区别在于：投机是指投资在某个适当的时机和适当的价格；投资则是投资于某个标的物并长期持有。

　　所以，当买入信号给出的时候，下注的机会已经降临。在这个机会区域内，价格与信号点远近一般不影响买入信号的成立。除非，价格远离买入点在15%以上。

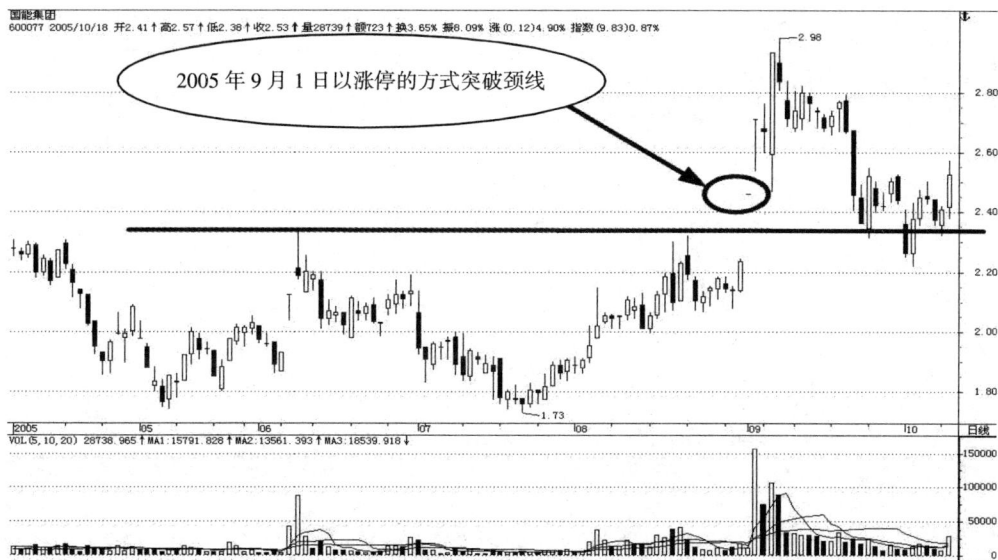

图 6-4　国能集团（一）（600077）

在图 6-4 中我们看到周线的买入信号集中于 W 颈线的区域。在日线上，这里则更为清晰，一些被周线所忽略的细节暴露出来了。2005 年 9 月 1 日是颈线的突破日，7 个交易日后价格在 2005 年 9 月 8 日抵达测量位置，完成了 W 底的测量。很多人错误地认为，W 底完成测量后，它就失去了意义，事实上这只是个开始。2005 年 10 月 28 日，该股票价格跌破 W 底颈线，2005 年 12 月 6 日价格继续深入 W 底内部创出突破以来的新低。到 2006 年 2 月 6 日，价格始终以颈线为轴心震荡。2006 年 2 月 6 日价格再次回到颈线之上，这里给出了一个新的买入信号，之后我们看到价格便扬长而去，一路走高。

总结这个案例，我们可以得到如下结论：

（1）颈线突破，宣告了价格趋势向上。

（2）突破的水平位置是买入信号。

（3）买入后，价格有可能跌破颈线，并深入到 W 底内部。

（4）只要 W 底颈线被突破，这个形态就是有效的形态，它指示的方向也长期有效，除非出现了新的向下的形态信号。

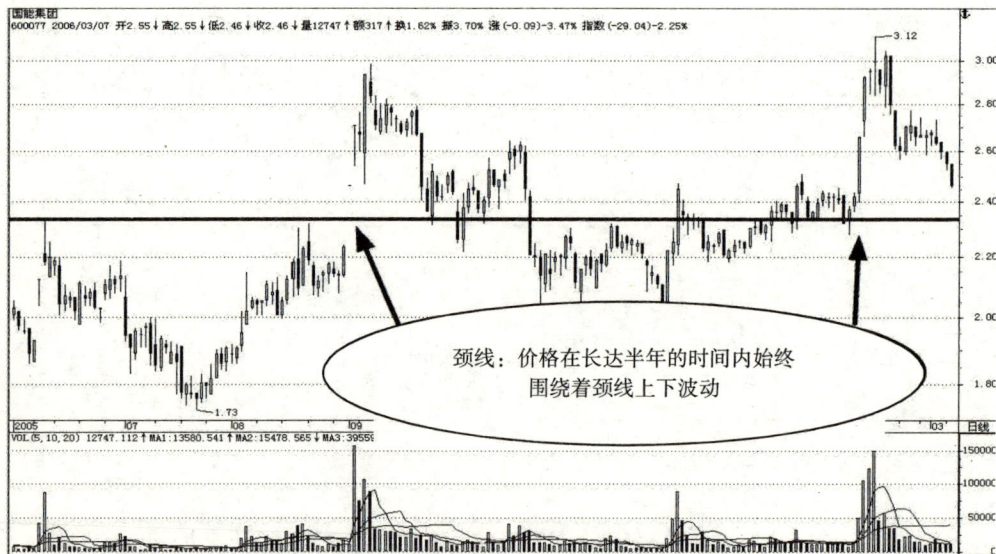

图 6-5　国能集团（二）（600077)

四、不规则的 W 底

W 底并不是真的像一个 W 那样对称，在很多的时候它们看上去并不美观。有的时候左边过大，有的时候右边过大；有的时候左边的低点会比右边的低点低，有的时候则恰恰相反。在实际交易中，两底相等的时候是比较少见的。不管怎么说，只要之后价格向上突破了颈线，经典理论就可以断言 W 底形成了。

五、M 头

M 头又被称为双顶形态，它通常位于一段足够持久的上升趋势的末端。M 头同样有一条颈线，这条颈线处于双头高点之间的那个价格低点的水平位置。经典理论认为，价格只有跌破颈线，M 头才能宣告成立。在形态性质上，人们喜欢将M 头归类为反转形态——上升趋势的结束形态。所以，当价格跌破颈线的时候，原来持有头寸的买家就开始在这里平仓了结头寸。

请看图 6-6。

图 6-6　宝钢权证（580000）日线上的 M 头形态

在图 6-6 中，在右侧顶部形成的时候，价格最初表现得非常强劲，5 月 29 日该权证大涨 30%多，成交量急速放大，到收盘时，换手率高达 204%。巨量配合巨阳，市场人气空前高涨，然而次日价格便跌去了 11%。

有经验的交易人总喜欢相信顶部形态的有效性，甚至有很多人在没有跌破颈线的时候便了结头寸。这时，他们倾向于宁可信其有，不可信其无。这么做的好处是显然的，可以保有顶部到颈线这段利润；其不好的地方也非常明显，因为有的股票只是虚晃一枪，在颈线处不下反而上了。

M 头在跌破颈线后，有时也会出现一个反抽颈线的动作，这里被称为最后的逃命位置。在跌破颈线的时候，没有来得及逃跑的人可以利用这个位置平仓。值得注意的是，这个反抽动作并不是必然出现的，同 W 底一样很多时候它并不出现。所以，当 M 头跌破时候，持仓的朋友不要去有意等待这个反抽动作，应该在第一时间内平掉头寸。

六、头肩底

头肩底是经典理论中最重要的一个形态之一，这个形态形成的原因非常复杂，不同流派的技术分析者会有不同的诠释。在实际交易中，我们没有必要一定

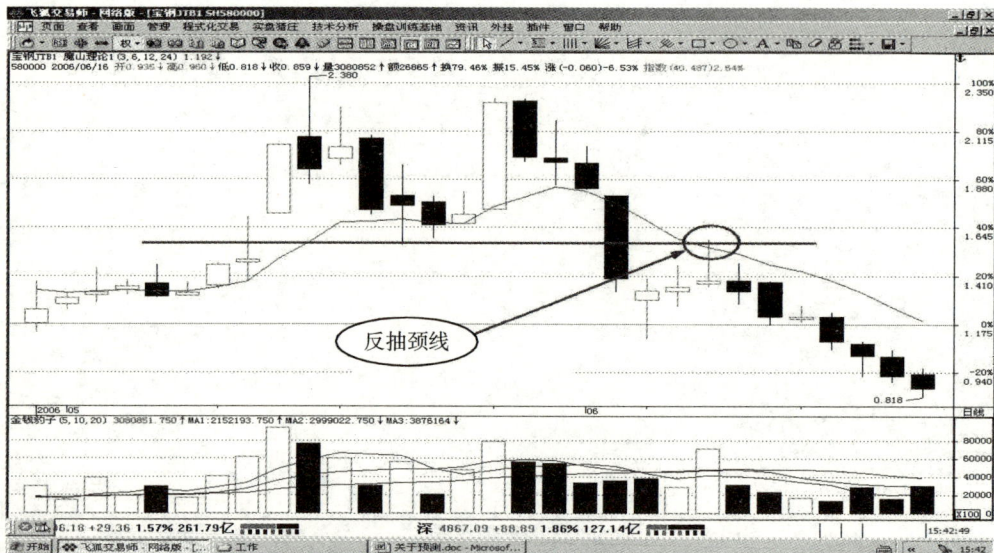

图 6-7　宝钢 JTB1（580000）

穷尽它形成的原因，只需关注这个形态就够了。

请看图 6-8。

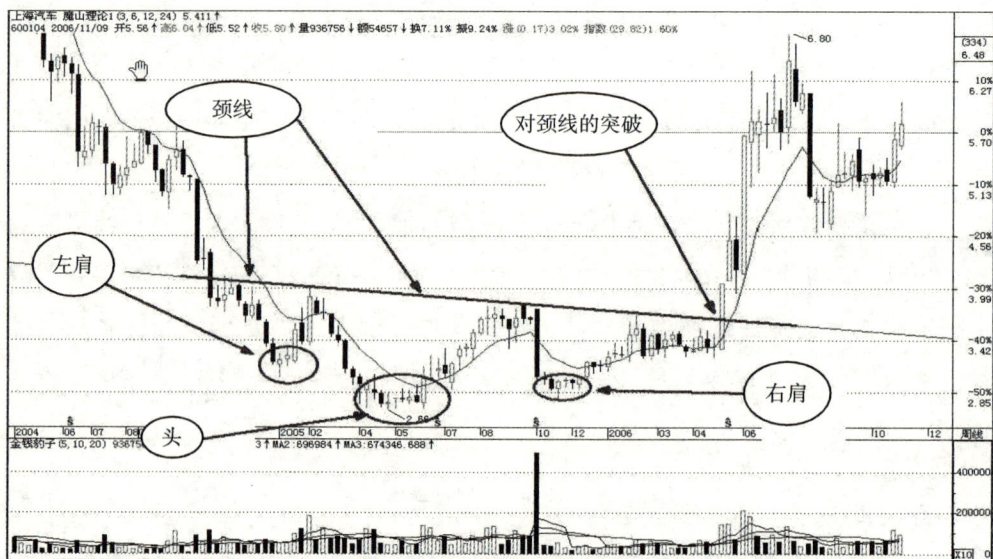

图 6-8　上海汽车（600104）

在图 6-8 中，这只股票价格首先向下形成一个低点，之后反弹，到此左肩形成。在这个过程中，市场依然弥漫着看空的气氛。在较大的抛压下价格会迅速走低并跌破左肩的低点，这个时候市场会变得非常沉闷，价格创出的新低导致人气异常低迷。

然而，伴随着人气的低迷，下跌的价格趋势开始变得缓慢，一连串细小的波动导致价格缓慢爬升。在这个过程中，换手率逐渐加大，当价格接近前个高点时，最倒霉的多头止损盘出现了。这些人基本上是经历了漫长下跌过程的套牢族，现在他们认为这次反弹会和以往一样昙花一现，所以他们开始迫不及待地割肉止损出局。当这轮抛售完成后，便开始构造右肩工程了。

右肩的形成过程中，非理性抛售已经越来越少，因此买盘不得不提高报价来获得筹码，当这个过程盘桓的足够长的时候，价格便进入了突破阶段。一般而言，突破颈线的时候成交是巨大的，价格涨幅也是相对较大的，行情显现出久违的力度。这里的力度之所以大，是因为不断涌入的买盘快速消化相对较大的抛盘的结果。一旦这个临界点降临，挤车效应就会出现。

头肩底的颈线

头肩底的颈线和 M 头、W 底的颈线不同。头肩底的颈线通常是倾斜的，完全水平的颈线是非常罕见的。当颈线被突破后，一个典型的头肩底形态就形成了。

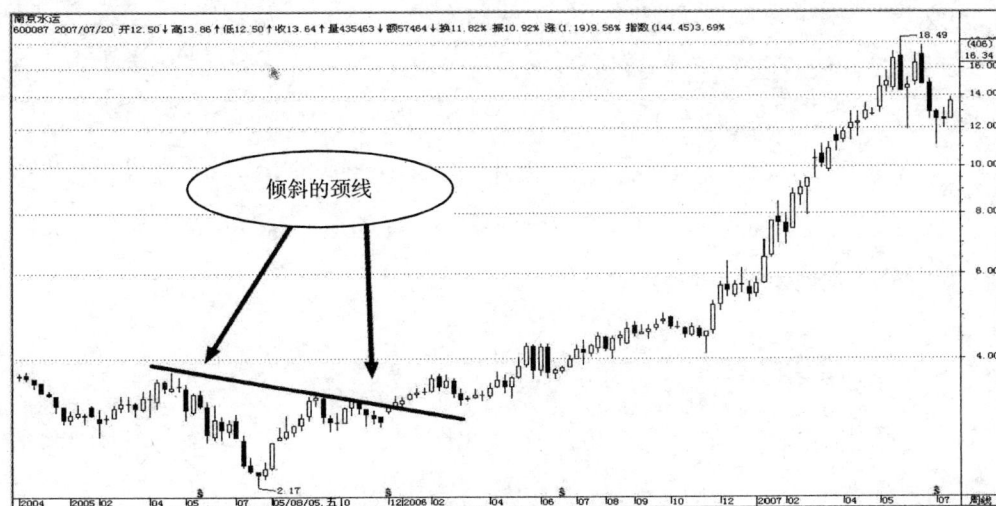

图 6-9　南京水运（600087）

七、头肩顶

同头肩底对应的是头肩顶。头肩顶出现在顶部，它的左肩、头部、右肩恰好和头肩底互为镜像。

图 6-10　歌华有线（600037）

头肩顶也是以跌破颈线作为形态完成的标志。图 6-10 是歌华有线的日线图，10 月 10 日价格跌破了颈线，之后价格在这里出现了上下震荡，这种震荡是最具蛊惑的地方。一般持有头寸的人，会在这里举棋不定：从形态的角度看，已经完成；但是从盘面上看，似乎行情还有希望。跌破颈线后的 10 月 11 日，这天价格非但没有下跌还以强劲阳线报收。请大家牢记这样的形态细节，在实战中一旦出现这种格局，我们必须坚决走之。

八、三角形

三角形是重要的图标形态，也是行情中出现最多的形态。这个形态归纳起来可以分为 6 类：上升三角形、下降三角形、对称三角形、上升楔形（向上斜三角形）、下降楔形（向下斜三角形）、扩大喇叭形（倒三角形）。

（一）三角形的构造

（1）三角形由两条边组成，且两条边向右呈收敛状态，扩大喇叭形除外。

（2）三角形的上边必须连接两个峰值的顶部。

（3）三角形的下边必须连接两个价格波谷的底部。

（二）三角形形态的分类

（1）上升三角形：该三角形上边倾向于水平状态或者接近水平状态。如图6-11所示。

图6-11　楚天高速（600035）

（2）下降三角形：该三角形下边倾向于水平状态，或者接近水平状态。如图6-12所示。

（3）对称三角形：又称等腰三角形，两条边基本是倾斜的且向中间收敛。如图6-13所示。

（4）上升楔形：又称向上斜三角形，顾名思义，就是它的上边和下边都向右上倾斜收敛。如图6-14所示。

（5）下降楔形：下斜三角形，它的上边和下边均向右下倾斜收敛。如图6-15所示。

图 6-12　B 股指数

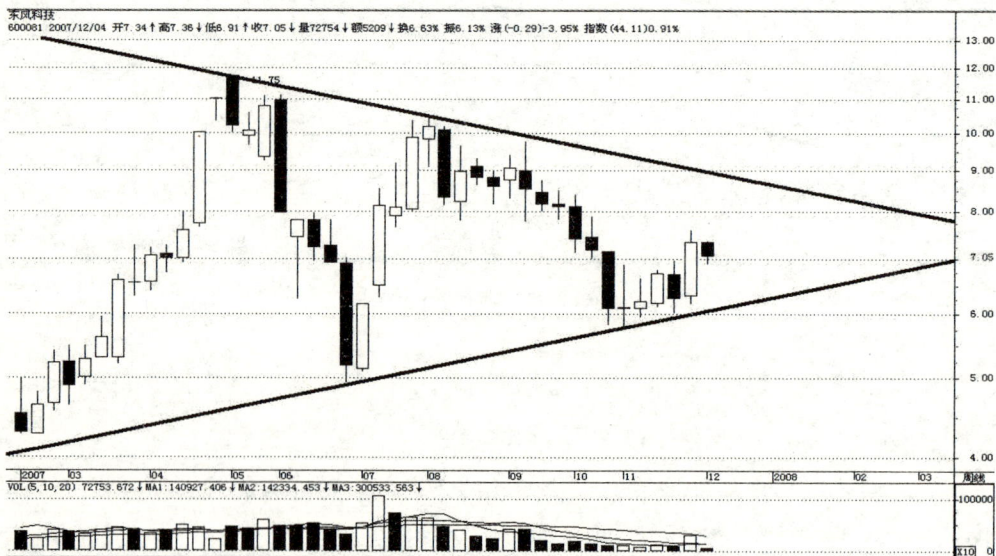

图 6-13　东风科技（600081）

图6-14　首旅股份（600258）

图6-15　浦发银行（600000）

（6）扩大喇叭形：又称倒三角形，它和一般三角形正好相反，它的上边和下边不是向右收敛而是扩散的。

（三）三角形的测量

所有的三角形形态都具有测量意义。

（1）价格向上突破三角形的计算公式：

目标价格=形态最宽处的高点-最低点的价格-突破位置的价格

（2）价格向下跌破三角形，计算公式：

价格目标=跌破处的价格-形态最高宽处的价格-最低点的价格

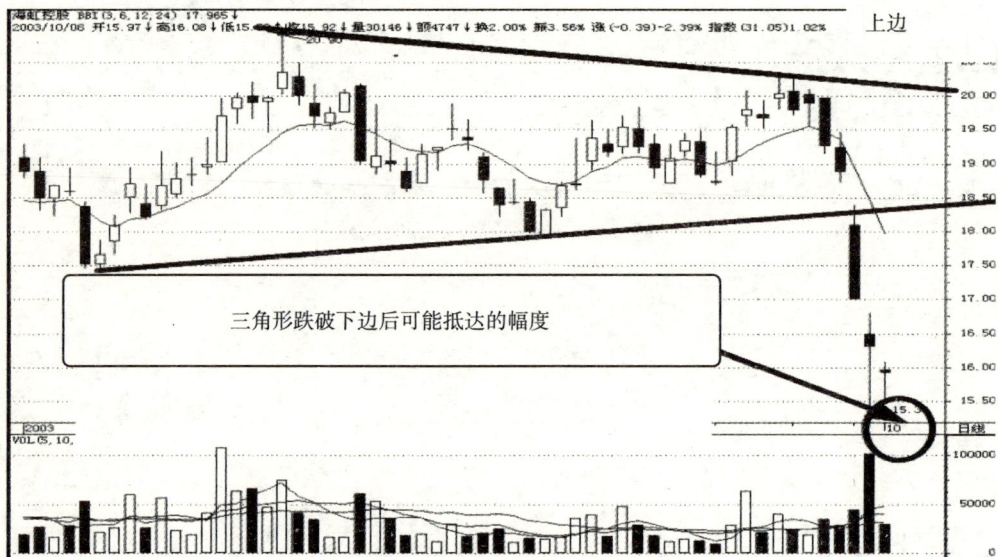

图 6-16 海虹控股

形态要义

形态的对错都可以给我们提供证券市场的线索。形态本身最重要的意义在于：可以给出一个明确的买入信号或者卖出信号。这类信号无论对错，对于交易者而言都是非常有益的。

以头肩顶为例，当价格跌破颈线的时候，我们离场，等待价格继续下跌，直到新的买入信号出现。这是我们交易的一般态度。然而，有的时候当我们卖出后，价格并没有跌到预期的测量目标反而开始反弹，这种反弹的高度超越了头肩顶的头部。这个时候，这个超越意义同样重大，它表明市场还要继续向上，从而给出我们一个新的入场理由。

第二节 线的信号

所有的交易人都要经常实践应用这个模式：判断—买入—平仓或止损。判断买入是我们给市场的话语，要让市场评价。市场告诉我们对了，就平仓；市场告诉我们错了，就砍仓止损，这才是顺应市场的交易。

线的信号包括一般的直线——趋势线（后文将有详细论述），这是我们最常见的信号之一。趋势线不仅有描述趋势的功能，还是重要的交易信号。

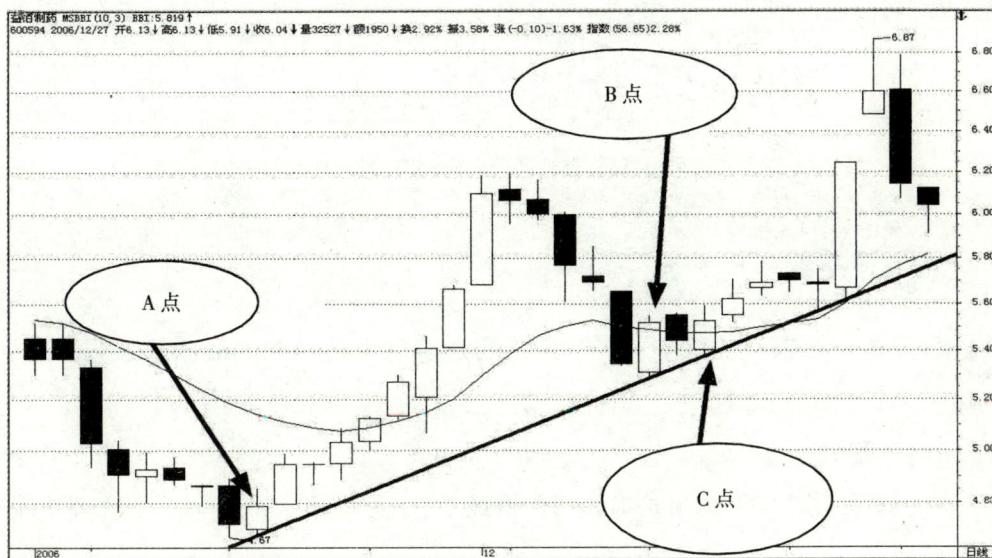

图6-17 益佰制药（一）（600594）

在图 6-17 中，当 A 点、B 点出现后，我们就可以连接它们当日的最低价格形式一条向未来延伸的直线。一旦价格再次碰触这条线时，就给出了 C 点，C 点是买入信号。买入后，只要价格不跌破这条线我们就持有，直到卖出信号出现。

在图 6-18 中，卖出信号和买入信号应用的原理是一样的，只是卖出信号使用的是最高价。已知高点 e、f，做直线且向未来延伸投射，当 g 点出现后，则是卖出信号。

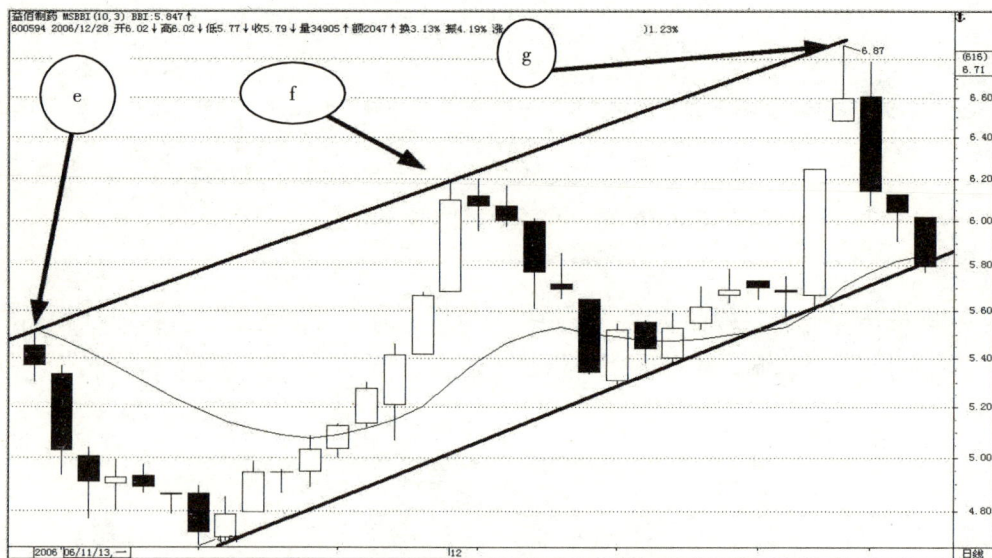

图 6-18　益佰制药（600594）（二）

一、反压线

反压线和一般趋势线不一样，虽然它连接的也是两个价格低谷中的低点，但它的方向是"左上右下"，也就是说，C 点出现的位置通常低于 A、B 点，如图 6-19 所示。

在线的使用中，买入价格离止损价格最近，离卖出价格最远。这个原理使线成为简单且有效的获利工具。

关于线的争议颇多，最大的质疑来自一些毫无交易经验的而且一生都不准备进行交易的金融专业毕业的股票"帮闲"。这些人喜欢对所有的事情说东道西，

图6-19　中金岭南（000060）

他们的基本观点：线作为买入信号来说，胜率过低，所以线是伪技术。

二、支撑与阻挡

在几乎所有的技术分析理论中，人们始终关注的重要问题之一是支撑和阻挡。支撑和阻挡决定了交易的买卖价格的最终确定。

那么，支撑与阻挡是怎么出现的呢？一个既成的趋势或者说价格运动是出现支撑和阻挡的前提，没有这个价格运动就不可能有支撑或者阻挡，无论这个价格运动是在多么细微的时间尺度内出现的。

支撑和阻挡是指价格上升或者下降运动中的短暂间歇或者单位时间内速度的终点。支撑和阻挡代表并反映了价格运动的空间特征：斜率和水平。价格运动总是以一定的角度向上和向下伸展，即便出现了崩盘的情况也不例外。由于这种价格变化斜率的存在，一种随时间变化而变化的直线或者指向未来的射线就成为一种最为常见的支撑线：趋势线。

（一）趋势线

趋势线的标准定义：界定一个价格运动速度的射线。

图 6-20　浙江阳光（600261）

趋势线的种类：

一般而言，趋势线是指上升趋势线、下降趋势线和标记水平横向价格运动的趋势线。但在实际应用中，趋势线在这个基础上衍生出了更多的种类。

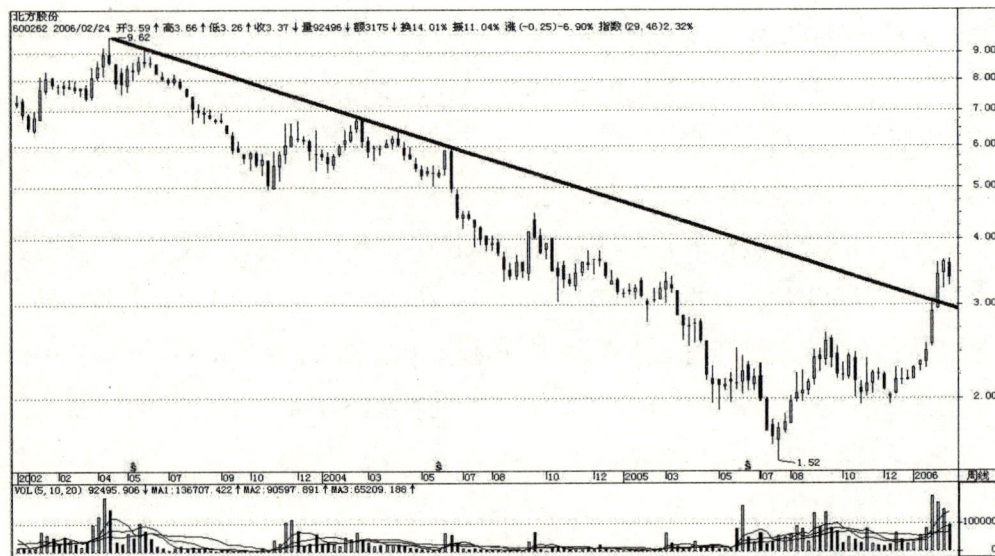

图 6-21　北方股份（600262）

上升趋势线：价格在向上加速时候，标记其上升速度的射线。通常连接的是两个底部的点——最低价格。这条趋势线具有方向和斜率。

紧密上升趋势线：有的时候也叫加速线。它标志着价格脱离了原有的上升趋势线。价格有的时候会持续加速，这样我们就可以连续绘制一系列陡峭的趋势线。这些陡峭的趋势线可以及时平掉我们获利的头寸。例如，我们在 10 元购进了 1000 股股票，之后价格开始上升到 11 元，最高上冲到 11.20 元之后开始回调。在这个过程中我们什么时候平掉这个获利的头寸呢？

紧密趋势线告诉了我们具体的卖出价格和卖出时间。

请看图 6-22。

图 6-22　外运发展（600270）

趋势线的根本含义是告诉我们价格可能的停留点和回落点，这些点就是所谓的支撑与阻挡。支撑点成为买入的重要依据之一，单位时间的底部就是在这样的支撑上出现的。一旦出现了这样的价格点，而未来的上升空间允许，那么就满足了我们的交易条件。但是，什么样的上升空间值得我们交易呢？在 A 股市场中，一个支撑点离下一个支撑的距离与最近的阻挡的距离的比例应该为 1：3 到 1：4，这样的空间才是值得我们冒险的空间。同时，单位时间必须要跨越一个交易日，在一个交易日中出现这样的空间是没有意义的，因为中国现行的交易规则不允许做日内交易。

支撑和阻挡并不是永远有效的，它受制于更高层次的时间循环和价格波动。在月线的上升趋势中，阻挡的力量很小；在月线的下降趋势中，支撑的力量也会变得脆弱。支撑和阻挡的角色经常可以互换。这种互换是在支撑被跌破，阻挡被涨破的时候出现的，也就是说，原来的支撑变成了阻挡，原来的阻挡变成了支撑。支撑和阻挡出现在不同的时间尺度的图中的含义也有本质的区别。

（二）长期图中的支撑和阻挡

长期图中的支撑和阻挡被击穿，通常意味着一个较大的上升速度和下降速度出现了。这种速度体现在时间和价格上，在时间方面可能意味着数个月或者数年，在空间上可能是30%或者50%的回调与上升。当股票击穿月线支撑的时候，对策是立刻砍仓出局。

图6-23　上证指数

之后寻找趋势的转折点，这个转折点将会在可能的阻挡处出现，然后利用这个短暂的转折点进行短线交易。这里有两点需要重视：

第一点，短暂的转折点只适合小规模的资金介入。

第二点，短暂的转折点的行情不会持续太久，它和突破到当前的时间幅度、价格幅度呈一定比例关系。例如50%的时间幅度的回调和50%的价格幅度的回调。此刻不要在乎市场其他人士的意见，也不要关心来自管理层面的意见，这些看法是无关紧要的，你需要的是短期获得利润。

在这一点上，我们的观点和经典的观点是相冲突的。经典的观点认为在这个时候需要观望，即所谓不要逆市场交易。我个人认为这种观点充满了谬误。它的谬误在于：如果市场有10年的上升，那么6个月的回调究竟是熊市呢还是牛市呢？如果是熊市，那么10年的牛市说法就不成立了；如果是牛市，那么利用这种回调交易难道不是顺势交易吗？所以，魔山理论认为证券市场的牛市、熊市划分必须以单位时间为前提。只要在短暂的转折处发现了这种上升的冲动而且这个冲动可以有一定的盈利空间，我们就可以采取行动。

这种操作可以一直持续到价格停留在一个重要的历史性的支撑位置上。例如长期的趋势线，这个时候需要修正我们交易的节奏，需要结合时间周期进入持仓时间略长的模式，以便更好地猎取利润。这个时候的市场环境相当险恶，你会听到或者看到各种不利的传言和信息，媒体也会开始出现对管理层错误的指责（其实管理层在这方面真的很无辜），权威的经济人士也开始对恶劣的股票行情担忧起来。这些特征未必一定能带来显著的牛市，但他们透露了市场大众的普遍的心态。否极泰来，这种事物的运动规律在股票市场中被表现得淋漓尽致。这个时候必须拒绝这些声音给你带来的影响，而你需要关注的第一个问题就是——支撑。看价格是否触及了月线的支撑，如果触及了，你就需要采取行动，结合时间周期制定你的交易策略并执行你的交易计划。

1. 月线重要支撑处的买点特征

（1）月线的支撑是可以期待的。因为无论是百分比线提供的支撑还是趋势线的支撑，都可以通过历史的K线走势投射到未来。

当价格触及或者接近月线的支撑时，经典理论所说的一些见底特征并没有出现，人们很难通过技术指标和其他变化来发现这种动态。在这个时候买入不需要其他技术的支持，你可以把这个时候当成一次理性的"冒险"——我们要习惯在这个区域里开仓买入，重仓买入。

这里值得注意的是，买入后止损的设定。止损是我们在这里冒险的一个前提。在交易中感觉的风险和实际的风险是不同的，感觉的风险来自于外界和自己之前的交易结果；外界对交易人的影响是潜在的、无形的，当你接收到了外来的他人的建议时，你可能在意识层面上并未察觉，但是事实上你已经接受了。很多的个人交易事件都证明了这一点。

（2）月线的成交量开始相对的萎缩。月线成交萎缩的重要原因：市场中的空方继续看空，而被动持有股票的人已经彻底绝望，这种绝望让他们麻木而不再理睬持有的股票或者是悲惨割肉。而场外开始有人动作，但比较谨慎，他们建仓的步伐是缓慢的、充满疑惑的。这一切导致了价格的持续低迷。

当然，也有例外，请看图 6-24。

图 6-24　大盘月线 2 波周期在长期趋势线上的拐点，这个拐点处的成交明显放大

（3）月线的底部通常也是一些重要时间周期的底部。很多股票的时间已经先后见底，但是见底并不意味着立刻爆发，这个过程至少需要一个新的上升周期出现。

（4）价格有的时候会出现剧烈波动。这种波动产生的原因在于有的人在黎明前的黑夜里绝望地孤注一掷地砍仓。在这之前他们已经付出了太多的耐心，但是他们期望的上升始终没有来临，而市场的买气却异常的低迷，以至于他们想在一个看上去合理的价格平仓都成为极为困难的事情，所以他们失去了耐心，用向下砍仓来宣泄心中的愤怒、悔恨和自责。这种低价的筹码很快便被空仓已久的等待入场的资金所吃掉，在这个时候投资资金也开始了动作，所以出现了短暂的追捧，直到投资资金的空间出现，那些短线投资者到了预期的价格便开始了平仓，而原来没有平仓的人以为新的下跌运动再次成为未来趋势的主流，真正的恐慌便伴随着投资获利盘的涌出而涌出。价格在这个时刻出现了一个较大规模的单位时间的底部。在这个底部，多空分歧非常的大，一旦这种格局形成，只要多方的买入要求大于卖出要求，价格就会出现持续地上涨。

在这里，我无意否定价格后面隐藏的各种消息的作用。我所否定的是，这些消息不可以作为我们决策的依据，因为我们无法事前了解到这些消息及其作用。月线上记录出的这种波动是长长的下影线和一切支撑的接触。

当然，在月线的支撑处买入并不是万无一失的。交易中没有"绝对安全"这个词汇，对于技术型的交易者，月线支撑的买入只是相对其他技术交易信号而言胜率更高。在这个时刻，止损是必要的。所有的交易人都要经常实践应用这个模式：判断—买入—平仓或止损。判断—买入是我们给市场的话语，要让市场来评价。市场告诉我们对了，我们就平仓；市场告诉我们错了，我们就砍仓止损，这才是真正地顺应市场的交易。

2. 月线上的菲薄那其价格回撤线

菲薄那其回撤线又称百分比线。在一些交易技术人士的眼中，历史的高点和低点构成重要的支撑和阻挡水平，将二者之间的垂直距离按照菲薄那其数列切割成若干等份，那么每等份的水平线就是一条重要的支撑和阻挡水平线，价格在回调的时候倾向于在这里徘徊或者反转。与其类似的是江恩的八分线。江恩并没有明确指出如何应用八分线，而只是模棱两可地告诉了我们这样的一个思路。但是这个思路非常重要，它与周期结合起来就基本上可以确定一些重要的价格、时间坐标，这些坐标就是魔山理论通常说的交易拐点之一。

（1）百分比线的含义。百分比线实际上构造了一个大的摆动指数。这个摆动指数有上下两个边界，上边是历史的绝对高点，下边是历史的绝对低点。在这个

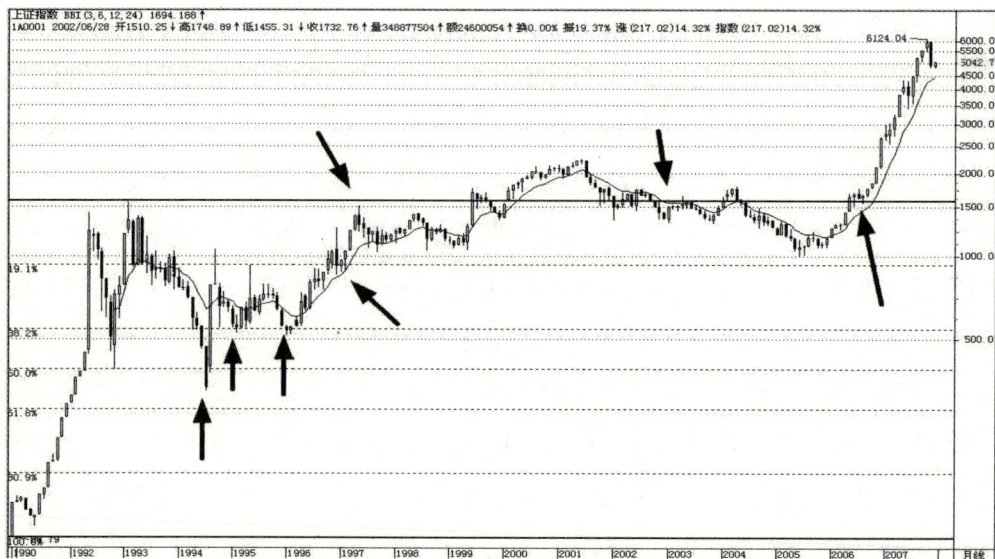

图6-25　上证指数，月线，半对数坐标：箭头所指均为重要的菲薄那其支撑或阻挡

区域中，50%线作为零线。当价格在零线之上的时候，意味着当前的整体趋势依然处于强势中；而当价格跌破零线的时候，价格开始进入低迷阶段；如果价格跌入到0.191位置附近的时候，价格处于筑底阶段；当价格打破100%位置，价格则进入了整体时间单位的熊市。

（2）百分比线边界的被突破。百分比线上下边界被突破，通常预示着市场格局的重大调整。一种情况是市场进入了新的重要的价格运动，这种情况出现的时候，价格通常位于百分比线的顶部区间或者底部区间。

（3）顶部区间的突破。在顶部区间，价格在月趋势线的加速线上端，突破的时候会非常的猛烈。这种猛烈伴随着大的交易量出现，强烈的套现冲动和强烈的入场冲动在这里激烈的交锋。在这种冲动的交锋中，多头占了上风，出场的人反过来又加入了多头的行列。这个时候很少有人再考虑自己是投资者，只要买入就会赚钱的盈利效应已经完全冲昏人们的头脑。

2000年、2006年到2007年5月前，市场就是处于这样的极度亢奋中。当价格出现新高后，原来的上边界成为重要的支撑带，而新的上边界将移至新高点。这时候，原来的百分比线会得到新的修正，旧有的回档支撑和新的支撑共同构成这个向上的价格运动。在这个时候，价格依然处于一个危险区内。价格无论是创出新高还是在新的上边界下徘徊，都表明了价格处于一个单位时间内的高位。这个单位时间是指股票上市以来的全部历史，因为你评价的是当前价格在整个历史时间内的空间位置。那么，是不是当价格处于这个相对极端位置的时候我们就应该停止操作了，等到它回到起始的位置再进行操作呢？答案显然是否定的。没有人会有这样的耐心等待价格经过 5 年或者更长的时间回到 50% 的位置再行买入，而且股票市场中这种回归通常很少出现。所以，传统的所谓跟随大的趋势交易是站不住脚的，这个时刻我们需要的是缩短单位时间。

（4）底部边界的跌破。在 A 股的大盘指数上，还没有出现过百分比线的长期底部被跌破的情况，但是在个股中却不鲜见。如图 6-26 所示。

图 6-26　浙江阳光（600261）

浙江阳光在 2000 年 7 月 31 日上市之后一路走高，2001 年 6 月达到最高价格 25.78 元，随后便一路下行，2001 年 10 月创出新低。进入 2002 年该股依然以下跌为主，2002 年 9 月跌破百分比线下轨，然后熊途漫漫，直到 2004 年 8 月才在其历史最低点停住脚步。

美罗药业（600297）也属于这一类型，如图 6-27 所示。

图 6-27 美罗药业 (600297)

我不知道那些试图进行长期投资交易的人，遭遇到这种股票时会在哪里建仓和平仓。按照他们的理论来看，这些股票已经严重超跌了，但是在 2004 年以前，它几乎每天都处于超跌的状态中。类似的股票还有很多，这种持续超跌的股票在很长一段时间内是不会给买入者带来好运的，尤其是那些倡导长期持有的买入者。

我们的办法是：一旦遇到这样的情况，应该果断地止损离场，准备下次投机活动，而不要被目前的交易失败所干扰。

3. 月线支撑也有陷阱

很多人问我："月线上的支撑是不是更稳定、更可靠？"我告诉他们："是的，但是这里依然会有意外出现。"

在过去的历史图中，月线的收盘价格跌破重要支撑线的事情不是没有发生过的。1994 年 7 月大盘开盘后便开始持续跳水，在 7 月底价格实实在在地跌破了1558.95 到 95.79 的百分比线的 50% 位置，并坚定地收在这个位置的下方。当时的情况简直可以用窒息来形容，长达 18 个月的下跌已经粉碎了所有的所谓长期投资者的信心。利用颈线进行狙击的投机盘也被震出了市场，7 月下旬价格不仅跌破了这个重要的支撑，还有两个技术特征令人胆战心惊：

月线出现了一个长期 M 头。M 头的左头是 1992 年 5 月形成的高点，右头则是 1993 年 2 月形成的高点，它的颈线位置在 1992 年 11 月的最低点 386.85，而 1994 年 7 月的收盘为 333.85。按照传统的价格形态的测量，价格最保守的下跌空间也有 1000 点，也就是说大盘跌到零的时候，还没有完成 M 头价格测量的保守幅度。因此，当时证券市场中充满了崩盘的绝望气氛，市场中的成交量也萎缩到 18 月个以来的地量水平 。如图 6-28 所示。

图 6-28　上证指数

然而市场就是这样的奇妙，崩盘没有出现，相反在进入 8 月后，大盘却一路走高，形成一波强大的井喷行情。这种情况虽然不多见，但足可以令一些不精通交易技术的人永远远离交易技术。这个印象太深刻了，他们的确有理由怀疑交易技术，他们会把它作为一个典型的案例告诉别人和自己：看，这就是技术分析。

交易技术确实存在着这种尴尬。有些时候，尽管我们用尽了心机，但依然遭到打击，而且这种打击令人绝望，但当我们从这种打击中站立起来并清醒地进行反思时，就会发现：即便存在着这样的缺陷，交易技术依然可以给我们带来丰厚的利润并把亏损限制在最小。

4.月线支撑的应用

月线支撑单独应用的意义不大，它必须和周期结合在一起应用才会产生效果。月线支撑告诉我们的只是价格长期的上升速度的减速区域和新的加速区域，其本身并不能提供精确的买入价格。月线支撑告诉我们的价格幅度是以一个月的最高、最低幅度为限的，也就是 20 个交易日的波动幅度，在这个幅度中进行交易同样会产生亏损。所以，月线不是告诉我们具体买入价格的工具，而是对整体市场的价格运动速度的评价，或者说是对整体市场风险度的评价。

5.月线的阻挡

主要的行情启动通常是以收盘价格决定性地突破月线的阻挡为标志的，在突破的时刻成交会骤然放大，主动性买盘触发了主动性卖盘，多空的交锋使成交不断地堆积，而最终主动性卖盘萎缩直到消失，多头占据了主动。这样，图上便留下了所谓量增价升的痕迹。从多空博弈的角度看，月线收盘价格的突破是我们站队的标志，这种情况一旦出现，通常意味着多头暂时取得了胜利，我们加入多头的行列也就成为自然的事情了。

（1）阻挡的类别。主要下降趋势线是我们经常遇到的重要的阻力线，它通常来自于一个重要的顶部和一个次要的顶部的连线。如图 6-29 所示。

图 6-29　长航凤凰（000520）（一）

图 6-29 中的这条趋势线阻挡了绝大多数的向上的价格冲动，包括一些跌幅深远的小的单位时间尺度的价格波动。但只有一次价格突破了阻挡，这样的突破就是买入信号。

在上升趋势中，顶部和顶部的连线是经常被人们忽略的阻挡线，这些阻挡线未来的延长线通常可以成为重要的平仓标志。同时，重要的顶部的水平线告诉我们，在下个周期中这个位置以上是高价区，高价区通常意味着平仓而不是买入。当时间拐点在这条线之下与价格支撑契合后，新的买入区就会形成。

一个显著的价格顶部的向未来的水平延长线也是重要的阻挡位置，价格倾向于在这里停留后折反。

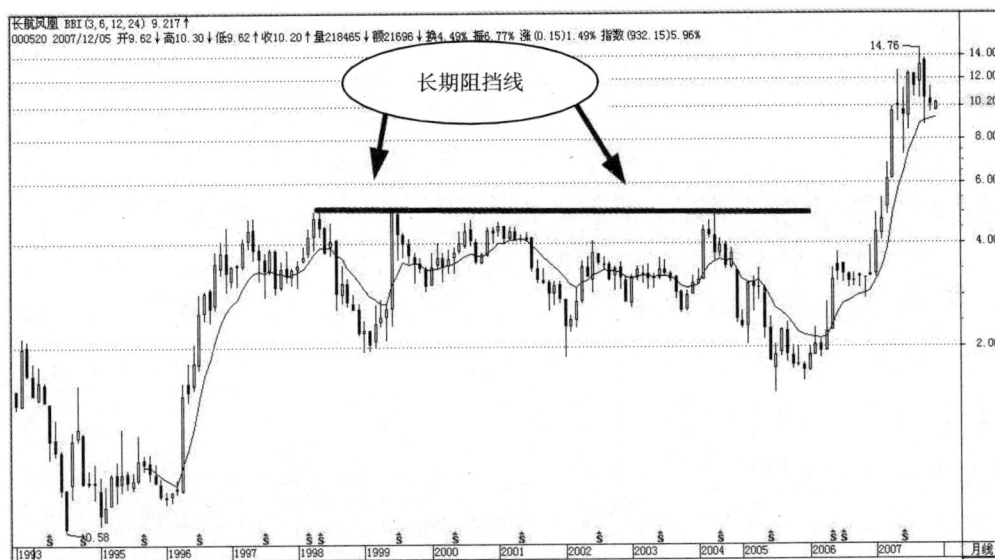

图 6-30　长航凤凰（000520）（二）

（2）有效突破的疑惑。怎么样才算有效突破呢？这是个令人困惑的领域。传统的说法是按照一定的百分比估算，有的说是 3%，有的说是 2%。其实，这些大多是没有太多根据的经验之谈，很多时候价格突破了 3% 也会折返，并持续地向下运行。有的个股甚至在出现了一个涨停后，开始了漫漫无期的下跌运动，如图 6-31 所示。

图 6-31　S*ST 华塑（000509）

　　该股 2002 年 11 月 19 日以跳空的方式高开，当天一度抵达涨停，明显突破主要压力线，并最终以 4.11% 的涨幅报收。但是 11 月 20 日开盘便开始走低，尾盘暴跌 5.13%，接连两个交易日徘徊于阻挡之下。面对这种情况，我的对策是：只要突破了就有效，跌破了就止损，如果出现意外，刚止损又上去了，只好自认倒霉了。因为这种意外的事情虽然不经常出现，但的确存在于各种交易系统中，交易技术是不能完全消灭这种不确定性的。

　　6. 周线上的支撑

　　周线上的支撑和月线上的支撑，其含义是有所差别的，如果说月线的支撑被跌破是价格运动开始了长期向下加速运动的话，那么周线所反映的则是中等时间尺度的下降速度。由于时间单位被缩小，无疑它可以更加细致地告诉我们在大的下降速度中价格可能停留的位置，而这个位置是以周为单位体现的。我们可以很容易比较出二者的差别，虽然这种差别不是那么悬殊。

　　图 6-32 是大盘的月线趋势线和周线趋势线的比较。显然月线指出的支撑要远远迟于周线的支撑。从 K 线的角度来看，当月线还是一根 K 线的时候，周线上已经出现了四根；月线上出现两根的时候，周线上已经是八根或者十根了，而10 根周 K 线已经有可能出现了两个底部或者顶部。

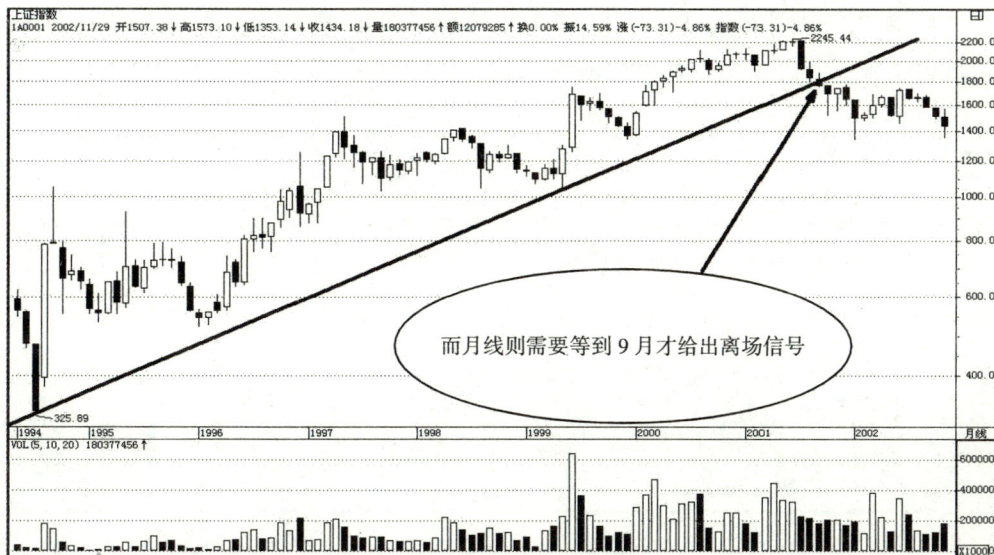

上证指数
1A0001 2002/11/29 开1507.38 ↓高1573.10 ↓低1353.14 ↓收1434.18 ↓量180377456 ↑额12079285 ↑换0.00% 振14.59% 涨(-73.31)-4.86% 指数(-73.31)-4.86%

而月线则需要等到9月才给出离场信号

图 6-32　上证指数月线

上证指数
1A0001 2001/10/19 开1692.17 ↓高1703.59 ↓低1550.91 ↓收1572.45 ↓量36056276 ↓额2345546 ↓换0.00% 振9.03% 涨(-118.87)-7.03% 指数(-118.87)-7.03%

2001年7月23日到27日这周决定性地跌破了中期趋势线，宣告牛市结束

图 6-33　上证指数周线

月K线省略了一些必要的细节，只是极为粗犷地描述了价格过去的走势和速度。

周K线上最为重要的支撑来自于K线的长上下影线。这些长上下影线经常可以作为我们买入和卖出的依据，对两日交易用处极大。

周 K 线中出现的长上下影线的水平延长线对未来价格具有持久的影响力，价格经常在这个水平阻挡或者支撑上停留。

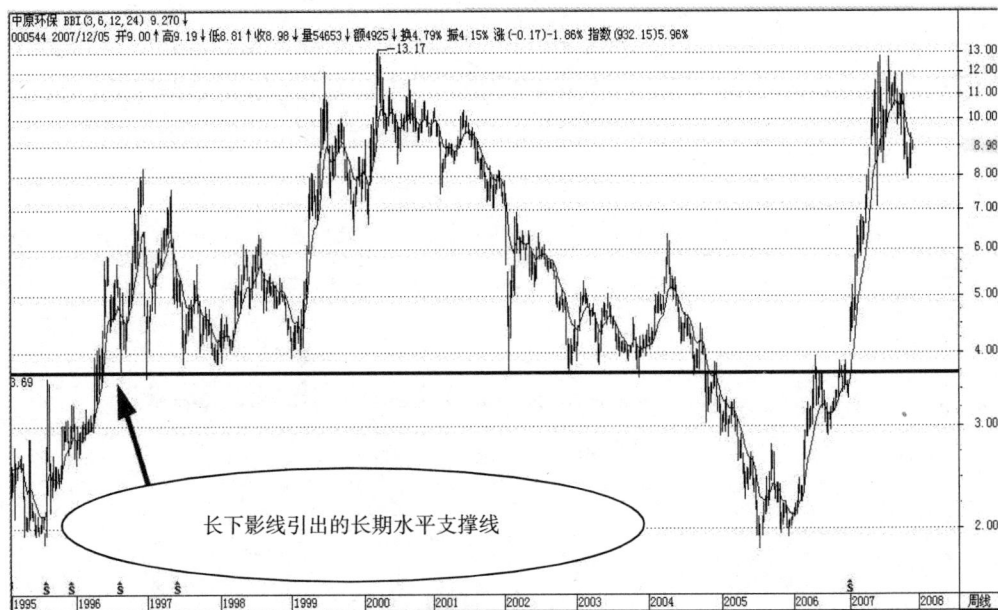

图 6-34　中原环保 (000544)

这些在周 K 线上留下的长上下影线是很多具有相当规模的资金短期进出市场的结果。市场中的较大规模的资金的投资运作，要么控制某只个股，要么通过分散投资的方式，利用一定的时间和空间获得进出市场的方便，前者毫无疑问的是违法行为，过去的所谓坐庄就属于这类行为，而后者的操作却可以通过合法的方式完成。

例如，在一个有 1.8 亿股的流通盘中，价格为 10 元的股票，用小于 5000 万的资金进行投机，是被法律所允许的。假设现在有一笔 5000 万元规模的资金看中了这只股票，当大盘处于平稳或者短期向下的情况时，它就可以在 10 元一带从容地收集筹码。价格在这个时候不会因为它的介入而表现异常，但是每天 100 万元筹码的收集速度，却足以在它行动结束后对价格产生影响。这种影响来自投机资金的底部集体哄抢，而这个 5000 万元的投机资金的介入，触发了这种哄抢行为。当这种哄抢行为出现的时候，价格便快速地脱离了 10 元这个价格区域，很有可能在周五的时候已经抵达了 11 元的区域，而这个区域正好就是 5000 万元的出仓区域。它的出仓方法会像它建仓时一样隐蔽。实际上，它的出仓行为已经从周二的时候开始了，那时它除了周一已经拥有 100 万股的持仓以外，还在继续收集第二个 100 万的筹码，而 10.30 元到 11 元的 70 个价位已经在集合竞价的时候非常密集地挂满了它的卖单，至少有 70 万股到 80 万股的抛单都是它的，同时在 10 元以下又挂满了它的买单。

这种挂单方式会从周二开始一直持续到它的全部单子出完为止。在这个时候，只要价格跌破 10 元，它就会毫不犹豫地补充上它的买单；同样，如果在周二之前它没有买足新的 100 万股，它的卖单也会这样坚持。如果让这种交易方式得逞，那么在每个 10% 的上涨幅度中它都可以获得 4.74% 的纯收益。这种操作形式在周线上留下较长的上下下影线就成为一个自然的事情了。值得注意的是，这个局面的形成不是依靠大资金完成的，而是仰仗市场的力量。拥有较大规模资金的人，必须在适当的时候采取这样的操作才会产生这样的效果，如果他对大盘判断错误，那么他的挂单就会成为其他资金平仓或者止损的牺牲品。所以，从这个角度看，大资金在交易中并不比小资金拥有优势。

第三节　跟庄是一种伪信号

股票市场不相信眼泪和教条。建立在跟庄基础上的所有信号都是伪信号，只有尊重和认识市场规律才是交易的正途。

由于人生经验的影响，很多人都坚信目的的可贵性，而忽略了手段的道德性，不择手段地达成目的成为一些人的座右铭。在交易中，这种不正确的人生观使人们坚信市场是黑暗的，是由一些利益集团严格操纵的，只要跟随这些作弊者进行交易，就可以分享这种作弊行为所带来的利益。这种观念使很多人轻易地放弃了自己的智慧和学识，成为股票市场中的盲从者和失败者。跟庄，成为这些人的一个显著特征。

事实上跟庄只是这些人的一种语态表示，其根本含义是否定市场的公平、掩盖自己在交易方面的无能以及由此所带来的苦痛。在跟庄者眼中：

● 市场是被无数个大的利益集团所垄断的，那些利益集团知道市场的方向，不仅可以左右个股，同时也可以左右中国股票市场的大盘；

● 1000多只股票中每只股票都有一个庄家，这些庄家又彼此联手互通信息，专门以鱼肉散户为目的，他们不仅是财富的掠夺者也是整体散户的敌人，他们强大而又精明，可以制造牛市也可以制造熊市，但是他们又非常愚蠢，愚蠢到可以被某些聪明人所跟踪；

● 理所当然地认为自己是那些聪明人中的一个。

我在互联网上曾经遭遇过百人以上的跟庄者，其中的有些人后来成为我的学生。下面就是我和其中一个人的对话，在这个对话中大家可以了解他们的心态和跟庄的结果。

乱动明王：我认为散户只有喝汤的份，吃肉的是庄家。

笔者：汤价可比肉价贵。

乱动明王：你明白我的意思，庄家是狮子，散户是鬣狗。

笔者：那谁是肉，谁是猎物？

乱动明王：不跟庄的散户。

笔者：你跟了多少年庄了？

乱动明王：跟了8年了。

笔者：也就是说你是一个跟庄的散户，对吗？

乱动明王：是，我是跟庄的散户。

笔者：散户怎么定义？

乱动明王：一般而言，50万元以下都算散户吧，散户人数众多。

笔者：你8年前是大户还是散户？

乱动明王：8年前我至少还算个中户，那时我有80多万元资金呢。几年熊市下来，现在还不到20万元，一个标准散户了。

笔者：这么大的牛市没有赚钱？

乱动明王：赚指数没有赚钱，530 还赔了 5 万元，惨到家了。

笔者：你不是说你是獴狗吗？怎么没有赚到钱呢？

乱动明王：关键是庄家也被套了，中国的市场是政策市。

……

从上面的对话中我们不难看出，跟庄并不能必然给跟庄者带来利润，庄在大多数情况下并不存在，而只是他们想象中的产物。这个被夸大的事实成为所有交易失败者的借口。

一、庄家是什么

除了有意混淆视听者外，更多的人并不知道真正的庄家是什么。实际上，大多数人都认为庄家是一些大资金的操作者。这种观点显然是错误的。

想象一下，1 亿元对于一个拥有 10 个亿流通盘，其流通市值为 30 亿元的股票来说，不过是 1/30 而已，这样大规模的资金试图长期影响这只股票价格是不可能的。在它试图向上操作的时候，会有更多的抛盘使它的企图破产；在它大量抛售的时候，也会有更多的资金接盘。一句话：它不能在这只股票上为所欲为。因此，这个 1 亿元资金的拥有者在交易这只股票的时候，即便全仓进出，也不能被认为是庄家，它只是普通的市场参与者。无论从法律方面，还是道德方面，他的行为都无可挑剔。但是，同样这样规模的资金如果全仓介入一只 800 万流通盘，其流通市值小于 1.2 亿元的股票时，那么其行为就触犯了法律。

毫无疑问，我们所说的庄家是指后者。道理非常简单，他可以操纵股票价格，而且在他的进入或者退出的过程中，势必要操纵价格才可以获得利润。当然，他完全可以合法地介入。这种合法的介入就是：必须在法律允许的范围内及时举牌，及时公告并发出收购邀约。否则，这个资金拥有者的行为就是违法的。庄家们就是这样的资金拥有者，他们悄悄地进入，悄悄地退出，通过垄断筹码以交易技术或者其他方式达到获利的目的。

但是，庄家们不是人民的公仆，它不会为人民义务打工，他们始终是法律的蔑视者和回避者，会想尽办法在底部吸纳、垄断足够的筹码，之后制造声势，在高位派发。这种吸纳筹码的方式通常很难被庄家之外的交易者发现。一个严格意义上的庄家，势必要垄断他操作股票的90%以上的流通筹码。只有达到这种几乎完全的垄断，他们才有可能在预期的价格，抛售掉他们的股票以达到获取暴利的可能。

二、庄家也会失败

庄家的失败原因有两种：一种是因为组织和法律，另一种是因为操作和交易水平。在这里我们讨论后者。

在法律上，只要是操纵市场的人就是违法者。在交易中，只有真正地左右一只股票走势的人才能称为庄家。实际上，拥有一只股票30%流通盘的机构或者个人就可以影响股票的走势。但是这种影响不足以令他们获得利润，因为这些筹码不足以支撑他向上拉升股票。假设他在10元以下收集了30%的筹码，试图将价格推升到15元之后再卖出这些筹码，那么他的阴谋就必须通过对倒来实现，他必须能够保证在拉升5元价格过程中不吃进一手别人的筹码，否则当他拉升到15元的时候，他的筹码将会增加一倍，成本也随之上升到13元或者更高。如果形成后一种局面，他在15元出仓的可能性几乎就不存在了，因为60%的筹码的抛售会令价格很容易地回到13元以下。

那么，是否可以通过对倒来实现5元的拉升呢？很显然，通过这种方法是难以实现的。因为没有人可以断言余下的70%的股票不会在价格的向上运动中被抛售，而这种抛售对于庄家而言会是致命的打击。

为了避免这种风险的发生，庄家们会在低价区域悄悄地吸纳。当然，这种吸纳行为是在严格保密的情况下进行的。严格保密有两层含义：一是杜绝一切人为传播，在操作期间严格控制操盘手、策划人的言行；二是控制每笔买单的数量以及买单与买单之间的时间间隔。除此以外，为了避免监管，他们会设立成百上千个个人账户，并利用这些账户进行交易，而这些账户会分布在全国各个不同的营业部。

除非你是职业特工，否则一般交易者是很难发现这些庄家进入哪只股票。当吸筹完成之后，庄家会等待大盘向好的机会，这个机会被事前锁定。那些精通交易技术的人士已经事前敏感地知道大盘向上可能出现的时间，如果这个时间没有出现，他们会继续等待。这就是庄家的另一个风险所在，如果他的资金不能坚持足够久的时间，那么其下场是异常悲惨的。当然，如果他们判断正确，那么他们几乎已经成功了 90%，这个时候的一般投资者将成为他们的敌人。但值得注意的是，成为他们敌人的人依然不是散户，而是那些有一定资金规模的技术水平低劣的交易者，因为庄家没有时间号召散户或者说号召散户的成本过高。

这倒不是说庄家对散户格外开恩或者对散户存有怜悯，而是因为庄家拉升的主要目的是希望有人在高位把他们庞大的筹码接过去，而散户的资金过于分散和渺小，所以他们从开始瞄准的就是那些大户或者超级大户，希望利用这些人在高位判断错误而成为自己出仓的对象。如果有个别散户冲进高位，庄家也绝对不会在乎，他的目的只有一个——出仓，只有最终的出仓会令他们前面的努力兑换成利润。最终，一些和庄家联手的上市公司、基金以及跟庄的工作室，通常会成为庄家的牺牲品。

股票市场不相信眼泪和教条。舆论中经常指责某些机构帮衬庄家，这种说法真的冤枉了他们。他们何尝不想狠狠地咬庄家一口？可惜的是，成功的庄家是由一些武装到牙齿的真正的职业人士构成的，他们包括了大量的也许是优秀的公关人士、融资人士、交易员和投资银行家等人物。和那些优秀人士比较起来，一般的基金经理人、工作室的操盘手、上市公司的管理者、业余的交易大户或者机构就显得不堪一击了。

所以说，建立在跟庄基础上的所有信号都是伪信号，只有尊重和认识市场规律才是交易的正途。

市场规律才是市场的真正主力，跟庄是一种伪信号。

第四节　魔山理论的交易信号

时间和价格的契合构成了魔山理论的交易信号。人们普遍认为底部拐点要比顶部拐点更可靠，这实际上是一种谬误。

时间和价格的契合构成了魔山理论的交易信号。单纯的时间信号不能成为买入依据，这是魔山理论的重要原则。

一、买入信号

买入信号一：一条支撑线和时间周期的底部拐点的契合

这个信号必须首先出现于日线上。

请看图 6-35。

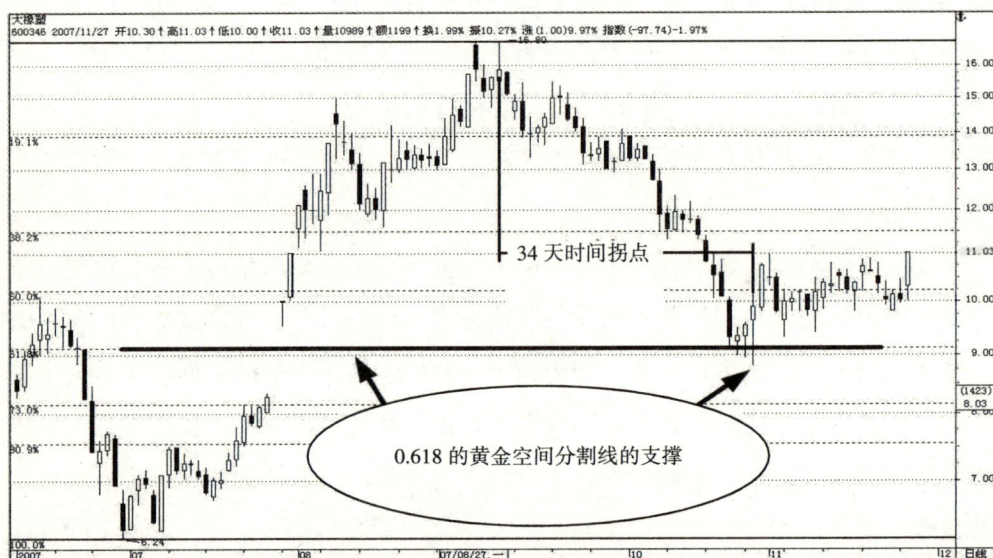

图 6-35 大橡塑（600346）（一）

在图 6-35 中，我们看到了时间拐点，来自顶部周期的 34 天时间拐点，同时价格停留于 0.618 的黄金空间分割线上。时间和价格出现了契合，买入信号给出。

在更细致的日内图上，必须有进一步验证才能确定这个买入点的有效性。虽然有时出现了交易信号，但日内图的交易过于清淡，那么这个交易信号就应该放弃。

下面这只股票上我们看到了积极的景象，如图 6-36 所示。

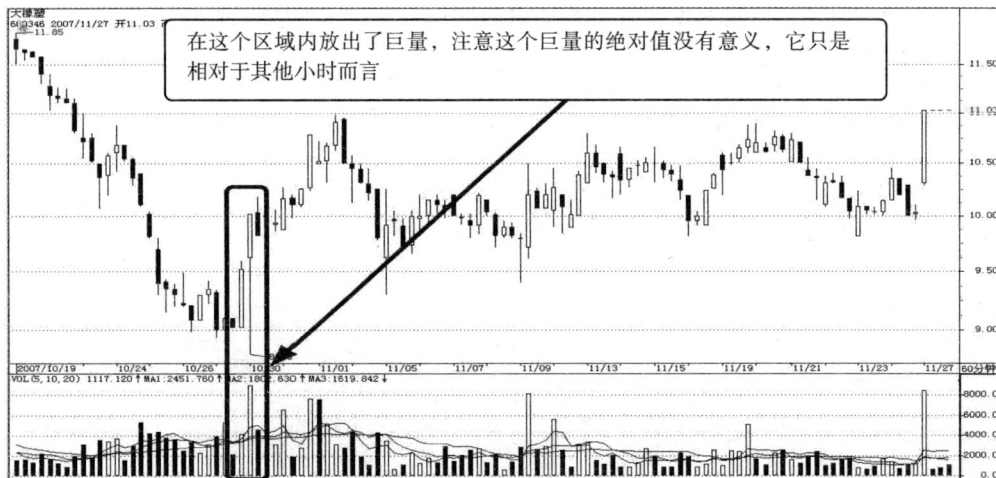

图 6-36 大橡塑（600346）（二）

小时图在这个点位出现了巨大的成交，但这个成交的绝对值没有意义。关键点在于相对过去的小时，这里出现了巨大的成交，表明股票市场在这几个小时里不约而同地看多了。为什么看多？我们不必去猜测其原因，那没有意义，这里需要的是行动。

时间周期和价格的组合不拘于此，它可以和任意的价格支撑组合构成买入信号。

请看图 6-37。

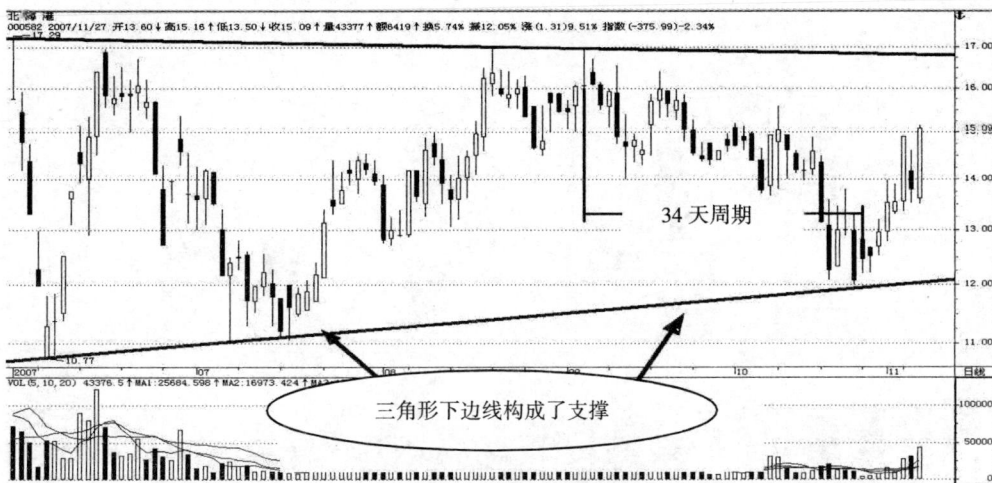

图 6-37 北海港（000582）

34天菲薄那其周期和三角形的下边线构成了买入信号。注意，这里的日内成交量验证信号并非出现在拐点日当天的小时图中，而是在接触支撑线的那一天，交易中这种误差是允许的。

图6-38　SST深泰（000034）

买入信号二：价格形态和时间周期的组合

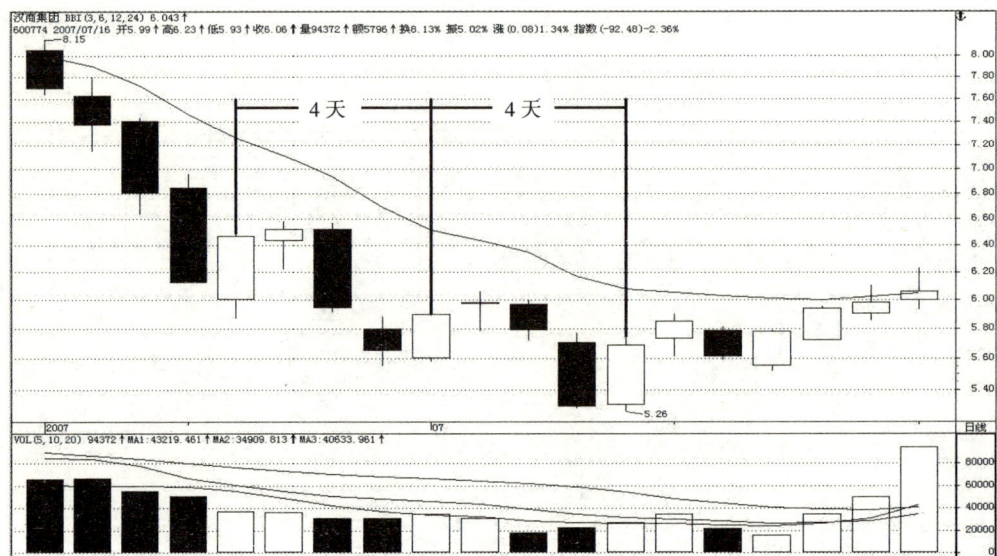

图6-39　汉商集团（600774）日线

在图 6-39 中，价格经过较大幅度调整后，出现了一个四天的 2 波周期。之后价格出现小幅波动，然后在 2007 年 7 月 10 日和 11 日分别出现两个菲薄那其周期拐点。表明在这里出现了所谓周期群聚现象。

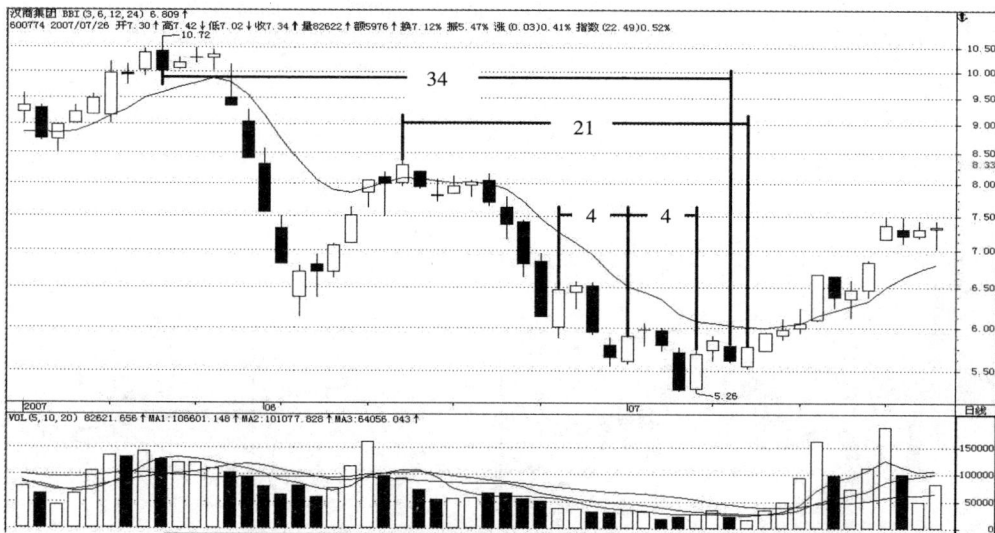

图 6-40 汉商集团（600774）（一）

在图 6-40 中，在价格空间方面有一个微型头肩底出现。这个头肩底的规模实在太小了，前后不过 9 个 K 线。

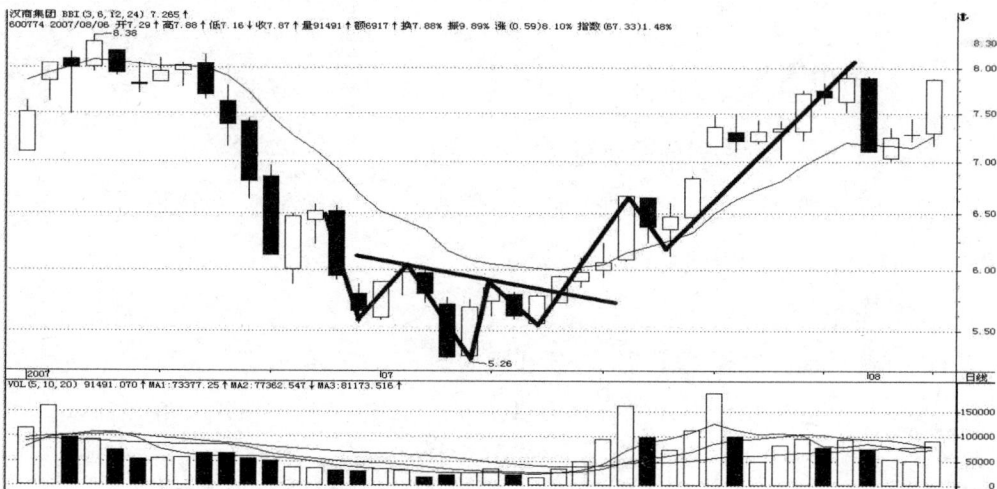

图 6-41 汉商集团（600774）（二）

我们可以看到，在图 6-41 中周期的拐点恰好分布于头肩底的头部和右肩。在成交量方面日线拐点处出现了显著的成交低洼。

60 分钟图同样乐观，在日内图中头肩底形态更为清晰，同时在头肩顶的头部和右肩处分别出现了 13 小时的菲薄那其周期拐点。

请看图 6-42。

图 6-42　汉商集团（600774）（三）

二、卖出信号

卖出信号一：顶部时间循环和压力线的组合

顶部周期拐点经常被人们所忽略，人们普遍认为底部拐点要比顶部拐点更可靠。这实际上是一种谬误。

请看图 6-43。

这种信号也会出现在所谓绝对顶部，如图 6-44 所示。

深桑达 A（000032）月线，半对数坐标：34 个月的时间周期和反压线的组合，在历史的绝对顶部给出了卖出信号，之后价格出现了为期数年的调整。

图 6-43 深深房 A（000029）

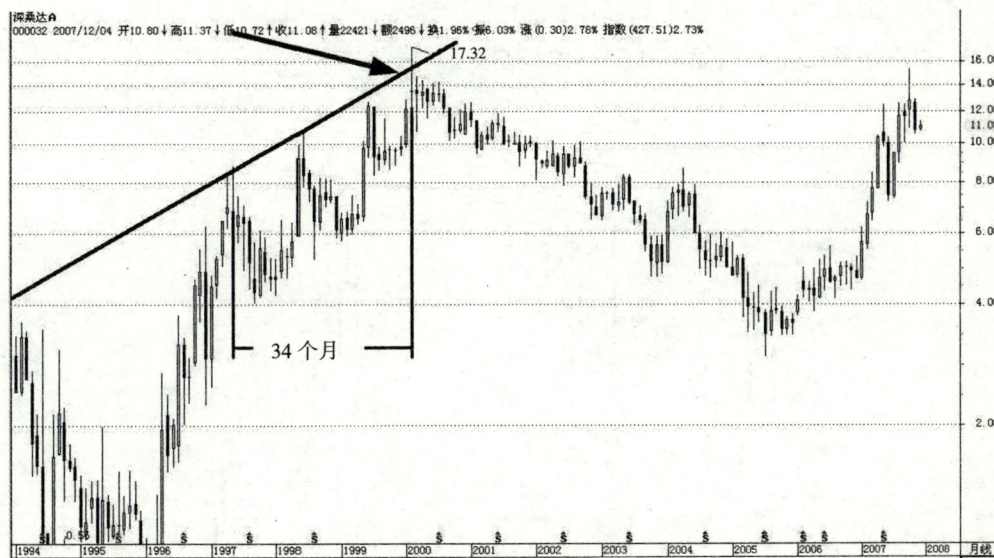

图 6-44 深桑达 A（000032）

图 6-45　深南电 A（000037）

深南电 A（000037）月线，半对数坐标：2 波周期和反压线的结合，给出了明确的顶部信号。

卖出信号二：时间循环和形态的结合

图 6-46　泛海建设（000046）

图 6-47　方大 A（000055）

小　结

市场始终受两种力量驱使：价格和时间。在不同的时间、不同的地点，价格吸引了买家和卖家。所以，魔山理论的买入和卖出信号始终锁定时间和价格的关系。

在本章中，我们举出了大量的图例，告诉大家时间周期同线、形态的结合，不只可以在日线或者分时图上有所作为，它同样可以应用于超长的月线图上。

过去的研究认为，周期在牛市中效率更高，这是一种善意的担忧，这种观点我们不能承认。在本章中，我们看到了很多下跌过程中的图示，它们的表现丝毫不比牛市差。

第七章　止损与盈亏比

- 如何止损？

- 如何确定止损？

- 止损后价格上升后怎么办？

- 止损就是割肉吗？如果我不止损，拿住它是否可以？

……

上面这些问题是许多股票交易者所关心的。在回答问题之前，我们首先要明白交易的目的以及如何通过交易获得利润。有人会发笑："交易的目的就是赚钱啊，这有什么讨论的？"真的没有讨论的必要吗？我看未必。

交易盈利的基本模式是高抛低吸，只有低吸我们才可以高抛。如果我们买入的是一个价格的高位，我们会面临两种困难的局面：

第一种：割肉止损。

如果割肉，我们面临的风险是：价格在我们割肉后一路上升。这种情况是我们最不愿意看到的，而愤怒通常也会在这个时候爆发。如果有建议者的话，还会对建议割肉者加以指责；如果没有建议者，大多数人会埋怨自己的运气不好，责怪自己没有继续坚持而放弃了盈利的机会。更多的人在下一次的时候要么依然过早抛掉了，要么由于延迟卖出而惨遭套牢。

市场仿佛具有灵性，真的和我们过意不去。于是我们开始寻找，寻找止损后价格必然下跌的方法，寻找拥有这样方法的人。因为我们坚信如果止损是必要的，就一定有一种方法存在于某个人的手中。最终我们找到了，可是在千辛万苦的寻找和学习过程中我们才发现自己找到的不过是个"骗子"。

第二种：相信买入位置只是过去的高点而不是未来的高点，当然它一定是现

在的高点。

在这种情况下，价格没有因为我们的愿望而走高，相反却一路走低，低到连续跌破之前的高点和低点。

我们怎么办？等待吧！如果我们不止损，就只有等待。等待多久？不知道。在什么情况下等待？在每时每刻的亏损中等待。

随着市值的不断缩水，我们的心也在承受着重压，而这种情况通常会令我们在股票价格即将重返升势前崩溃，从而下定决心去止损，在资金缩水50%、70%甚至80%后痛下杀手。终于轻松了，终于可以从这种苦难中解脱出来了，然后我们就会发现：又被市场玩弄了。就在我们解脱的一瞬间，行情开始暴涨。

为了不出现上述两种情况，我们必须了解止损的必要性。

真实的情况是：

- 止损非常必要。

- 没有谁可以永远精确地止损。

- 不完美的止损是长期稳定获利的必要保证，因为不存在完美的止损。

第一节　什么是止损

如果你想成为一个成功的交易人，就必须从正确认识止损开始。

止损不是割肉，而是为了控制风险支付的成本。

态度决定一切，当你把止损当成割肉的时候，你的意识和你的交易姿态已经默默地发生了变化。割肉是多么血淋淋的事情啊！割肉意味着暴力自残，意味着剧烈的疼痛，意味着命运的极端不公，和这些词相关的潜台词是什么？是可怜，是卑微，是怯懦，是内心的苦痛，是被奴役，是凄惨的命运，是极端的自卑。体现在交易行为上就是回避止损，因为止损是痛苦的，止损是割肉。结果就是惨遭亏损。

为了躲避痛苦，股评家和失败者又给自己编织了一个真实的谎言：套牢不是亏损。他们试图平抑由于亏损而带来的内心苦痛，所以他们用套牢代替亏损。似乎经过这样的演绎，他们就真的没有亏损，而只是套牢而已。然而，他们的内心深处比谁都清醒，当初入市的 100 万元现在已经变成 30 万元，那 70 万元什么时候能够回来已是遥遥无期的事情了。

这一切都是忽略或者有意"妖魔化"止损产生的后果。所以说，如果你想成为一个成功的交易人，就必须从正确认识止损开始。

止损的重要性和必要性请看下文。

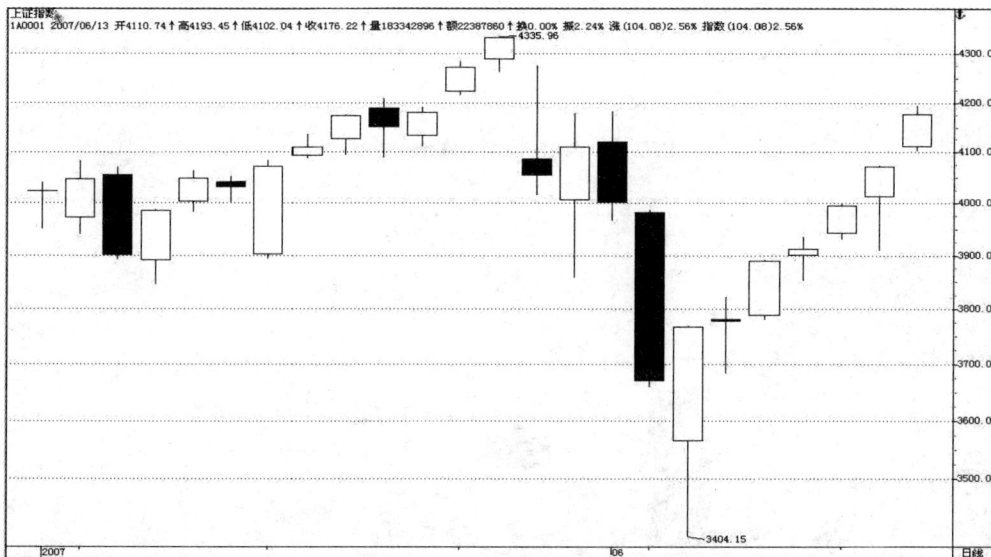

图 7-1　上证指数

2007 年 5 月 29 日到 6 月 5 日上证指数的大盘图：在 6 个交易日中大盘暴跌将近 1000 点。

我的一个朋友在 2007 年 5 月 29 日买入了十六分之一的海虹控股（000503），5 月 30 日价格暴跌。5 月 31 日他打电话问我怎么办。我告诉他止损。他二话没说，止损出局。之后价格暴跌。虽然他损失了将近两个跌停，但由于仓轻，总体资金受损轻微。之后，在 2007 年 6 月 5 日他又重仓买入了中国石化，该股当日从跌停到 6% 收盘，当日获利 16%，不仅挽回所有的损失，还有利润。

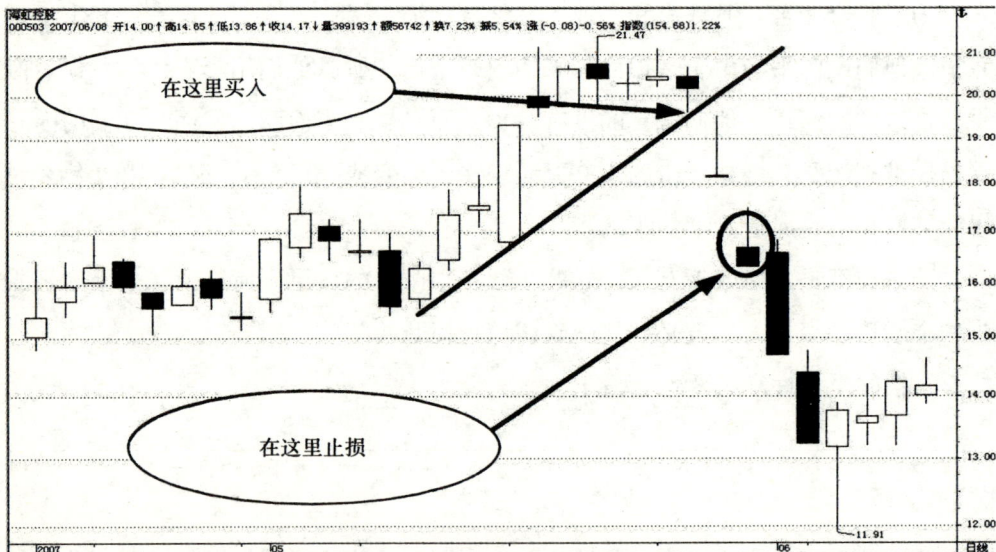

图 7-2　海虹控股（000503）（一）

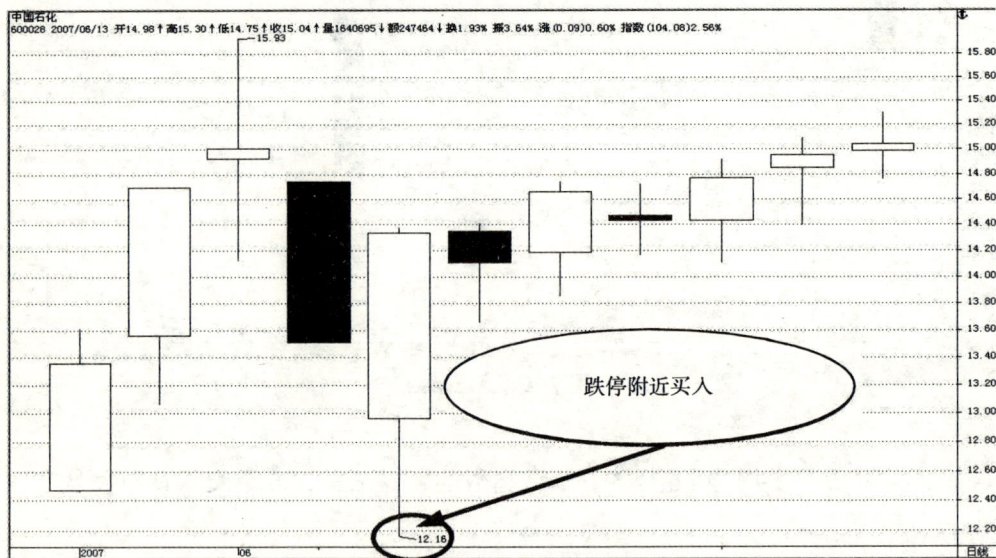

图 7-3　中国石化（600028）

　　同时，另外一个和他一起买海虹控股（000503）的朋友，没有止损而选择坚持，时至今日依然处于套牢中。

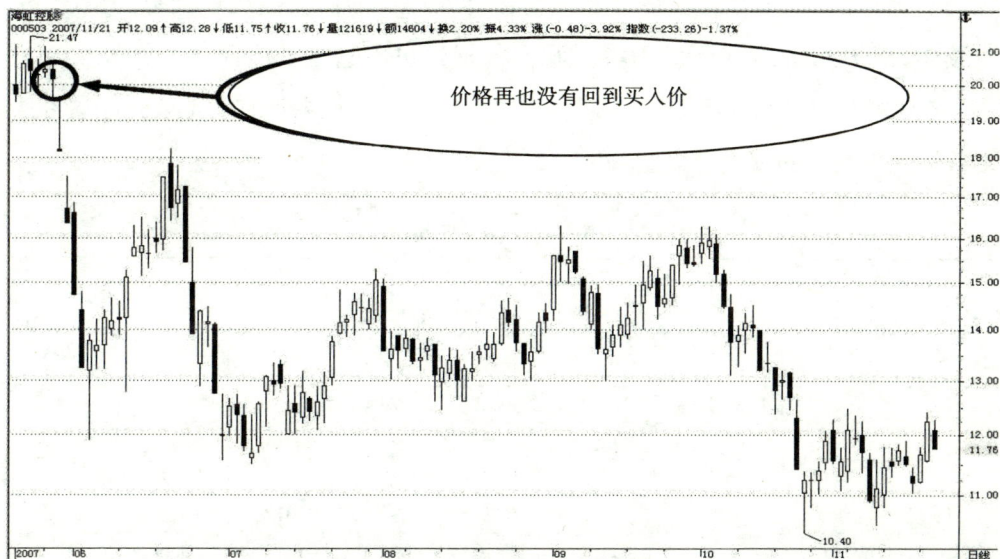

海虹控股
000503 2007/11/21 开12.09↑高12.28↑低11.75↑收11.76↑量121619↓额14604↓换2.20%振4.33%涨(-0.48)-3.92%指数(-233.26)-1.37%
21.47

价格再也没有回到买入价

图7-4　海虹控股（000503）（二）

当然，止损并不总是尽如人意。很多的时候，在我们止损后，价格会绝尘而去，正如在我们买入后价格会出现大幅下跌一样，这是交易中经常出现的事情。你必须敢于正视这种现实，没有任何方法可以保证我们每次止损都是正确的。要记住：不管付出多大的努力，我们依然会出现错误，错误是交易中的家常便饭。

第二节　止损会不会令我们破产？

胜率、止损幅度、保持连续的交易状态影响着交易人账户的盈亏。止损幅度和收益率息息相关，必须为止损幅度找到一个合适的度。

请看表7-1。

如果你有100万元，在忽略费税的情况下连续10次买入，10次都以10%止损的结果收场，其结果并非如某些人想象的那样一文不剩，相反你还会有34万元的剩余。这个 34 万元非常重要，它告诉我们：即便我们在最倒霉的情况下，连续 10 次买入，10 次下跌 10%，我们的损失也不过是 66% 而已。在现实交易中，有谁曾经在 10 次买入中，连续 10 次下跌 10%？如果没有，也就意味着在大多数情况下我们的损失会低于 66%。

表 7-1　倦鸟归巢

金额比例(%)	一		二		三		四	
	连亏10次	之后连涨10次	连亏10次，每次3%止损	之后连涨10次	亏12次，每次3%止损	之后连涨8次	亏8次，每次3%止损	之后连涨12次
10	90.0	37.4	97.0	81.1	97.0	76.3	97.0	91.6
10	81.0	41.1	94.1	89.2	94.1	84.0	94.1	100.8
10	72.9	45.3	91.3	98.1	91.3	92.4	91.3	110.9
10	65.6	49.8	88.5	107.9	88.5	101.6	88.5	122.0
10	59.0	54.8	85.9	118.7	85.9	111.7	85.9	134.2
10	53.1	60.2	83.3	130.6	83.3	122.9	83.3	147.6
10	47.8	66.3	80.8	143.6	80.8	135.2		162.3
10	43.0	72.9	78.4	158.0	78.4	148.7		178.6
10	38.7	80.2	76.0	173.8	76.0			196.4
10	34.9	88.2	73.7	191.2	73.7			216.1
10					71.5			237.7
10					69.4			261.4
分析结果	输赢各占50%　不考虑止损，实际亏12万元，亏损12%		输赢各占50%　加上3%止损，实际赚91.2万元，盈利率191.2%		胜率在40%的情况下　加上3%止损，赚48.7万元，盈利率148.7%		胜率在60%的情况下　加上3%止损，赚161.4万元，盈利率261.4%	

以上均以 100 万元资金为基数，每次全仓操作的结果

我们继续讨论：有谁曾经连续 20 次亏损过 5%？

换言之，如果我们连续 20 次亏损 5%，然后止损，止损后我们的损失在忽略税费的情况下依然是 66%。当然，税费是高昂的，在交易中我们无法忽略它。

费率以 2007 年的费率为准，即印花税：0.003，手续费：0.003，单边总额是 0.006，在这种情况下交易，我们的实际损失如果控制到 3.8%，那么我们连续 20 次的亏损，其总资金损失率依然为 66%。

明白了这个道理，我们就可以探讨如何盈利了。

在交易行为结构中，如果我们试图达成长期稳定盈利，则必须改变上述发生

的情况。怎么改变呢？

我们依然是以 20 次交易为例，其中 10 次亏损，每次亏损 10%止损，然后再 10 次盈利，每次盈利为 10%平仓。我们会发现，10 次亏损后再 10 次盈利，资金并没有回到 100 万元，而是 76 万元，我们的账户还有 26%的亏损。

- 有三个要素在影响着账户的盈亏。
- 胜率。
- 止损幅度。
- 保持连续的交易状态。

如果交易的胜率过低，我们很难坚持下去，会在概率向盈利倾斜前失去交易的勇气和兴趣。很多交易人就是因为经受不住这样的考验，而在黎明到来之前出局了、放弃了。所以，在交易中，胜率多寡并非没有意义，它关乎我们的承受能力。

- 止损幅度和收益率息息相关。

止损幅度过大，盈利难度增加；止损幅度过小，影响交易胜率。因此，我们必须为止损幅度寻找一个合适的度。要注意，这个合适的度并不能保证每次止损恰到好处，而是在大多数情况下避免灾难性损失的发生。

保持连续的交易状态，被大多数交易人所忽略。人们习惯于在交易失利的情况下放弃交易或者更换交易决策方式，还习惯于在连续获利的情况下不遵守交易技术规范而放大头寸或者频繁交易。无论是前者还是后者，其最终结果都会令人堕入失败的旋涡而不能自拔。所以，在交易中，我们应该从始至终遵守统一的交易规范，保持一致性的连续交易状态。

第三节　止损的方法

如果价格一直没有触发止损，而大盘跌了，我们应该采取"个股优于大盘，只要个股没有跌破止损就依然持有"的对策。

止损大体上有如下几种方法：

（1）固定止损法很简单，就是给自己设定一个百分比，价格跌破这个位置就离场，否则持有。在应用这种方法的时候，一般的短线交易者应把止损幅度控制在 6%以内，超越 6%的止损，对他们而言则是艰苦的事情。因为短线交易者每次追求利润的范围处于 10%~20%，如果 3：1 盈亏比是一个大家公认的收益风险比，则设定 6%的止损就已经达到了上限，而且我们还必须把价格不菲的交易佣金计算进来。

收益风险比，我们习惯称为盈亏比，其含义是：任何一次交易都有可能产生亏损，因此只有发现潜在收益 3 倍于可能产生的亏损时，我们才可以行动。假如我们采取 6%的止损法，那么就要看某股票是否具有上涨 18%~20%的潜能。如果事前研究时没有发现这种可能，我们则放弃；如果有这种可能，我们则介入。

（2）交易精度止损法是指对自己的历史交易精度进行统计，并根据交易精度确定止损。例如我们在过去交易了 100 次，其中 50 次获利，50 次亏损。

50 次获利股票：用买入价和当日最低价进行比较，然后求出平均数 a。

50 次亏损的股票：用当日买入价格和本周的最低价比较，然后求平均数 b。

a 与 b 相加之和除以 2 就是交易精度。如果交易精度处于 6%的范围内，你的交易水平处于正常水平，你可以将止损设置为 6.2%；如果计算的结果大于6%，你则不适合进行短线交易，而需要提高交易技术水平；如果计算的结果是4%，那么你的止损就设定在买入价下 4.2%的位置，其余以此类推。

交易精度止损法的好处在于：你可以量化自己的止损位，保证多数情况下不会被价格波动震荡出局，同时还可以时刻监督你的交易状态。

（3）时间止损是相对于空间止损而言的。我们经常遇到这样的情况：买入股票后，价格没有在一个完整的时间周期内上升，也没有跌破空间止损的设定。我们怎么办？为了避免过多地在一只股票上浪费时间，我们提出了时间止损的原则。

时间止损的依据是已知的时间循环。例如，我们根据一个 15 天的 2 波周期在 10 元买入某只股票，空间止损位为 9.5 元，但是在 8 个交易日之内价格没有跌破 9.5 元，也没有抵达我们预期的价格目标，在第 8 日价格为 10.10 元。该怎么办呢？时间止损告诉我们在此时可以清仓出局了。

按照交易头寸方式分类，止损还可以分成两种。

（1）初始止损是指在某个价格建立头寸后设置的止损。跟单止损则是指买入后，价格脱离成本后不断提高的止损。两者在功能上有所不同，前者是保护本金免遭灾难性损失，而后者则是力图最大限度地保有盈利。

（2）跟单止损通常是按照固定比例和重要支撑相结合来设定的，基本上是在价格上升后的回调时被触发的。

请看图 7-5。

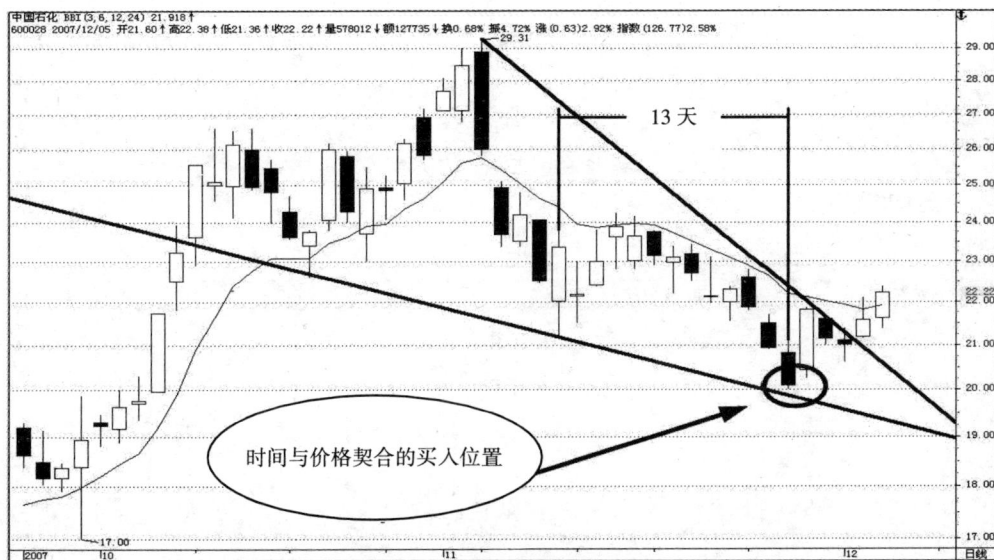

图 7-5　中国石化（600028）

假定我们在 2007 年 11 月 28 日以收盘价 20.8 元买入，我们以下降楔形在次日的下边之下 3% 即 19.17 元作为初始止损。目标价格根据楔形测量确定，其潜在目标价格是 28 元一带，潜在盈亏比=28/19.17=1.461，1.461 远远大于 1/3，这表明在当前位置交易非常合适。9 天的时间价格飙升 8.72%，证明了所做决定的正确性。然而，交易还没有结束，跟单止损应该设置在哪里？

确保不亏损是跟随止损的第一要义，根据这个原则我们把止损提高到20.08元。

11月30日和12月3日，价格出现了意料中的回调。12月4日价格突破楔形的上边。这个时候价格再度开始上行，我们的跟单止损也随之上移。由于价格突破了楔形，表明形态已经成立。使形态失去意义的所谓假突破的前提是价格必须再次跌回楔形内部，因此楔形的上边附近成为新止损的位置，这个位置处于20.85元一带。如果在12月5日前价格跌破这个位置，那么我们就要离场去等待新的拐点到来，否则坚决持有。

如果价格一直没有触发止损，大盘跌了怎么办？这也是我们在交易中经常遇到的事情。在这种情况下我们的对策是：个股优于大盘，只要个股没有跌破止损就依然持有。

2007年11月12日大盘在持续暴跌后，当天走出一个十字星，接下来反弹3天到15日为止，之后连续下挫10天，创出近期新低。相反南方航空却我行我素，一路攀升。

请看图7-6。

图7-6　南方航空（600020）

对于这只股票，我们应该怎么设置跟单止损？如果我们是在9月12日收盘，根据14天的2波周期买入该股，下一步怎么办？

请大家注意这条趋势线，它是一条接近完美的跟单止损线，看住它就可以了，除非价格跌破它或者抵达并超越目标价格。

第四节 资金管理的其他策略

资金管理是复杂的课题，也是所有交易人必须认真对待的课题。既不能把它神秘化，也不能把它看得过于简单，简单到把它理解成止损的设定。

进入交易，资金管理就成为交易人不可或缺的重要环节。全额保证金交易和差额保证金交易对资金管理有着不同的要求。

一、保证金制度的差别

全额保证金的概念可以通俗地理解为未经融资放大的资金。例如，10万元开户最多只能买10万元的股票。差额保证金交易是指经纪公司或者营业部按照一定的杠杆比例给交易人提供的一种保证金交易方式。例如，国内期货就提供1：10到1：20的杠杆，也就是说你有10万元可以当作100万元或者200万元进行交易。

前者和后者的操作方式有本质的区别。对于前者而言，资金管理的目的在于控制资本的损失和既得利润，而后者的目的则在于最大化地避免资本的灭失。

在差额保证金交易中，最可怕的不是一般的资本损失，而是爆仓——所有的资金化为乌有并成为经纪公司的债务人。如果你全仓交易的话，1：10的杠杆比例，以做多为例，如果价格下跌10%，你的所有资金就已经化为乌有了；如果你在价格下跌10%的时候无法平仓出局，那么价格再度下跌部分就是你需要赔偿给经纪公司的部分，这种现象就是所谓穿仓（爆仓）现象。

但是这种交易风险在中国A股全额保证金交易中是根本不存在的，只要开户买入了股票就是股东，无论价格跌到多少，只要你平仓就会有剩余的资金出来，即便是运气不好，该公司被摘牌甚至倒闭，那我们也是债权人而不会沦为债务人。

二、国内交易人的误区

国内很多的著书立说者，在谈到股票资金管理（注意中国 A 股）的时候，总是向大家推荐分仓操作并广泛引用国外（基本上是美国）一些书籍的资金管理学说，实际上这些人忽略了一个重要事实：那些学说谈论的交易媒体采取的基本上是差额保证金制度。例如江恩《华尔街 45 年》中讨论的股票资金管理，约翰·墨菲《期货技术分析之道》中讨论的期货资金管理等。

正确的资金管理是对风险充分了解后所采取的针对资金的避险措施，它通过分配头寸、处理头寸等行为的总和来达成分散和控制风险。

资金管理是动态的，它根据不同的交易媒体会采取不同的应对策略。在全额保证金交易方面，资金管理的重点侧重于如何组织一定数量的交易媒体，以及在同一个交易媒体中如何通过资金管理分散和控制风险。这里的风险是指一般的资金单位时间的营运效能而不是防范资本的彻底丧失，因为 A 股类型的保证金制度本身不会导致资本的彻底覆灭。

例如对一个 100 万元资金的 A 股账户的管理，就必须考虑是分散还是集中而不是其他。我们知道，在同一种交易技术进行交易的前提下，分散交易要比集中交易风险小。如果我全仓购入一只股票，这只股票在 10 天内出现 10%的亏损，就意味着 10 天内我的资金营运效率为负 10%；相反，我全仓购入 10 只股票，有 3 只盈利 7 只亏损，3 只盈利的股票分别为 4%、5%、3%，7 只全部亏损的股票是 10%，那么我 10 天内的资本运营效率是负 5.8%。同一个人操作，使用同一种技术，前者亏损 10 万元，而后者亏损 5.8 万元，分散和集中的差别已经非常清楚了。另外一种极端情况似乎更能说明问题，那就是分散的 10 只股票全部下跌10%，才能达到前者的亏损水平。

当然，事物都是有两面性的，有利就有弊。分散可以有效避险，但是在盈利效能方面也会低于集中持股。

三、分散组合的几个类型

如何分散交易？不同的交易技术流派具有不同的分散方法，一般比较流行的方法有以下几种。

（一）根据市净率排名来确定价值型股票和成长型股票，并进行二者的组合

这种组合比率通常为7：3，100万元账户可以分成10份，其中70万元可以买入7只价值型股票，而30万元购入3只成长型的股票。这种组合是基于价值型股票长期稳定风险较小而增长型股票短期活跃和暴利增长但风险较大的假设来确定的。这种方式的投资组合曾经在一些基金中广泛流行，他们强调的是一种所谓投资理念，相信价格的波动与价值型股票、增长型股票具有因果关系。

（二）根据股票习性的组合分散

这种组合是一种不考虑股票本身价值的分类方法，它关心的是股票本身的活跃程度从而进行组合分散。以10只股票为例，他们会选择买5只活跃度极端强烈的股票和5只波动一般的股票进行组合。这样的好处在于：他们可以利用5只活跃股票做短线，而另外5只做长线。

（三）443策略

443策略强调有限分散。我们根据股票波动习性进行分散，其目的是最大限度地避免灾难性亏损出现。管理亏损应该是每个交易人必须着力经营的事情。

443的第一个4是指买入4只股票，每只股票占总资金的1/4。无论在什么情况下，买入股票必须大于等于4只。这样的好处在于：一旦市场出现一些意外，我们可以最大限度地规避风险。例如，某只股票由于债务危机或者报表作假被披露而被强行停牌乃至摘牌等，如果我们不是分散而是集中全部资金在这样的一个股票中，其灾难的严重性是难以想象的，我们一生的命运或许因此而遭到彻底改变；相反，4只股票同时出现这种情况的概率就大大降低了。

可能会有人提出相反的意见：既然如此，为什么不买100只？这样不是能更好避免上述的风险吗？的确如此，但在交易的时候我们不仅需要考虑这一个风险，还要考虑交易的效率。100只股票的组合，毫无疑问会大大降低我们的交易效率。30秒钟买入一只股票，买入100只则需要3000秒，1分钟买入1只股票则共需要 100 分钟，而 1 天的交易时间不过 4 个小时而已，加上我们日后对股票的跟踪，对于普通交易人来说是难以招架的。

443 的第 2 个 4 是指买入一只股票时需要在拐点区域分 4 次买入。这样做的目的是最大程度覆盖拐点区域的最大价格区域。平均的好处不在于能够每笔买入最低价，而在于使整体买入价格变得低廉。买入价格低廉在止损上占有优势，在获利时可以保持获利相对最大化。

443 的 3 是指 4 次买入后价格开始上升，其止损在 4 次均价之下的 3%。这样，一旦价格出现回吐我们可以在第一时间内离场，从而保证我们的损失相对最小。在实际交易中，会遇到如下问题：第一单在 10 元买入，买入后价格迅速跌停到 9 元，买入第 2 单后均价到了 9.5 元，次日开盘跌停，如果在这里买入第 3 单和第 4 单，平均价格为（10+9+8.1+8.1）/4=8.8 元。

而 8.8 元的止损位则在 8.536 元，也就是说第 3 单和第 4 单买入后就需要止损了。在这种情况下怎么办？

其实这个问题很好解决。既然第 4 单均价止损是 3%，那么第 1 单止损价格是多少？那就是 12%。以此类推，第 2 单止损价格则是 6%。根据这个法则，第 1 单买入后，价格下跌了 12% 则需要止损而停止买入其他的头寸。同理，在本例中，前一天已经买入了第 2 单，均价是 9.5 元，其止损位则是 9.5 元之下的 6%，即 8.93 元。而次日跌停开盘已经跌破了 8.93 元，自然不能继续买入第 3 单和第 4 单了，而是等待反弹出局。

四、风险报酬比的权衡

在资金管理中除了考虑分散组合外还要权衡风险报酬比。

一般流行的风险报酬比是 1∶3，很多人很难深刻理解风险报酬比到底意味着什么。从字面上解释，风险报酬比就是在进行投机交易的时候交易人在试图赢得 3 个单位的利润的时要承担 1 个单位的风险，也就是说你试图获得 10% 的利润就要做好 3% 的亏损准备。

在实际操作中，我们不会因为有了这个理由就可以胡乱交易。在交易前，我们必须要充分进行风险报酬比的权衡。一只股票如果 1% 处有重要阻挡，而最近的支撑却在当前价格的负 10%处。根据这种权衡，我们就会放弃交易，而等到它回落下来或者突破时再买。

总之，资金管理是个复杂的课题，也是所有交易人都必须认真对待的课题。既不能把它神秘化，也不能把它看得过于简单，简单到把它理解成止损的设定。事实上，资金管理早已经成为交易技术的一部分了，几乎所有优秀的市场交易者都是资金管理方面的行家。只有把它们融为一体，我们才可以真正地融入市场。

有一种危险的言论试图借助于对资金管理的鼓吹来否定交易技术的必要性。这种观点的基础是：

（1）市场是不可预测的，也是没有必要预测的。

（2）一只猴子进行交易比人交易更安全，理由是猴子没有人性。人性阻挡了人的成功。

（3）买了后等着，到达止盈位置平仓，跌到止损位置砍仓。

在这个前提下，这个观点认为止损和"止盈"的设定及执行是交易的全部工作。在股票交易中不用选择股票、不用考虑价格，只需要监督并执行止损和所谓"止盈"就可以了。这里出现了一个奇怪的概念"止盈"，从字面上理解就是：可以盈利但是要停止盈利。

例如买入的股票是 126 元，止损价格是 26 元，根据 3∶1 盈亏比的原则，该股盈利空间应该至少 300 元，那么止盈位置是 426 元。根据第 3 条原则，从2000 年开始到 2001 年初，每股净亏损 100 元。从这个极端的例子来看，只考虑资金管理，不考虑价格的高低和股票的习性而买入是危险的。

在这个问题上不要讨论概率，先亏 500 次再赚 500 次这种情况不是不可能发生的，但是在连续亏了 499 次的时候你是否还有勇气继续交易？如果你没有勇气了，那么概率给你安排的 500 次胜率对你还有什么意义呢？如果你认为市场是不可以预测的，那么你如何厘定未来的价格目标？你又如何判断你的漫长等待后必然出现你的价格目标？如果在两年内没有出现你的价格目标，你是否愿意继续等待下去？如果你所交易的股票在第四年没有抵达你的价格目标，相反却跌破了你的止损，那么你如何坦然地面对自己或者客户呢？从风险管理的角度来看，难道你的行为还不能算上灾难吗？

人性的确可以阻挡人的成功。但是，人类创造的奇迹不是人性的结果吗？金字塔、泰姬陵、梵高的绘画、李太白的诗歌、航天飞机等，哪一个脱离了人性的驱动呢？猴子不能交易，就像猴子无法书写伟大的史诗一样；交易不是神的游戏，同样也不是猴子的游戏，而只能是人的游戏。所以，我们应该回到人的思路上，深入到交易内部，寻找其潜在的波动规律。

小　结

止损以及分散交易都是资金管理中的重要组成。中国有句古话"巧妇难为无米之炊"，炊和米同样重要，没有米再巧的媳妇也做不成饭，同样仅有米而没有炊技，做出的饭大多数是煳的或者夹生的。没有资金管理的交易技术不是好的交易技术，长期下来必遭覆灭；同样，如果没有交易技术作支撑，只有资金管理的交易，这种管理也没有任何用处。

交易技术和资金管理是获利天使的两个有力的翅膀，我们不能偏废其一。

第八章　股票的选择及交易计划的制定

第一节　股票的选择

股票价格的波动，在不同的时间内呈现不同的强弱变化。强弱变化不仅是和该股票过去历史的比较，同时也是和相同时间内市场中所有股票的比较。强者不意味着恒强，在不同的时间单位内有不同的强者。

一、时间波动率

时间波动率不是一个晦涩的概念，是指相同的单位时间内，不同股票价格的上升速度。

时间波动率决定了哪些板块开始苏醒，哪些板块已经进入睡眠，哪些板块正在退潮。在这点上，大盘看上去似乎毫无用处。我们可以找到很多的例子加以证明，大盘在火爆的时候有很多股票坚定下跌；大盘在疯狂下跌的时候，某些股票却疯狂的上涨。时间，在这个时刻成为决定力量，这种力量指引不同的板块向上或向下。

通常而言，人们习惯于按照股票流通盘的大小划分股票的板块，称为大盘股和小盘股，或者按照过去的股票业绩而命名为绩优股和绩差股。这种划分本身没有什么问题，但却偏离了股票市场习性的研究。作为投机者，我们交易的不是股票代表的公司，也不是购买股票后的红利，而是博取股票价格变化的差额。所以说，在某个同一的时间单位内，价格变化幅度越大的股票越是我们追求的股票，把它扩展到板块同样如此。

根据股票的市场活跃度，可以将板块股票分为 4 类：

（1）异常活跃类股票板块。

（2）活跃类股票板块。

（3）普通类股票板块。

（4）呆板类股票板块。

在四类股票中，呆板的股票家数量最多，而异常活跃类股票家数量最少。

请看图 8-1 2003 年 6 月到 8 月 8 日这段 A 股市场的表现，我们就能够深刻地体会到时间波动率作用下的股票板块分类的作用。

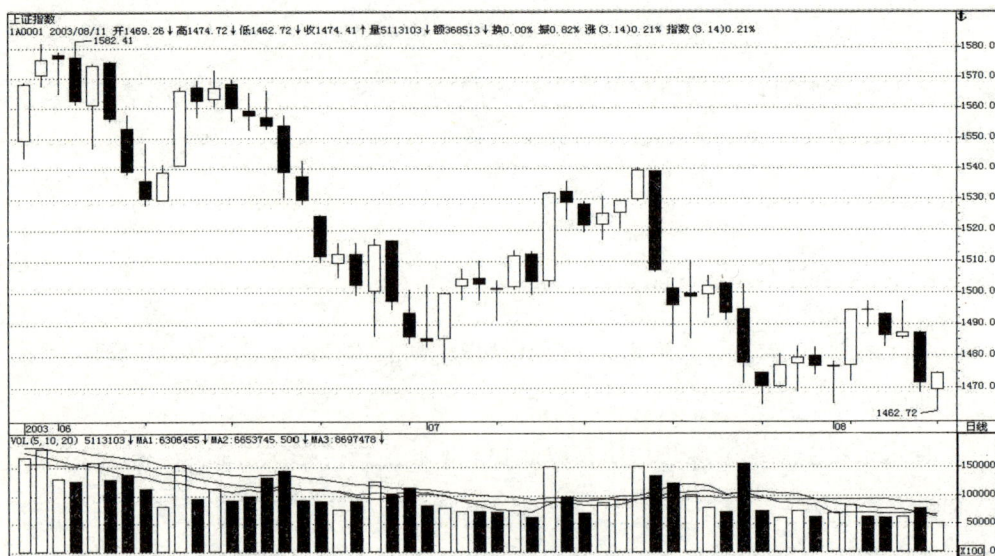

图 8-1　上证指数

2003 年 6 月到 8 月初，大盘指数持续下跌，中间的反弹很快被更多的抛盘所打压。在所有的板块中，我们必须找出各个传统板块中最活跃的股票。只有异常活跃的股票才可以带来更多的盈利机会，我们把这些活跃的股票归类构成一系列新的板块指数。

小天鹅 A 是当时魔山理论选股器根据时间波动率原理筛选出的活跃板块中的强势股票。2003 年 6 月 11 日该股从最低价到收盘振幅为 6% 点，次日高开高走再涨 5%，3 天累计涨幅将近 15%，而同期大盘不过上涨 1 点几而已。如图 8-2 所示。

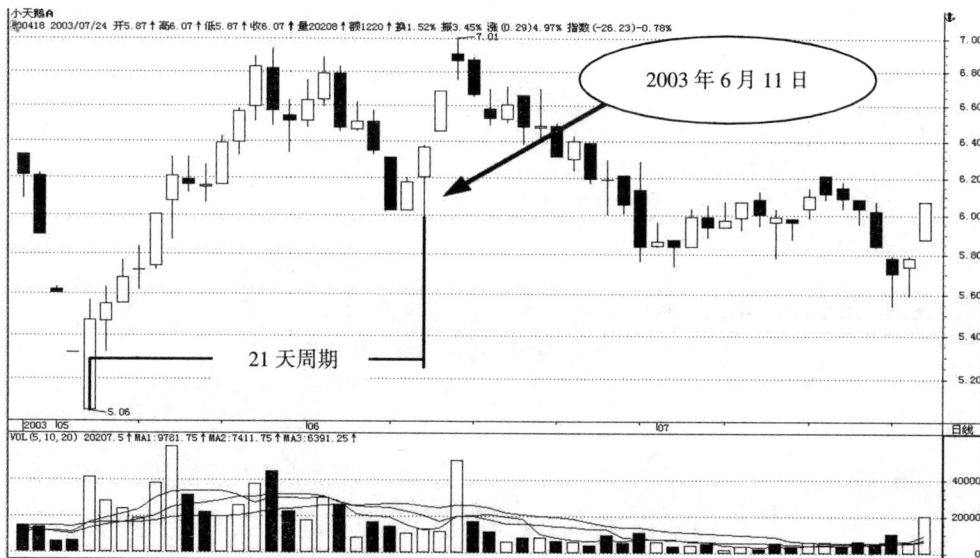

图 8-2 小天鹅 A（000418）

按照活跃度选股分类，是选择和研究股票习性的重要环节。要注意：我们寻找的不仅是持续上升的股票，还是单位时间内速度运动最快的股票以及股票板块。

持续上升的股票可以是活跃的股票，也可以不是活跃的股票。如果持续上升类型的股票出现在我们的视野里，只要它符合活跃股票的特征，就能不排斥它。对于那些持续上升但走势呆板的股票，我们要坚决把它从选股中剔除。

请看驰宏锌锗（600497）月线，如图 8-3 所示。

该股从 2005 年 6 月开始进入 13 个月的菲薄那其时间拐点，出现历史新低后便开始持续上升，同时每个月的价格波动幅度依然很强。这样的股票自然可以纳入到我们的活跃股中。

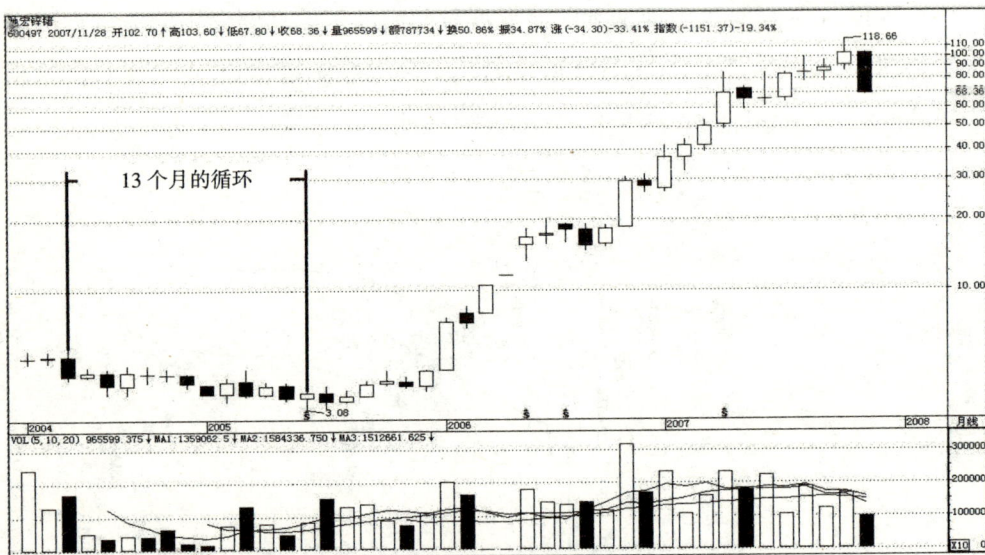

图 8-3　驰宏锌锗（600497）

　　一只持续上升的股票自然会吸引很多人的目光，但是有些股票虽然持续上升，却不能成为我们的交易对象。这句话听起来似乎很矛盾，既然股票可以持续上升，为什么不能成为我们交易的对象呢？难道我们不是追求价格的溢差吗？

　　这里关键的问题是这只股票是否有足够的换手。如果一只股票交投格外清淡，那么它的上升就变得可疑了，这种股票多数是被一些操纵者所占有，他们试图以无成交或者小成交上涨来吸引别人接盘，这是我们要避开这只股票的原因。

　　例如合金投资（000633），现在是 SST 合金，这样的股票无论怎么上涨都不能成为我们选择的股票，如图 8-4 所示。

　　在日线上我们可以看到该股成交巨大，但是只要打开日内图就会发现它的成交集中于某个时段甚至某几分钟。正常的交易，成交是相对均匀地覆盖整个交易时间的；被操纵的股票则不然，他们大多数是集中于某几分钟，其他时间则交投极为清淡。

　　发现活跃的持续上升的股票可以借助于长期图，月线和周线在这里作用很大。

　　请看宝钢月线图，如图 8-5 所示。

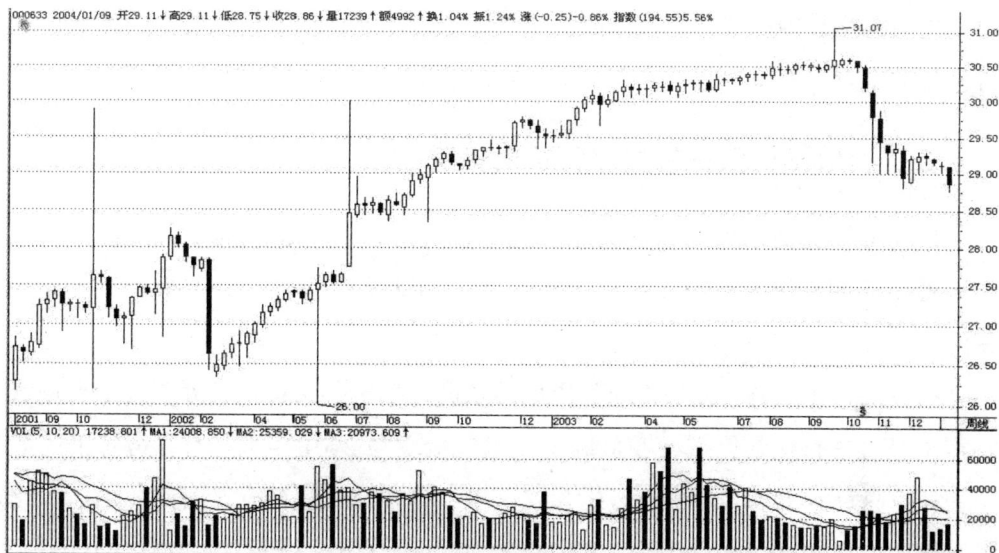

图8-4 合金投资（000633）日线

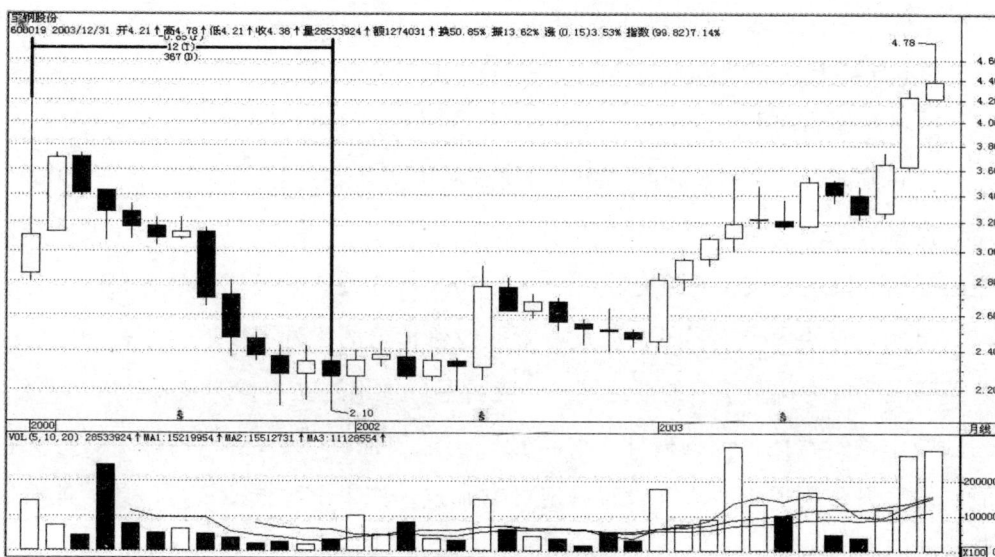

图8-5 宝钢股份（600019）（一）

2001年12月，宝钢股份（600019）月线从当时的历史高点投射13个月恰好是历史最低点。在这里，价格震荡后开始长达6年的上升之旅。它进入我们自选股的首要因素是该股出现了较大的时间波动。

没有魔山选股器的朋友们，也可以利用一些软件选择股票。例如，我们可以利用飞狐交易师股票分析软件的板块比较功能，迅速地发现哪些股票在长期的价格运动中总是处于强势中。

二、利用飞狐软件板块比较功能选股

请注意，价格强度和斜率关系不大。在这里，我们比较的是哪些分类股票指数处于长期支撑线之上，那些正在跌破长期支撑线的股票分类指数将首先被剔除。

接下来，比较各个板块中时间周期的长度，确定哪个板块正处于或正在进入拐点。经过这种比较筛选，我们确定了钢铁板块为2001年末具有强势特征的股票板块。这样我们就可以继续收缩甄选范围，把焦点聚集到个股上面。

钢铁板块包括很多只股票，我们需要在这些股票中找到强势且当时处于下降回调中的股票。从时间上说，这种股票就是即将进入拐点区域的或者刚刚进入拐点区域的股票，它的换手率必须较高。

符合上述标准的股票只有宝钢、马钢等为数不多的股票。

选择宝钢的理由：

时间方面，月线的13个月的时间拐点从历史高点投射而来。江恩理论中称这个拐点为12个月的季节性周期的拐点。价格在2001年12月形成了年度低点，之后证明这里也是该股的历史低点。进入2002年1月，行情依然没有起色。

很多人开始承受不了了，质疑蓝筹股投资价值的声音密集地出现在网络上，悲愤和谩骂成为这个季节的财经网站的流行色。发出这些声音的大多数人，俨然一副中小投资者代言人的模样，时常把中小散户挂在嘴上，而且言必谈投资价值，似乎只要买了所谓蓝筹股就一定可以赚钱，如果不赚钱，就是市场、体制、监管部门的问题。

这种由于失败而产生的愤怒的话音还未落，2002年6月该股爆发出井喷行情，时间周期再次发挥作用，如图8-6所示。

这个时候，那些在财经网站上的谩骂者又开始以先知者的姿态站出来，告诫人们："这只是一次'庄家自救'的行为。"真不知道这些人是怎么认定庄家自救的行为的，难道他们是间谍吗?

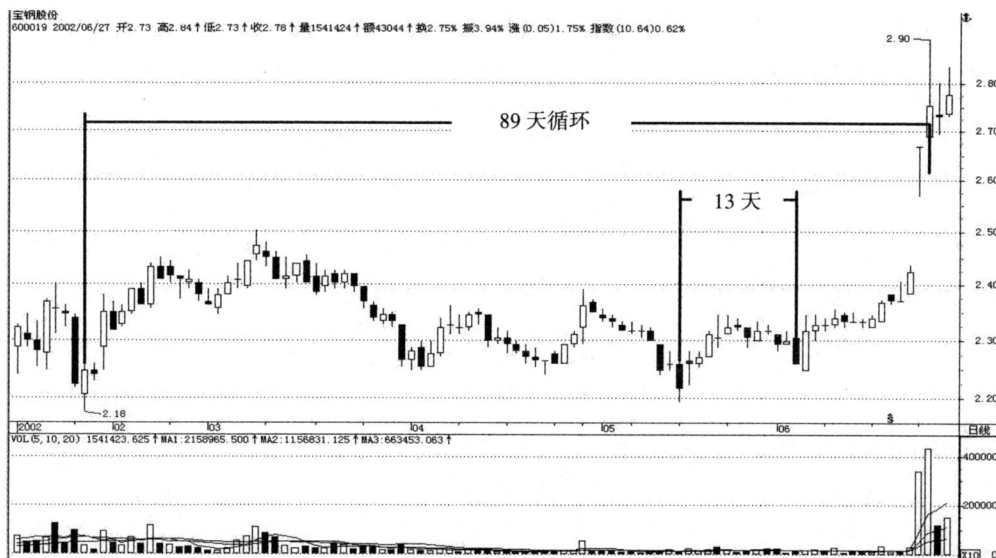

图 8-6 宝钢股份（600019）（二）

随后，在菲薄那其周期的顶部拐点作用下，价格开始回落，这种调整一直到 2003 年初。进入 2003 年 1 月，市场开始真正地热闹起来，"庄家自救"说法不攻自破，一轮强劲的上升行情随着更大规模的时间周期的爆发而进一步展开，宝钢股份乘时而变化，开始了为期数年的持久上升行情。

图 8-7 宝钢股份（600019）（三）

在这个例子里需要注意的有两点：

（1）在当初选股的时候，我们并未曾想到该股会有如此大的涨幅。事实上，我们寻找的只是可能出现的买点，并相信这个买点出现后股票会有一定的较强的涨幅，这个较强的涨幅是相对于其他个股的。事前可以看到的只是时间循环的拐点可能会出现，一旦其出现，价格在这里会有一轮行情爆发。之后，我们找到了支撑，这个拐点作为交易拐点已经成立。

（2）该股相对其他的股票来说具有相对整体强势。这种强势不是体现在斜率上，而体现在 2001 年 12 月到 2003 年 12 月的时间单位里。在确定它的强势方面，不仅局限于选股前的某个时间阶段，也包括拐点出现时实际买入后和其他股票的不断比较中。我们不断更换股票的目的，就是让自己持有的股票永远保持最强势，这是我们要达成的理想境界。当然，这样更换股票带来的风险也是巨大的，因为我们挖掘的毕竟是未来股票快速上涨的潜能，而不是等待股票已经明显走强后再去介入。

时间波动率的概念告诉我们：股票价格的波动，在不同的时间内会呈现不同的强弱变化。强弱变化不仅是和该股票过去历史的比较，同时也是和相同时间内市场中所有股票的比较。强者不意味着恒强，在不同的时间单位内有不同的强者。

请看图 8-8。

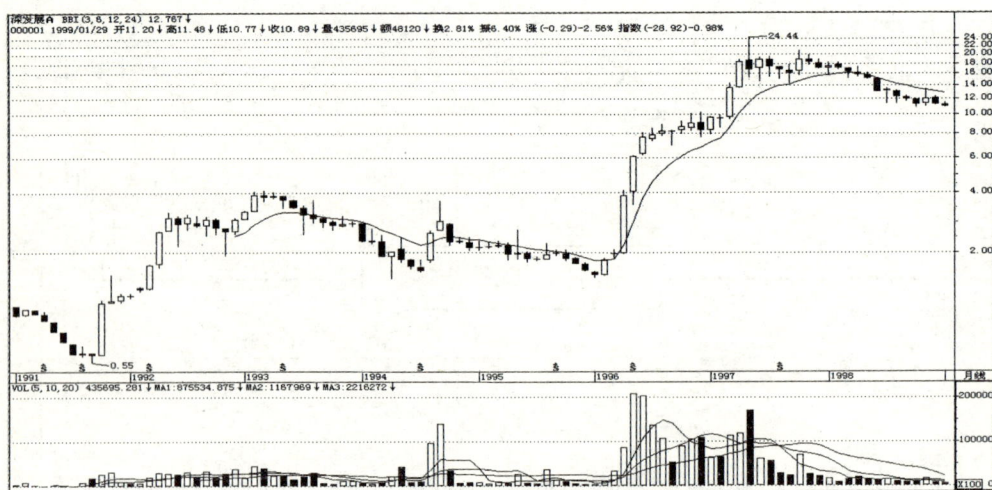

图 8-8 深发展 A（000001）月线走势图的对数

从图 8-8 中我们可以看到，深发展 A 当年作为所谓龙头时候的风采：1997
年 5 月以前，无论相对于自己的过去，还是相对于其他股票，它都是豪气万丈。
但是 1997 年 5 月以后到 2005 年 11 月，其昔日所谓强者的形象便一去不复返了，
如图 8-9 所示。

图 8-9 深发展 A（000001）

直到进入 2006 年，该股才再度走强。强者在时间面前也显得如此不堪一击。
由此可以看出，价格运动总是根据时间的推移而显示出不同的运动特征，如果我
们抱定强者恒强的理念，后果将是可怕的甚至是灾难性的。

根据适当的时机，选择潜在向上波动剧烈的股票是我们研究时间波动率的根
本目的所在。

图 8-10 是南玻 A 的月线价格走势。

南玻 A 代表了时间波动率考察下的股票的另一个特征，这个特征是完全和
宝钢股份迥异的。宝钢是以相对缓慢却持久的并不断创出新高的方式运动的，但
南玻 A 则更像《三国演义》中曹操青梅煮酒对龙的描述："龙能大能小，能升能
隐；大则兴云吐雾，小则隐介藏形；升则飞腾于宇宙之间，隐则潜伏于波涛之
内。方今春深，龙乘时而变化。"每经 47 个月后便出现一次大的向上价格波动，
如图 8-11 所示。

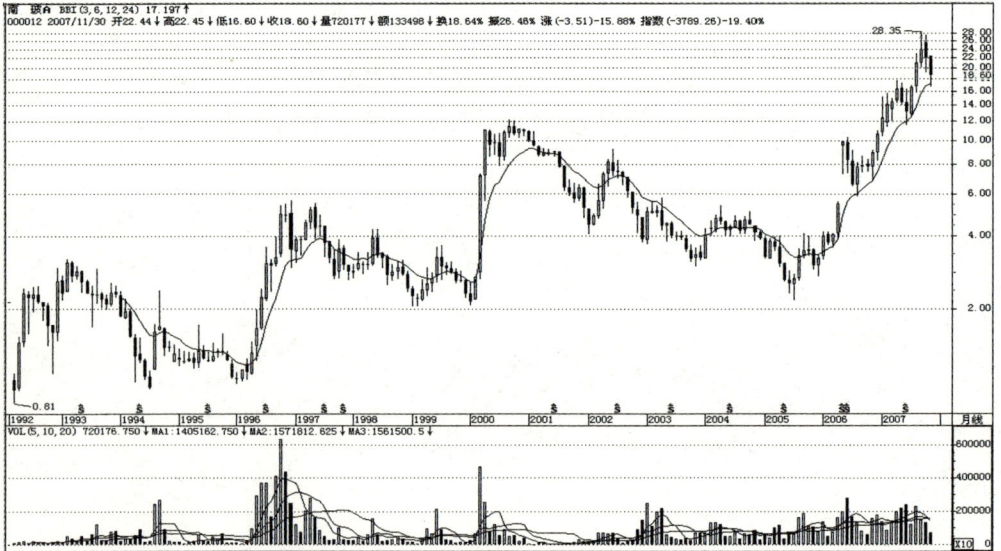

图 8-10　南玻 A（000012）

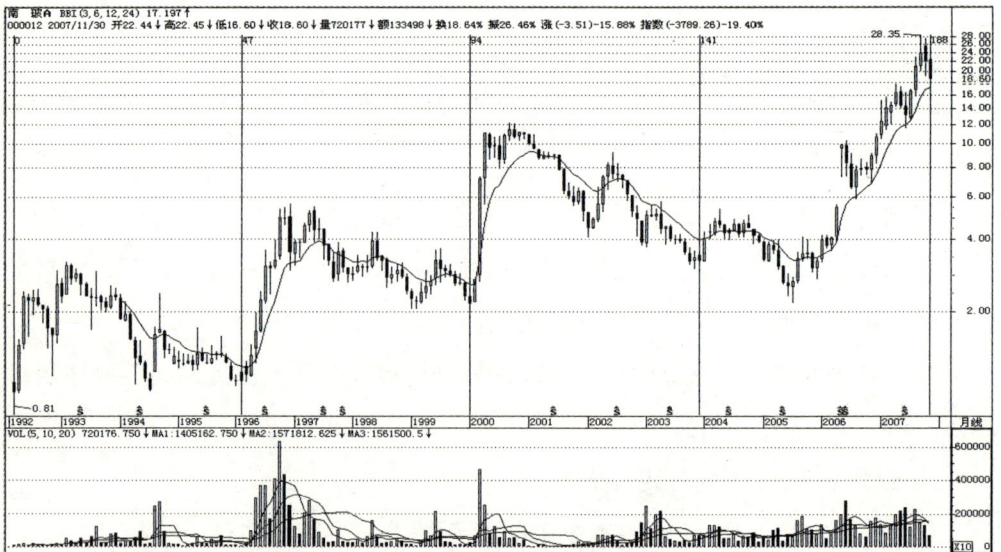

图 8-11　南玻 A（000012）月线，半对数坐标，复权图：连续循环图

　　南玻 A 的波动时间基本上在 9~12 个月内结束，在这些时间拐点之后的时间区域内体现了它强劲彪悍的特征。当我们洞悉股票这种习性后，就不会因为它在某段时间内的不同凡响的表现而始终执着于它。

因此，根据股票习性进行交易和选择不同的交易对象也是随市场而动的真谛之一。

第二节 交易计划的制定

没有一个周期是凭空出现的，过去的价格运动一定隐含着未来循环的线索，只要我们研究过去的重复出现的周期循环，就可以解析它并为寻找相对安全的买点做准备。

确定了阻挡与支撑和时间的拐点之后，考察市场的基本波动习性便成为我们交易前必修的功课了。

一、波动习性

波动习性实际上是指以往股票在单位时间内的价格运动的幅度。如果我们可以找到潜在上升速度和上升幅度更快、更大的股票，就可以进行交易。

还以南玻 A 为例：

假定我们在 2000 年 1 月底要交易该股票，我们的工作将按照下列程序展开：

第一步：我们必须首先找出它的周期，然后统计它运行了多少个周期，看看周期 C 点在哪里。

通过周期解析，我们发现它的月线周期长度为 47 个月。

根据 2 波周期从底到底的循环的原理，我们很快就可以确定 2 波周期的修正周期拐点 C 处于 2000 年 1 月。

第二步：求出周期的平均涨幅。

过去的 N 个周期循环内价格幅度的平均数就是我们要找的平均涨幅。也就是说，它的拐点在 47 个月之后如果成立，那么它的平均幅度就是它向上价格运动的潜在幅度。

图8-12 南玻A（000012）月线，半对数坐标，未复权图：底部周期拐点

本例中的已知条件：

第一个47个月的周期最高价出现在1993年2月，在到达这个高点前历史低价出现在1992年3月；

第二个47个月的周期高点出现在1996年12月，1996年1月为到达这个高点前的历史低点。

平均波幅=（第1个周期的波幅+第2个周期的波幅）/2

将上面的已知数据代入公式后的计算方法如下：

平均幅度=[（1993年2月最高价格-1992年3月最低价)+（1996年12月最高价-1996年1月最低价)]/2=[（33.3-8.35)+（16.32-3.69)]/2=19.055

预期目标位置：平均波幅+2000年1月最低价=19.055+4.81=23.86元

注意：23.86元是计划卖出目标，不是我们最终的实际卖出目标，我们还要根据卖出信号和跟随止损而调整目标。

卖出的时间目标在哪里？根据2波周期，我们可以清楚地知道它的顶部拐点将出现在2000年10月。2波周期的A点为历史的最高点也是第一个47个月周期中的最高点：1993年2月；2波周期的B点位于第2个47个月周期的高点：1996年12月。在AB点作周期线，顶部周期位置就是2000年10月。

根据平均波幅，我们知道 23.86 元是一个基本目标。根据过去两个已知高点 1994 年 9 月和 1996 年 12 月作一条直线，其延长线在 2000 年 10 月处于 28 元水平。由此我们可以得出一个结论：未来的卖出区域将集中于 2000 年 10 月，23.86~28 元。

图 8-13　南玻 A（000012）月线，半对数坐标，未复权图：顶部周期拐点

第三步：进行干扰性判断。

我们知道，一只股票价格运动是多个周期共同作用的结果。在对股票习性进行评估的时候，我们不能忘记这个原则，要尽可能多地寻找还有没有被我们遗漏的重要周期循环。这些循环隐藏于过去的价格运动中。也就是说，没有一个周期是凭空出现的，过去的价格运动一定隐含着未来循环的线索，只要我们研究过去重复出现的周期循环，我们就可以解析它并为寻找相对安全的买点做准备。

请看图 8-14。

在图 8-14 中，54 周周期是非常显著的，拐点是 2000 年 3 月 4 日这一周。但是只要我们仔细研究，就会发现还有 1 个 13 周的潜在周期影响着当前的价格走势。

13 周的周期的 A 点是 1999 年 7 月 23 日，B 点是 1999 年 10 月 22 日，C 点

图8-14　南玻A（000012）同期周线

指向2000年1月21日。

买点开始变得复杂但清晰了。在月线上我们只知道1月是个买入区域，现在经过周线分析发现了两个拐点：一个在1月，1个在3月。

第四步：进行日线分析。

无论是在1月还是3月，当周期的拐点群聚一个区域的时候，大的行情爆发还是值得期待的，现在我们需要选择具体的买入日。当月线周线确定了买入区域后，日线则肩负起更精确的买入位置的确定。

事实证明，2000年1月28日是1999年7月以后到2000年以前的最低价格区域。我们在确定这个周期拐点时，除了考虑不同时间单位内不同的周期外，还遵循着大周期让位小周期的聚焦原则。值得注意的是，这里的"让位"是指大周期的基本框架已经确定，要在这个框架中让小周期发挥更细致的特性，而不是无条件地使用小周期。

二、孤峰周期和多峰周期

在交易计划中，我们还要考虑一个周期中峰值的个数。

通常而言，多峰周期会给我们的交易造成较大的伤害。很多朋友都有过这样

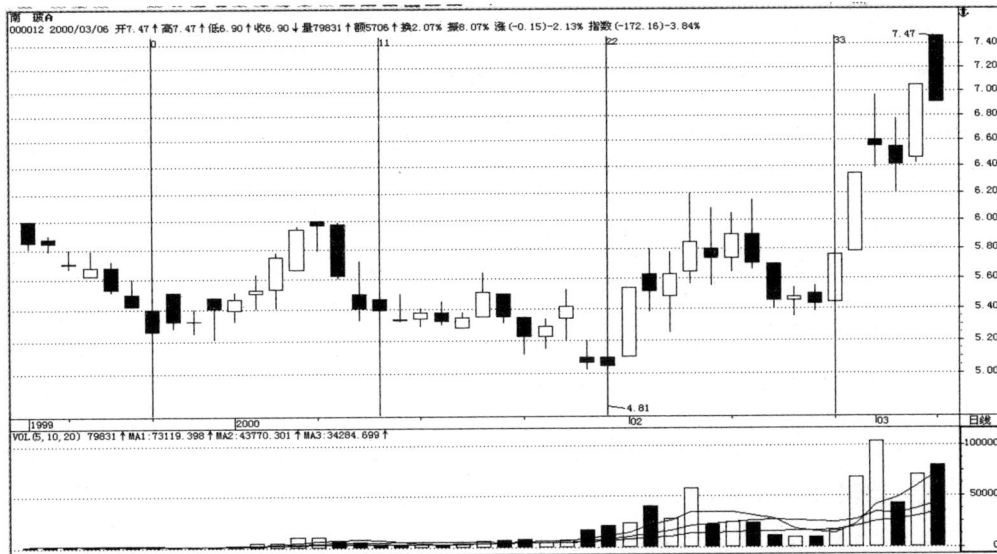

图 8-15　南玻 A（000012）在 2000 年 1 月 28 日被日线图最终发现

的经历：最初一切顺利，卖出后价格开始回调，不久该股又再次飙升，再次买入后价格便开始下降，刚止损完价格又二次向上，第三次买入，价格又应声而落。在这个过程中，前面的利润被一点点剥夺。为什么形成这样的情况？其原因就在于缺乏对多峰周期的研究。

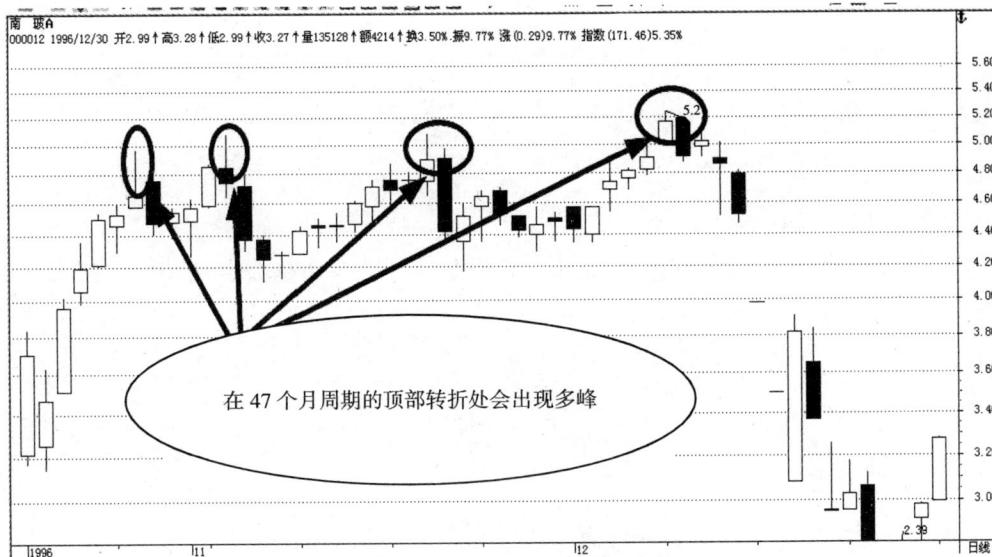

在 47 个月周期的顶部转折处会出现多峰

图 8-16　南玻 A（000012）

当一个月线的周期顶部拐点即将到来或者已经到来后，日线上的多峰周期便会出现，而这个时候我们就要谨慎设置、拒绝介入。请看图 8-16，这就是 47 个月南玻 A 顶部拐点到来前后的日线走势，这个时间从 1996 年 10 月一直延续到 1996 年 12 月长达两个月。

三、强度波动和弱度波动

强度波动发生在大的周期的上升阶段，而弱度波动则发生于大周期的顶部拐点区域。所以，我们制定交易计划的时候，必须首先确定当前参与的是弱度波动还是强度波动，并根据波动强度制定我们的交易策略。

在强度波动的时候，止损位可以相对较宽；而在弱度波动区域内，止损自然要较"紧"。原因在于，强度波动一旦触发，其利润空间巨大，而弱度波动利润空间本来就很少，如果把止损放大，会得不偿失。

综上所述，一个标准的交易计划应该涉及以下的一些要素：

（1）时间周期和支撑确定的交易拐点；

（2）开仓头寸多寡，进入组合的数量；

（3）潜在的波动幅度；

（4）止损位置；

（5）如果被震荡出局，之后的补救措施；

（6）价格如期上升，跟随止损的位置和比例；

（7）抵达目标位后的止损修订；

（8）时间止损长度；

（9）确定当前的波动强度，即是在大周期的开端，还是在大周期的尾部。

小　结

根据时间波动率选择股票并制定交易计划，追求的是一种积极与稳健的平衡。

　　在本章中，我们在选择股票时忽略掉了大盘和成交量，但是却格外地强调对亏损的管理，如何配置头寸、如何应付意外、如何设置止损成为交易计划中的重点。

　　事实上，我们制定交易计划的目的是通过它来建立一种对亏损和机会敏感的习惯。对亏损敏感可以让我们在第一时间内远离危险；而对机会敏感，会让我们在第一时间内踏上利润的快车而飞奔。

第九章　风险与成功

财富是什么？财富是克服风险后的结果。无论你试图进行资本运作还是试图开一家小小的店铺，你必须事前评价风险。这些风险包括来自环境的——外在的法律、地缘、人文以及金钱和人际关系，还包括主体的——内在的知识和必备的修养。

在这个世界上，很多人都知道毒品是暴利"产业"，但是除了亡命之徒外，正常人是不会去涉足它的。原因很简单，它不道德，而且这个行当是犯罪的。有了这两条，我们在投资或者创业的时候自然不会去考虑它。我们考虑的是道德的、合法的以及我们可以控制的并进行经营的行业，这个行业虽然会占去我们大多数的时间，但是我们坚信通过努力，凭借个人可以控制的资源，可以在这个行业中获得利润，同时也做好了万一失败的准备。这一切都会写在我们的创业计划书内，最大的利润和最大的风险都经过了充分的权衡。

我们预先就知道自己是否可以胜任这份工作，明白需要借助什么力量来达成自己的目标。之后，我们按照制定好的计划去实践、去开创事业，并在实践中修正我们当初的设想。如果在计划之初，我们发现自己不能胜任，也有两个措施：一个是放弃这个计划，一个是使自己拥有这个能力。

没有人会因为别人在某个项目赚了钱，而在明知自己不具备这个能力的情况下而勉强为之。但在股票市场中，却有太多人在做着这样的事情。人们只是听说别人在股票市场中赚了钱，便认为自己也拥有了这个能力。市场是无情的，在没有受过严格的交易训练之前，任何人想长期稳定地赚钱几乎是不可能的。当然，我们不排除有人在命运的关照下偶然获利的可能。

第一节　正确认识股市中的风险

控制风险的第一步不是战胜自我，也不是苦行僧似的节制自己的欲望，而是掌握正确的交易技术。

一、不懂交易技术就去交易是最大的风险

"一个人在没有学会游泳之前会去大河里游泳吗?"

每当我把这个问题说给那些网络上朋友的时候，对方都会不假思索地回答："不会。"或许他们在心里还在说："你有病吗? 怎么会问我这个问题呢? 不会游泳，我们绝对不会进入大河，甚至游泳池的深水区。"

"告诉我，为什么不会?"我追问。

"因为我不想被淹死。"

生命是可贵的，游泳的技术不复杂，但是你必须学会游泳才有可能去大河中遨游。游泳的90%的风险在于你是否会游泳，这是个充分必要条件。无论别人游的怎么样，对于一个不懂游泳技术而去游泳的而言都将会是100%的灾难。

交易技术就是股民们的水性，一个不懂得交易技术的人怎么去进行交易呢? 但是，在现实生活中却有成千上万的人在做着这样的事情。

（一）掌握正确的交易技术

控制风险的第一步不是战胜自我，也不是苦行僧似的节制自己的欲望，而是掌握正确的交易技术。

有很多著名人士都是依靠它来彻底改变自己的命运的，在很多的书籍里都可以看到他们的名字和他们的骄傲。这些人出身贫寒，没有显赫的家族背景和丰富的人脉关系，他们所依靠的是自己对交易技术的拥有、坚信、持之以恒地应用和追求，最终声名显赫。

江恩，一个普通农场主的儿子，通过期货和股票交易使自己拥有 5000 万美元的巨大财富，这笔财富相当于现在的 50 亿美元。

思波朗迪，创造了 10 年连续盈利的奇迹，其年收益率高达 70%，而 10 年前他只是交易所中的一个助理报单员而已。

彼得·林奇以股票经纪人的身份开始其金融交易，10 年后他个人的业绩使他拥有了"美国互助基金最后一个舵手"的称号，而这个称号是建立在长期的稳定的获利的基础上的。1985~1990 年，根据周期技术，他连续 5 年在时机抉择预测获利方面夺得第一名，是当今美国乃至全球最高薪的受聘投资组合经理人。

是的，交易技术是实现我们梦想的工具——如果你存在梦想的话，然而在你试图成为一个交易技术的拥有者的时刻——在这个时刻你需要甄别和寻找到正确的交易技术。

那么，什么是正确的交易技术呢？一切可以给你带来利润的交易技术都是正确的交易技术。怎么甄别它呢？对于一个生手而言，最好的办法是通过模拟交易来发现正确的交易技术。

正确的交易技术的特点：

（1）通过学习可以掌握。

一门晦涩的技术或许是好的交易技术，但是当我们不能通过学习和训练在一定的时间内掌握它的时候，这个技术就不能称为好的技术，因为它对于我们没有任何的意义。这种技术很多，例如波浪理论，1000 个人数浪会有 9900 种数法，而且所有的数法都有可能被失败浪所替代，而这个技术据说还对某些市场有效而对某些市场无效。这样的技术对我们来说有什么意义呢？交易技术一旦完全失去了它的客观性，就该受到质疑了。

一般的正确的交易技术都是可以被人理解和掌握的。当然，在应用中交易技术肯定会有所不同，这与每个人的理解深度和认识的程度有关，但它必须在大多数情况下可以为大多数学习它的人带来效益。效益可以有多寡，但是必须带来效益。

（2）其成功率可以通过模拟交易加以验证。

识别正确交易技术的重要方法是模拟交易。模拟交易可以在验证交易技术是否有效的同时，让我们充分了解交易技术和交易的复杂性。

虽然这不是真金白银的实战，但你同样可以感受到压力和交易纪律的重要性。模拟交易必须和大盘同步，让未来验证我们的理论，而不是根据过去形成的价格做那些自欺欺人的作业。模拟交易需要严格的自我监督，我们必须给自己定下一些交易规则，这些规则在交易中不允许中途修改。

模拟交易的规则：

事前制定详细缜密可行的交易计划，交易计划包括：

A. 大盘的判断。大盘判断需要找出并评价长期图和日内图的支撑和阻挡，找出大盘的长期周期循环和日内的周期循环。

B. 确定大盘交易的买入拐点和卖出拐点，并评价卖出空间和止损空间，确定交易尺度和可能发生的盈亏比。

C. 选择股票。

D. 研究被甄选出的个股。这些个股必须进行三重评价：买入时间、卖出时间；买入价格卖出价格；在全仓的情况下最大盈利和最大亏损，盈亏比不得低于 3：1。

E. 相对于大盘，个股更重要。

F. 收益率比胜率更重要。

（3）正确的交易技术绝对不是一套业余哲学家的老生常谈。

正确的交易技术除了告诉我们它的交易理念外，一定要有支撑它理念的具体方法。

（二）完善交易技术系统

交易技术不仅告诉我们在什么时候以什么价格买入、卖出，还告诉我们在什么时候可以交易、什么时候不能交易以及交易失败时的对策。具体而言，它必须包括分析系统、决策系统、交易执行系统，这三个系统的总和就是交易技术系统。

分析系统是指对图的彻底研究，包括大盘研究、板块研究、个股研究。主要步骤是大盘的月线、周线、日线、日内图以及个股的月线、周线、日线和日内图。板块研究包括在单位时间内哪些板块属于活跃板块、哪些板块属于休眠板块、活跃板块中哪些股票处于亢奋的前夜、哪些股票已经进入了垂死期。

我们必须在这些研究中得出清楚的结论，而这个结论将指导我们决策。在决策的时候，我们必须明白自己此刻所处的市场位置，是相对低位还是相对高位，采取组合投机还是单一投机，试图构建复合头寸还是采取单一头寸，我们的交易的尺度是多久，在哪里止损，何时何价建仓，建仓的头寸是多少等问题，最终形成一个完整的交易计划，然后执行这个交易计划。

在执行交易计划的时候，我们预先还要弄清自己准备采取市价买入还是挂单买入，何价、何时出仓，出仓的方法是市价出仓、惯压出仓还是在预定价格、预定时间采取挂单式出仓。

当这一切都已经完成后，你还要有勇气去执行你的计划。不要认为你做出了决定就一定去执行，没有经过严格训练的交易人大多数的时候是知行不一的。我经常听到这样的话：

"看见了吧，我就知道今天要大涨，但是没有买。"

"如果我昨天抛了，今天就不会被套了。"

"哎，明明知道要跌，就是没有卖。"

这些话并不是散户的专利，在很多大户乃至机构中也经常有这样的感叹。

二、知行不一来自对自己或者人性缺乏了解

蹦极是安全却刺激的运动，在这项运动兴起之初，某公司组织大家去郊外旅游的时候选择了这个项目。记得在去蹦极的途中，很多人跃跃欲试，但是真的敢于走上去并跳下去的却寥寥无几，很多人在买了票之后放弃了。

他们心中非常清楚这个运动确实很安全，但为什么改变了主意呢？是什么原因使他们宁可在同事面前失掉面子，也不愿意尝试这个他们几分钟前还坚持要做的运动呢？我当时问了几个人。一个重要的原因——太高。从来没有尝试过，害怕出意外。是的，从近百米的高处跳下去，万一脚索出现了问题，后果确实不堪设想。

这种想法代表了大多数人面对陌生事物时候的心理状态。据说这种心理状态来自人性的本能，正是这种本能使人类得以穿越时间的雾霭繁衍至今。

　　股票交易每天都在发生，但并没有因为它每天发生而令大家得以充分了解，对大多数人而言它还是陌生的。当我们掌握了交易技术概念的时候，会被那些精彩的案例所鼓舞，会很容易地相信自己已经掌握了打开藏满金钱和荣誉宝箱的钥匙，从而心怀冲动和喜悦，试图尝试打磨锋利的宝剑。然而，当真的要进入市场的时候，我们会突然产生恐惧和怀疑，过去的经验和朋友的劝告会不期而至。就在这一刻，他们阻止了我们行动的脚步，告诉我们："谨慎一下，再看看。"

　　是的，谨慎一下再看看会有什么错误呢？没有错误。但这种想法却很有可能导致这样一种结果：期待的价格出现了，在我们再看看的想法出现并付诸行为之后它一点一点也可能是快速地飙升了。

　　这个时刻，我们会怎么想？我们的判断已经被市场验证了，应该行动了，可是价格现在已经长了4%或者更高。如果在我们最初的预定价格买入，我们已经有4%的浮动盈利了。

　　我们应该沮丧还是现在亡羊补牢呢？为了惩罚自己刚才的忧郁和不必要的谨慎，我们决定立刻行动，并为我们的行动寻找借口和理由——不过是4%而已，成大事不拘小节。我们事前的计划被毫无道理的修改了。我们买入了，更多的时候是4%也买不到了。

　　之后价格走势变得奇怪起来，突然丧失了刚才的强劲的动力。开始走软，并不断地下移，最终以3%收盘。此刻，我们又开始狐疑起来，开始反复地思索，拼命地去寻找明天上涨的依据，突然觉得兼听则明对于交易不是什么坏的事情，不惜向朋友求援。一个朋友的意见还不够，为了稳妥起见，我们还要博采众长。于是，我们完全抛弃了自己的判断以及根据自己判断而制定的详细交易计划。这就是一个新手面对交易时刻的心理状态以及在这种心理状态下的行为。

　　至于次日已经无关紧要，可能明天价格上冲10%，我们便幸运地赚了10%。但是这个10%不是依靠我们的能力赚取的，而是命运给我们的礼物。相反，明天上涨的不是10%而是1%或者1.5%，而尾盘又下跌了3%，这个时刻我们又会怎么考虑？我们可能会自责地说："本来我可以赚5%的，但是现在却出现了亏损。"

　　为了一个本可以成功的交易，我们付出的代价是痛苦的，这种痛苦会深深地植根于我们的心中和潜意识的黑暗里，并在将来的交易中阻挡我们走向成功。这种类型的失败是最为凶狠的自信杀手。

上述的问题出现的原因在于对自己缺乏了解，对交易技术缺乏信心，对交易缺乏认识。

第二节　如何取得交易成功

一、了解自己是走向成功的第一步

（1）我是谁？

（2）我进入交易的目的是什么？

（3）我真的了解自己吗？

（4）我过去曾经在别的行业里获得过成功，那么这个成功是否可以保证我在交易中一定成功呢？他们是否有必然因果联系？

上面的问题是我们在决定进入市场之前必须严肃思考和回答的问题。

古人说"自知者明"、"庙算者胜"就是这个道理。你或许在制造业、IT业或者其他行业取得了惊人的成功，拥有了只有少数人才能拥有的荣誉，但这并不能保证你一定在这个行业里胜出，它只能表明你是过去的那个行业中的翘楚，表明你的思维可以胜任你过去的职业和过去的工作。而现在，你要进入的是一个新的行业，这个行业充满了机会和风险，过去的游戏规则以及游戏技巧并不能帮助你充分理解和掌握现在的游戏规则，你必须要重新开始，除非你来此的目的只是为了体验失败带来的苦痛。如果你试图在这里成功，那么你必须付出更多的时间和精力去掌握这个陌生领域中的经验及技能。

（一）了解自己的恐惧和快乐源泉

有些人在模拟中的成绩很不错，完全可以让他们和我都认为他们掌握了交易技术，因为一个不懂交易技术的人是不可能在相对长的一段时间内稳定地获得利润的。但是，另外一个事实也出现了，那就是在实际操作中他们却败绩累累。虽然失败次数的时间总和没有模拟交易的时间总和长。连续求胜和急于求胜的心态是失败的起因，当这种心态遭受挫折的时候，便会转化成对交易的恐惧。这种情况被称为临场恐惧症。

在6岁左右的时候，我曾经在防空洞里看到过一具尸体。这具尸体是我邻居的儿子，大概有10岁，是溺水而死的，被暂时停放在防空洞里。我和另外一个比年长一岁的伙伴，在晚饭后决定去猎奇。防空洞阴森而潮湿，一股阴冷的石灰味道弥漫着那个空间，那盏枯黄的灯无力地闪烁着，尸体没有人看护，很平静地躺在那里，嘴角有口水流出。那一刻，我们突然感到大难临头了，赶紧跑回家中。

从那天开始，一直到我13岁，我几乎每天夜里都可以梦到那个阴森的地方，甚至当别人提到死亡和地狱的时候我都会联想到它。不是那个人，而是那个防空洞的标志，入口的那盏灯以及灯光投下的巨大阴影。

13岁的时候，在一个偶然的机会我把这种恐惧说给了我的另一个伙伴。他比我年长几岁，听完我的叙述后，便问我想不想克服掉它。

"当然想。"我赶紧说道。

"跟我来吧！"他说。

那是个白天，我跟在他身后，一起来到那个防空洞，他看了我一眼，钻了进去，我犹豫了一下也跟着钻了进去，里面的空气是冰凉、潮湿的，泛着石灰的味道。他点燃了油毡引路，我紧紧地跟着他，慌乱而恐惧。但是越向深处行走，我越放松，等我们从另外一个出口出来的时候，我已经一身轻松了。

他对我说："敢不敢自己走回去？"我摇了摇头，不知道为什么还是没有勇气走回去。他看着我，笑了一下，"我在那边等你，你可以从上面过去，看我们谁先到。"说着，他又钻了回去，而我终于没有敢钻回去。但是从那之后，那个景象从我的梦里基本消失了，即便是偶尔梦见，我也敢于在梦境中直视那具尸体，呼吸充满石灰味道的空气。

这个故事不是弗洛伊德的病例，而是一个真实的事件。我的这个伙伴，也曾经有过类似的经验，他事后告诉我，别人也曾经这样"治疗"过他。这的确管用，对恐惧不要逃避，要勇于面对它、敢于了解它。

我们之所以在交易中失败，很多的时候是因为我们不敢面对恐惧的源泉，不想真正地体验恐惧、了结恐惧，而是选择了逃避。

（二）了解自己的方法

伟大的孔子曾经说过"每日三省吾身"。作为一名交易人，在进入市场之前反省自己是非常重要的。

（1）我们到底是为了什么进入这个市场？

（2）市场是不是一个可以理解的地方呢？

（3）如果是可以理解的，那么它的规律是什么？

（4）如果它不是可以理解的，我们为什么要介入其中呢？

（5）我是心怀侥幸，还是理性地进行投机呢？

（6）在交易中成功的含义意味着什么？

（7）我是否准备了充足的时间进行这次投机冒险旅行？

（8）我的现有的财富——金钱是否可以允许我去冒险？

（9）如果亏损了我的生活、家庭、亲人、朋友会受到怎么样的影响？

（10）我真的可以面对这一切吗？

（11）如果我仅是为了体验刺激，那么我的行为是不是过于鲁莽？代价是否过于昂贵？

（12）我是为了使资本增值还是由于银行的利率过于低迷？

在进入市场之前，不要认为上述思考是无用的。实际上，正是这些潜在的意识在支持或者影响我们获得利润。

多年以来，几乎每天我都在问着这样的问题。我要发现的是：我是否厌倦了交易。如果厌倦了它，我会毫不犹豫地选择离开交易。因为我知道，如果厌倦了，我就不可能集中精力于交易，那么我将会为此付出惨痛的代价。

因此，我一直保持着书写交易日记的习惯。我在日记中并不记录一般的交易过程，而是记录我是否严格地执行了我的交易计划，使我改变了交易计划的原因，改变交易计划时候的心理活动以及之后的心态变化。

这些日记我会经常翻阅。在日记中我从来不责怪自己，而只是把事实摆在自己的面前。如果我忠实地执行了我的交易计划，并按照事前的判断而操作了，即便操作的结果是失败的，我也会为此而高兴，因为我知道失败不是因为对自己缺乏自信和对自己的不诚实，而是由于运气或者我当前的交易水平不佳。

运气是我们无法左右的，在交易中的确存在着运气问题，我知道运气对别人也一样。交易水平的提高是很漫长的过程，我们不可能达到完美的境界。既然不完美，判断失误则在所难免，因此我不会为此苦恼。真正使我感到痛苦的是我没有完全执行自己的交易计划时，无论盈利与否，我都会停止之后的操作并进行深深的反思。但是，我依然不会责备自己，而是寻找原因。

表面上看，我们已经完全接受了一些道理，其实在内心深处和潜意识里，并没有真正地接受，正是这个原因使我们偏离了预定的轨道。在和其他伙伴交流技术感想的时候，我发现他们实际上也经常遇到这样的问题。这些身经百战之人的解决方式是：放下手中的一切去旅行或者停止交易一段时间。无论采取什么措施，大家都有一个共同点：原谅自己，对自己宽容，不去鞭挞自己，记住失败的原因就够了。把心灵暴力指向自己，只能令我们在未来的交易中忧虑重重，最终消弭掉我们必胜的信念。

二、独立思考和判断是交易成功的前提

在交易中，最具有破坏力的是缺乏自信，这种行为的具体体现是听信别人的判断而放弃自己的判断。

一个交易人如果不能按照自己的判断进行交易，他所学习的所有交易技术都是没有用处的。因此，在掌握了交易技术之后，你需要严格遵循的重要原则是：只按照自己的判断行事，拒绝你自己之外的一切建议、规劝，无论这些建议和规劝来自何人，也不管这个人是你的朋友还是某个权威人士。

在交易中，你的一切责任、义务必须由自己肩负，这是无法推卸的。因此，你必须坚信自己是优秀的，如果市场证明你不是，你应该做的事情就是重新学习，而不是半途而废，去别人那里寻找答案。

(一) 成功的含义

人每天都有可能死去，这是不争的事实。无论你的身体多么强壮，性格多么的阳光，也不管你躲避于何处，这是人的宿命。悲观无济于事，逃避也帮助不了

我们。所以，在大多数情况下，我们不会为最终到来的死亡而悲伤，因为我们知道一切都无法改变。

面对恐惧和焦虑并舒展这种情绪，或许就是真正的成功。虽然我们的目的是赚取金钱，但快乐不是来自对金钱的占有，而在于占有金钱的过程。这个过程不是打垮他人的快乐，而是克服困难的快乐。当我们追求这种命运与征服的生存体验时，我们会发现自己的强大不是来自对市场的傲慢，而是来自对市场的谦卑。

当你把注意力集中于对困难的克服而不是对金钱的掠取时，你就会感到轻松，就不会为了一次赚钱的交易而狂欢，也不会为一次亏损的交易而痛心疾首。因为你的目的不在那里，所以你不会有强烈的失败感。因为你非常清楚自己的目的是克服困难，困难被解决的时候，你自然会拥有金钱和荣誉，所以你很从容，你是个求道者而不是一个拜金狂。这种心态不能直接保证我们赚钱，却可以促进我们掌握交易技术，促使我们走向成功。

（二）交易的三种状态

当我们完成上面的准备后，我们就可以开始真正的交易之旅了。在前面，我们已经反复告诫大家，交易绝非一次浪漫的游历，你将注定陷入下面几种情景中。如果你可以走出这几种困境，那么你将成为赢家。

第一重困境：一帆风顺

初试牛刀便有斩获，于是内心的膨胀悄悄地转化为影响我们判断的能量，并将我们向危险边缘推进。在这个过程中，交易非常顺利，出手就可以赚钱。但是厄运总是伴随着一次意外降临，你必须清楚这种意外可能随时会发生尤其是在你春风得意之际，对此你需要警惕、警惕、再警惕！！

第二重困境：接连败北

当好运过后，厄运就会不期而至。正常情况下每个人的运气会交错进行，但由于我们自身对厄运的认识不足，会延长厄运在我们生命中驻足的时间。所以，当厄运降临的时候，你要知道你不是天下最倒霉的家伙，你只是经历了一个交易人应该经历且必须经历的考验。你要有心理准备：厄运只是你不欢迎的不速之客而已，它会感到你的不快并因此而匆匆离你而去。我们要记住不能在它离开之前把事情搞糟；否则，它会永远"赖"在你的身上。

第三重困境：不战不和不降

在交易过程中，我们还会遭遇钓鱼翁们经常遭遇的事情：有鱼，却钓不上来。这个时候，我们需要的是耐心，没有必要关注来自水中的鱼的嘲笑。鱼不会嘲笑我们，嘲笑我们的是我们自己，而且日复一日。所以，要记住：在钓鱼的时候，我们不要堕落成鱼，我们是钓翁，是交易人。

当我们可以坦然地面对上述三种境遇的时候，就会发现交易是快乐的。忙碌令我们充实，疲倦可以让我们更珍惜周末的远足以及午后片刻的闲暇。多年前，我的一个朋友称那一刻是伟大的闲暇，伟大与否不知道，但那一刻确实很甜美，因为它来自交易和交易带来的疲倦。

小 结

"学习完了交易技术后，我们知道买什么，何时买，何时卖，错误的时候在什么位置止损。这些就是交易的全部吗？"

每次在我的循环课程结束时，我都要这样询问我的学生们。通常而言，大家深以为然，认为这样就可以在交易中长期稳定获利了。

我告诉他们："错！不是这样！"

原因在于：学习不是到理解为止！好的学习必须是改变行为的学习而不只是改变头脑的学习。改变头脑的学习并不必然会改变人的行为。我们每个人都知道随地吐痰的行为不雅观、不卫生、不文明，但即便是在今天，依然可以看到这样的情景。

有人说"这样的人素质差！"错了，他们的素质绝对不会差到不知道随地吐痰是一种极端不文明行为的地步。但是，我们看到了，这种行为每天甚至每时都在发生。

在交易实践中，我们拥有了正确的交易理念和交易技术，不一定就可以将它付之于实践。我们需要彻底地了解自己，了解自己对成功的渴求，了解交易的成功和我们个人命运的关系，并把它培养成一种交易习惯。不是因为对而刻意去做，而是出于一种自觉，一种了悟之后的自觉，只有这样我们才有可能实现长期稳定获利的愿望。